日本比較法研究所翻訳叢書
91

ドイツ憲法訴訟法

ミヒャエル・ザックス 著

土屋武・畑尻剛 監訳

Verfassungsprozessrecht

Von
Michael Sachs

中央大学出版部

Verfassungsprozessrecht 4. Auflage by Michael Sachs
Copyright © 2016 Mohr Siebeck Tübingen.
Japanese translation rights arranged with Mohr Siebeck GmbH & Co. KG,
Tübingen through Tuttle-Mori Agency, Inc., Tokyo

装幀　道吉　剛

は　し　が　き

　憲法訴訟法は，法律家にとっては職業上，中心的意味を持たない主題であることが多い。憲法異議がそれこそ数多くあることや，基本法 100 条 1 項に基づく裁判官の移送が全くまれではなく，これらがきわめて多様な法的な脈絡を持ちうることを考えたとしても，そのようにいえる。しかし，本書が対象とする法律学の学生にとっては，憲法訴訟法は，法曹養成法が限定的な要件しか課していないとしても，第 1 セメスターから試験に至るまで，その重要度は高い。というのも，ほとんどの場合，演習や試験課題は国家法（国家組織法および基本権）の領域で形成されており，それゆえ連邦憲法裁判所への手続きの可能性とその成功の見込みや，連邦憲法裁判所によって行われる判決内容が問われるからである。これに対して，ラントの憲法裁判所には従たる役割しか認められない。とくにその訴訟法は，たとえばバイエルンの民衆訴訟やラントレベルでの手続きでははるかに重要な住民投票など，特殊なものもいくつかあるにもかかわらず，連邦憲法裁判所の訴訟法と一致するところが大きい。そのため，憲法訴訟的基礎の説明を連邦憲法裁判所に限定することには正統性がある。

　本書の第 1 部では，演習課題の直接の対象になることは少ないが，憲法裁判の正しい理解と，基本法の権力分立システムの中での連邦憲法裁判所の地位と機能にとって重要な一般的な問題が扱われる。これには連邦憲法裁判所の構成とその手続きの一般原則が含まれる。

　本書の第 2 部の説明の中心は，連邦憲法裁判所の個別の手続類型の問題であり，これは法曹養成と試験における実践的な意義に応じたものである。ここではとりわけ，手続きの適法性の枠内で審査される個別の手続類型における個別の訴訟要件の解説が行われる。これにくわえて，判決の内容と効果に重点が置かれる。それらの問題も，同じく関連する課題の対象になることが多い。個別の手続類型について，まずはじめにそれぞれその法的根拠が挙げられ，歴史的な原型の説明がなされ，その一般的な—理論的また実務上の—意義が明らかに

される。とりわけ，実際の法曹養成および試験において最も重要な手続類型（憲法異議のほか，規範統制手続と憲法争訟手続）は特に詳細に検討する。しかし，実際に行われることのまれな手続類型についても，限られた紙幅の枠内で必要な知識は提供している。

最後の第3部は，仮命令と執行命令という連邦憲法裁判所の判決の2つの特殊形態と連邦憲法裁判所の判決一般の効果を扱う。

本書の説明は，原則として連邦憲法裁判所の判決実務に定位している。この判決実務は，他の法領域よりもむしろ連邦憲法裁判所の本来的な法領域にとってより一層重要である。しかし必要と思われるところでも批判を放棄するわけではない。そのために，各節末で，理解を深めるために学生にとって特に有益と思われる論文や演習問題を挙げている。節末ではさらに，習熟度チェックのためにいくつかの問題を設け，巻末に本文の重要な一節を挙げて解答している。

将来の改訂のため，不足している部分と改善可能性についてコメントがあれば，喜んで広く受け付けたい。

新版について周到に支えてくださったことに対して，研究助手のクリスティアン・ヤスパー博士に謝意を表したい。

ケルン　2016年4月23日

ミヒャエル・ザックス

目　　次

はしがき
略　語

第1部　裁判所の構成と手続きの一般原則

A．序　　章 …………………………………………………… *3*
Ⅰ．法 的 根 拠 …………………………………………………… *3*
1．基本法自ら定める基準　*3*
2．連邦憲法裁判所法　*5*
3．連邦憲法裁判所規則　*6*
Ⅱ．参 考 資 料 …………………………………………………… *7*
1．連邦憲法裁判所の判例　*7*
2．憲法訴訟法についての文献　*8*
Ⅲ．憲法裁判権の歴史 …………………………………………… *10*
Ⅳ．憲法裁判権の意義 …………………………………………… *12*

B．裁判所の構成 …………………………………………… *15*
Ⅰ．基本法の求めるもの ………………………………………… *15*
Ⅱ．裁判所の構成の法律による形成 …………………………… *16*
1．全体としての連邦憲法裁判所　*16*
2．二つの部　*17*
3．部　　会　*20*
4．異議部会　*20*
5．合同部　*21*
6．連邦憲法裁判所のその他の特別な機関　*22*
7．連邦憲法裁判所の裁判官　*23*

C．手続きの一般原則 ……………………………………… *29*
Ⅰ．連邦憲法裁判所法における欠缺 …………………………… *29*
Ⅱ．裁判官の除斥と忌避・回避 ………………………………… *30*

vi

    1．裁判官の除斥　*30*

    2．裁判官の忌避・回避　*32*

  Ⅲ．関　係　人 ………………………………………………… *33*

  Ⅳ．手続きの開始と進行――手続き上の障碍 ……………… *35*

  Ⅴ．手　続　原　則 …………………………………………… *36*

    1．口頭主義と公開主義　*36*

    2．処分権主義　*37*

    3．職権探知主義　*38*

  Ⅵ．裁　　　　判 ……………………………………………… *40*

  Ⅶ．費　　　　用 ……………………………………………… *42*

D．訴訟要件の概観 ……………………………………………… *44*

  Ⅰ．訴訟要件の意義 …………………………………………… *44*

  Ⅱ．一般的な訴訟要件 ………………………………………… *47*

    1．「裁判で争う途」の開かれていること　*47*

    2．手続きの動因　*48*

    3．手続開始の申立ての正規性　*49*

    4．同一事件が係属していないこと　*50*

    5．確定力に反しないこと　*50*

    6．権利保護の必要性　*51*

第2部　連邦憲法裁判所の手続類型

手続形態の体系性について ……………………………………… *55*

A．抽象的規範統制 ……………………………………………… *60*

  Ⅰ．法的根拠，機能および実務上の意義 …………………… *60*

  Ⅱ．特別の訴訟要件 …………………………………………… *61*

    1．申立権　*61*

    2．申立理由　*63*

    3．審査対象　*65*

　　　　　　　　　　　　　　　　　　　目　　　次　vii

　　4．審査基準　*70*

　　5．明確化の利益　*73*

　　6．形式と期限　*74*

Ⅲ．手続きの進行 ………………………………………………… *75*

Ⅳ．判決の内容 …………………………………………………… *75*

　　1．必要的判決内容　*76*

　　2．その他の判決可能性　*77*

　　3．単なる不一致宣言　*78*

　　4．一致宣言　*80*

Ⅴ．判決の効力 …………………………………………………… *82*

　　1．規範に対する法律としての効力を有する判決　*82*

　　2．個別の裁判への影響　*82*

B．基本法 93 条 2 項 1 文に基づく権限返還・置換手続 ………… *88*

Ⅰ．法的根拠，機能および実務上の意義 ……………………… *88*

Ⅱ．特別の訴訟要件 ……………………………………………… *90*

　　1．申立権　*90*

　　2．審査対象　*90*

　　3．審査基準　*91*

　　4．前提としての返還法律の不成立　*91*

　　5．明確化の利益　*92*

　　6．形式，理由および期間　*92*

Ⅲ．手続きの進行 ………………………………………………… *93*

Ⅳ．判決の内容 …………………………………………………… *93*

Ⅴ．判決の効力 …………………………………………………… *94*

C．具体的規範統制 ………………………………………………… *95*

Ⅰ．法的根拠，機能および実務上の意義 ……………………… *95*

Ⅱ．特別の訴訟要件 ……………………………………………… *98*

　　1．移送裁判所　*99*

　　2．移送される法律　*101*

viii

  3．重要な基準となる規範　*108*

  4．移送される法律の有効性の判決にとっての必要性　*109*

  5．法律が基準となる規範に違反するという裁判所の確信　*115*

  6．訴訟係属性と確定力の矛盾の解消　*117*

  7．適法な移送　*119*

 Ⅲ．手続きの進行 ……………………………………………………… *121*

 Ⅳ．判決の内容と効力 ………………………………………………… *122*

  1．判決の内容　*122*

  2．判決の効力　*122*

 Ⅴ．部 会 決 定 ………………………………………………………… *123*

D．規範確認手続 …………………………………………………………… *127*

 Ⅰ．法的根拠，機能および実務上の意義 ………………………………… *127*

 Ⅱ．特別の訴訟要件 ……………………………………………………… *128*

  1．移送裁判所　*128*

  2．裁判状況　*128*

  3．疑義の存在　*129*

  4．存在する疑義の法的問題　*129*

  5．判決にとっての必要性　*130*

  6．その他の要件　*130*

 Ⅲ．手続きの進行 ……………………………………………………… *131*

 Ⅳ．判決の内容と効力 ………………………………………………… *131*

  1．判決の内容　*131*

  2．判決の効力　*132*

E．規範の性格付け手続 …………………………………………………… *134*

 Ⅰ．法的根拠，機能および実務上の意義 ………………………………… *134*

 Ⅱ．特別の訴訟要件 ……………………………………………………… *135*

  1．統一的な要件　*135*

  2．抽象的手続の類型　*136*

  3．具体的手続の類型　*137*

Ⅲ．手続きの進行 ……………………………………………………… *138*

Ⅳ．判決の内容と効力 ……………………………………………… *138*

F．機関争訟手続 ……………………………………………………… *141*

Ⅰ．法的根拠，機能および実務上の意義 ……………………… *141*

Ⅱ．個別の訴訟要件 …………………………………………………… *143*

1．当事者能力と訴訟能力　*143*

2．申立適格　*151*

3．許容性　*161*

4．形式および出訴期間　*161*

5．権利保護の必要性　*163*

Ⅲ．手続きの進行 ……………………………………………………… *164*

Ⅳ．判決の内容と効力 ……………………………………………… *165*

G．基本法に関する連邦・ラント間争訟 ………………………… *171*

Ⅰ．法的根拠，機能および実務上の意義 ……………………… *171*

Ⅱ．特別の訴訟要件 …………………………………………………… *172*

1．当事者能力および訴訟能力　*172*

2．申立権　*172*

3．その他の訴訟要件　*174*

4．瑕疵責問手続　*174*

Ⅲ．手続きの進行，判決の内容と効力 ………………………… *176*

H．その他の連邦・ラント間争訟 …………………………………… *178*

Ⅰ．法的根拠，機能および実務上の意義 ……………………… *178*

Ⅱ．特別の訴訟要件 …………………………………………………… *179*

1．当事者能力および訴訟能力　*179*

2．申立権　*179*

3．基本法と関係のない争訟　*179*

4．期　間　*180*

5．補充性　*181*

Ⅲ．判決の内容 ……………………………………………………… *181*

Ⅰ．ラント間争訟 …………………………………………………………… *183*
　Ⅰ．法的根拠，機能および実務上の意義 ……………………… *183*
　Ⅱ．特別の訴訟要件 …………………………………………………… *184*
　Ⅲ．判決の内容 ………………………………………………………… *186*

Ｊ．ラント内機関争訟 ……………………………………………………… *187*
　Ⅰ．法的根拠，機能および実務上の意義 ……………………… *187*
　Ⅱ．特別の訴訟要件 …………………………………………………… *188*
　Ⅲ．判決の内容 ………………………………………………………… *190*

Ｋ．指定ラント内憲法争訟 ……………………………………………… *191*
　Ⅰ．法的根拠，機能および実務上の意義 ……………………… *191*
　Ⅱ．特別の訴訟要件 …………………………………………………… *192*
　Ⅲ．手続きの進行と判決の内容 ………………………………… *193*

Ｌ．準刑事訴訟手続 ……………………………………………………… *194*
　Ⅰ．基本権喪失手続 …………………………………………………… *194*
　　１．法的根拠，機能および実務上の意義　*194*
　　２．特別の訴訟要件　*195*
　　３．手続きの進行　*197*
　　４．判決の内容と効力　*197*
　Ⅱ．政党禁止手続 ……………………………………………………… *200*
　　１．法的根拠，機能および実務上の意義　*200*
　　２．特別の訴訟要件　*202*
　　３．手続きの進行　*204*
　　４．判決の内容と効力　*204*
　Ⅲ．連邦大統領に対する訴追 …………………………………… *207*
　　１．法的根拠，機能および実務上の意義　*207*
　　２．特別の訴訟要件　*208*

目　　次　*xi*

　　3．手続きの進行　*209*
　　4．判決の内容と効力　*209*
　Ⅳ．裁判官に対する訴追 ……………………………………………… *210*
　　1．法的根拠，機能および実務上の意義　*210*
　　2．特別の訴訟要件　*211*
　　3．手続きの進行　*212*
　　4．判決の内容と効力　*212*

M．選挙審査抗告 ……………………………………………………… *214*
　Ⅰ．法的根拠，機能および実務上の意義 ………………………… *214*
　Ⅱ．特別の訴訟要件 ………………………………………………… *216*
　Ⅲ．手続きの進行 …………………………………………………… *217*
　Ⅳ．判決の内容と効力 ……………………………………………… *217*
　Ⅴ．他の手続きとの関係 …………………………………………… *220*

N．政党不認定抗告 …………………………………………………… *223*
　Ⅰ．法的根拠，機能および実務上の意義 ………………………… *223*
　Ⅱ．訴訟要件 ………………………………………………………… *224*
　Ⅲ．手続きの進行 …………………………………………………… *225*
　Ⅳ．判決の内容と効力 ……………………………………………… *225*
　Ⅴ．他の手続きとの関係 …………………………………………… *226*

O．異なる解釈の移送 ………………………………………………… *227*
　Ⅰ．法的根拠，機能および実務上の意義 ………………………… *227*
　Ⅱ．特別の訴訟要件 ………………………………………………… *228*
　Ⅲ．手続きの進行 …………………………………………………… *229*
　Ⅳ．判決の内容と効力 ……………………………………………… *229*
　Ⅴ．他の手続きとの関係 …………………………………………… *230*

xii

P．基本権憲法異議 ………………………………………………… *232*
　Ⅰ．法的根拠，機能および実務上の意義 ………………………… *232*
　Ⅱ．特別の訴訟要件 ……………………………………………… *235*
　　１．憲法異議の当事者能力　*236*
　　２．訴訟能力　*238*
　　３．当事者適格　*241*
　　４．裁判で争う途を果たしていること　*261*
　　５．憲法異議の補充性　*268*
　　６．異議申立期間　*271*
　　７．対立する確定力ある判決が存在しないこと　*273*
　　８．権利保護の必要性　*274*
　Ⅲ．裁判のための受理と部会の裁判 …………………………… *275*
　Ⅳ．手続きの進行 ………………………………………………… *278*
　Ⅴ．判決の内容と効力 …………………………………………… *278*

Q．自治体の憲法異議 ……………………………………………… *285*
　Ⅰ．法的根拠，機能および実務上の意義 ………………………… *285*
　Ⅱ．特別の訴訟要件 ……………………………………………… *286*
　　１．憲法異議の当事者能力　*286*
　　２．訴訟能力　*287*
　　３．当事者適格　*287*
　　４．裁判で争う途を果たしていること　*289*
　　５．異議申立ての期間　*289*
　　６．ラント憲法裁判所の審査に対する補充性　*290*
　Ⅲ．手続きの進行，判決の内容と効力 ………………………… *291*

R．連邦法律によって権限が与えられたその他の事件 ……………… *292*

目　　次　*xiii*

第3部　連邦憲法裁判所の特別の裁判形式と効果

A．仮　命　令 ………………………………………………………… *299*
　Ⅰ．法的根拠，機能および実務上の意義 ………………………… *299*
　Ⅱ．訴 訟 要 件 ……………………………………………………… *300*
　Ⅲ．申立ての認容性 ………………………………………………… *301*
　Ⅳ．手続きの経過 …………………………………………………… *303*
　Ⅴ．判決の内容と効力 ……………………………………………… *304*

B．連邦憲法裁判所法35条による執行命令 …………………… *307*

C．連邦憲法裁判所の判決の効力：総論 ……………………… *309*

解　答　*317*
　第1部についての解答　*317*
　第2部についての解答　*321*
　第3部についての解答　*336*

監訳者あとがき　*339*

邦語事項索引　*343*

独語事項索引　*352*

略　語

a. F.	旧（alte Fassung）
AöR	公法雑誌（Archiv des öffentlichen Rechts）
Aufl.	版（Auflage）
BayVbl.	バイエルン行政雑誌（Bayerische Verwaltungsblätter）
BayVerf.	バイエルン憲法（Bayerische Verfassung）
BbgVerfG	ブランデンブルク憲法裁判所
	（Brandenburgisches Verfassungsgericht）
Beschl.	決定（Beschluss）
BGBl.	連邦官報（Bundesgesetzblatt）
BGH	連邦通常裁判所（Bundesgerichtshof）
BGHZ	連邦通常裁判所民事部判例集
	（Entscheidungen des Bundesgerichtshofs in Zivilsachen）
BSG	連邦社会裁判所（Bundessozialgericht）
BVerfG	連邦憲法裁判所（Bundesverfassungsgericht）
BVerfG（K）	連邦憲法裁判所部会決定
	（Bundesverfassungsgericht（Kammerentscheidung））
BVerfGE	連邦憲法裁判所判例集
	（Entscheidungen des Bundesverfassungsgerichts）
BVerfGK	連邦憲法裁判所部会決定集
	（Kammerentscheidungen des Bundesverfassungsgerichts ）
BVerwG	連邦行政裁判所（Bundesverwaltungsgericht）
BVerwGE	連邦行政裁判所判例集
	（Entscheidungen des Bundesverwaltungsgerichts）
DÖV	公行政（雑誌）（Die Öffentliche Verwaltung）
DVBl.	ドイツ行政雑誌（Deutsches Verwaltungsblatt）
ebda	同所（ebenda）
EGMR	ヨーロッパ人権裁判所
	（Europäischer Gerichtshof für Menschenrechte）
EU	ヨーロッパ連合（Europäische Union）
EuGH	ヨーロッパ司法裁判所（Europäischer Gerichtshof）
EuGRZ	ヨーロッパ基本権雑誌（Europäische Grundrechtszeitschrift）
f., ff.	以下（folgende, fortforgende）

xvi

GOBVerfG	....	連邦憲法裁判所規則
		（Geschäftsordnung des Bundesverfassungsgerichts）
HambgVerfG	......	ハンブルク憲法裁判所（Hamburgisches Verfassungsgericht）
JA	......	法学演習（雑誌）（Juristische Arbeitsblätter）
Jura	......	法曹養成（雑誌）（Juristische Ausbildung）
JuS	......	法学教室（Juristische Schulung）
JZ	......	法曹雑誌（Juristenzeitung）
KPD	......	ドイツ共産党（Kommunistische Partei Deutschlands）
LVerfG	......	ラント憲法裁判所（Landesverfassungsgericht(e)）
MVVerfG	......	メクレンブルク＝フォアポンメルン・ラント裁判所
		（Landesverfassungsgericht Mecklenburg-Vorpommern）
m.w.N.	......	その他の参考文献を含めて（mit weiteren Nachweisen）
n.F.	......	新規定（neue Fassung）
NdsVBl.	......	ニーダーザクセン行政雑誌（Niedersächsische Verwaltungsblätter）
NJW	......	新週刊法曹（Neue Juristische Wochenschrift）
NPD	......	ドイツ国家民主党（Nationaldemokratische Partei Deutschlands）
Nr.	......	号（Nummer(n)）
NRWVerfGH	......	ノルトライン＝ヴェストファーレン・ラント憲法裁判所
		（Verfassungsgerichtshof für das Land Nordrhein-Westfalen）
NSDAP	......	ドイツ国民社会主義労働党
		（Nationalsozialistische Arbeiterpartei Deutschlands）
NVwZ	......	新行政法雑誌（Neue Zeitschrift für Verwaltungsrecht）
NVwZ-RR	......	新行政法雑誌判例レポート（NVwZ-Rechtsprechungs-Report）
Verwaltungsrecht NWVBl.	......	ノルトライン＝ヴェストファーレン行政雑誌
		（Nordrhein-westfälische Verwaltungsblätter）
RGBl.	......	ライヒ官報（Reichsgesetzblatt）
Rn.	......	欄外番号（Randnummer(n)）
S.	......	頁（Seite(n)）
SAnhLVerfG	......	ザクセン＝アンハルト・ラント憲法裁判所
		（Landesverfassungsgericht Sachsen-Anhalt）
SRP	......	ドイツ社会主義ライヒ党（Sozialistische Reichspartei Deutschlands）
ThürVBl.	......	チューリンゲン行政雑誌（Thüringer Verwaltungsblätter）
ThürVerfGH	......	チューリンゲン憲法裁判所（Thüringer Verfassungsgerichtshof）
VBlBW	......	バーデン＝ヴュルテンベルク行政雑誌
		（Verwaltungsblätter für Baden-Württemberg）
vgl.	......	参照（vergleiche）

第1部
裁判所の構成と手続きの一般原則

A. 序　　章

I. 法 的 根 拠

1

　連邦憲法裁判所およびその活動の**基準となる法的根拠**は，とりわけ基本法（**GG**），連邦憲法裁判所法（**BVerfGG**）および連邦憲法裁判所規則（**GOBVerfG**）にある。

1．基本法自ら定める基準

2

　連邦憲法裁判所およびその活動についての，中心的で**重要な内容は，基本法自ら定めている**。もっとも，基本法の定めは簡潔な原則のみに限られており，これらは法律の規律により補われなければならない。この場合，法律の規律が，基本法によって決定されていることと矛盾することがありうる。そのようなときは，憲法の優位（基本法20条3項）に基づき，もっぱら基本法の規律が基準となる。法律の規律が憲法上の基準に反するときは，まず憲法適合的解釈を行い，それが不可能であるとその規律は無効となる（しかし→ Rn. 163 ff.）。

　　例：連邦憲法裁判所法63条において，申立人および被申立人となりうる範囲は，（「限る」という）明文の限定列挙によって定められており，限定列挙は，さまざまな点で，基本法93条1項1号に基づくこの手続きにおいて当事者となりうる者よりも限定されている（詳細は→ Rn. 299 ff.）。連邦憲法裁判所は，連邦憲法裁判所法63条の列挙に含まれていない機関争訟の当事者もこの範囲に入ることを認めている。〔しかし〕規範統制手続において，それ自体は審査対象ではなかった連邦憲法裁判所法63条の

4 第1部　裁判所の構成と手続きの一般原則

「限る」について，正式の部分無効宣言は行われていない。このほかの例については
→ Rn. 126 ff. (129)，389，456 f.。

3

連邦憲法裁判所の**組織の憲法上の基本的規定**は，とくに 92 条と 94 条である。**基本法 92 条後段**によれば，同条前段で裁判官に委ねられている裁判権は，他の裁判所とともに連邦憲法裁判所によって行使される。権力分立の枠内における裁判権に〔連邦憲法裁判所を〕位置づけることによって，基本法は，連邦憲法裁判所の活動の性質について決定的に重要な確定をしたのであり，これによって連邦憲法裁判所の活動も，いずれの裁判権も服する特別な拘束の下におかれることになった。このことが意味するのは，とりわけ連邦憲法裁判所の判決が憲法の拘束の下でなされなければならないということであり，連邦憲法裁判所の政治的形成意思というようなものに委ねられてはならないということである。92 条前段との関係では，連邦憲法裁判所の任務を遂行するのは，他のすべての裁判所と同様に，裁判官であるということも明らかとなる。このことから導かれるのは，とりわけ裁判官の独立の保障が，職務においても身分においても〔連邦憲法裁判所裁判官に〕及ぶということである（基本法 97 条 1 項及び 2 項）。**基本法 94 条**は，もっぱら連邦憲法裁判所とかかわり，その組織について重要な基本原理を定めており，その他は，基本法 94 条 2 項 1 文により，手続きについても判決の効力についても連邦立法者の規律に委ねられている（→ Rn. 6）。

4

基本法 93 条には，**連邦憲法裁判所に委ねられた任務**が列挙されている。基本法 93 条 1 項は，1 号から 4c 号において，連邦憲法裁判所のもっとも重要な管轄のいくつかのみを自ら挙げている。5 号は，憲法が直接に定めるその他の管轄について言及しており，それらの管轄は，基本法のさまざまな個所で，多くはそれぞれの規律の関連の中におかれている。ここでとくに挙げるべきものとして，基本法 18 条 2 文，21 条 2 項 2 文，41 条 2 項，61 条 1 項 1 文，98 条

2項1文および5項3文，99条，100条1項から3項まで，並びに126条がある。また，さらに挙げるべきものとして，基本法93条1項3号を補充する84条4項2文がある。さらに新たな手続類型が2006年に基本法93条自体に2項として付け加えられた。これらの手続き全てについての手短な外観は，連邦憲法裁判所法13条によって与えられるのであり，この規定は，原則として（しかし→ Rn. 110）基本法で規定されている順に，手続きの種類を列挙している。基本法93条3項は，一般的に，連邦法律によってさらに連邦憲法裁判所の任務を定めることができると定めるが，この任務は，必ずしも裁判の性質を有する必要はない。

> 例：当初，連邦憲法裁判所には，連邦憲法裁判所法旧97条により，一定の最上級の連邦機関の求めに応じて憲法上の問題についての鑑定意見を提出することが任務として課されていた。この規定は，有意な経験に乏しかったために，数年後に〔1956年改正で〕廃止された。

5

この根拠〔基本法93条3項〕に基づいて（通常）法律のみによって与えられた連邦憲法裁判所の管轄権（→ Rn. 630 f.）は，今日，実務上大きな意義を有していない。

2. 連邦憲法裁判所法

6

基本法94条2項1文にいう**施行法律**は，1951年3月12日の**連邦憲法裁判所に関する法律**（BGBl. I, S. 243）である。この法律は，今日，1993年8月11日の改正（BGBl. I, S. 1473）によって（Bundesverfassungsgerichtsgesetz − BVerfGG）というかっこ書き付きとなっており，その後，繰り返し改正されている（最近では，2015年8月31日の第10管轄適合命令（BGBl. I, S.1474）8条に基づく法改正[1]）。

6 第1部　裁判所の構成と手続きの一般原則

7

　連邦憲法裁判所法は，5つの章に分かれている。第1章は1条から16条で
あり連邦憲法裁判所の構成及び権限，第2章は――35a条から35c条までの手
続外での記録閲覧とともに――憲法裁判所の一般的手続規定（17条から35条），
第3章は，本案裁判の要件の審査にとって実務上特に重要な個別手続様式につ
いての規定（36条から96d条）を定めている。2011年に追加された第4章は，
97a条から97e条において，遅延異議を定めている。第5章は，学修や試験に
はさほど重要でない終末規定からなっている。

3．連邦憲法裁判所規則

8

　連邦裁判所規則は，連邦憲法裁判所法1条3項によれば，連邦憲法裁判所合
同部によって定められる。裁判所一般には与えられていない，このような形で
の立法権の法的根拠は，連邦憲法裁判所の特別な地位から導かれるのであり，
それは，連邦憲法裁判所が裁判所であるのみならず，憲法機関でもあるからで
ある（そのような意味で連邦憲法裁判所法1条1項に含意されていることを参照）。そ
のような憲法機関として，連邦憲法裁判所は，規則制定権が法律に明記される
（1985年12月12日の改正，BGBl. I, S. 2226）以前から，他の憲法機関（連邦議会，
連邦参議院，連邦政府等）に認められていたのと同様に，**規則制定の自律権**を主
張していた。現行の規則は，2014年11月19日の連邦憲法裁判所規則である
（BGBl. 2015 I, S. 286；これについて詳細は，*Zuck*, EuGRZ 2015, 362）。規則の内容は，
一方で，連邦憲法裁判所の組織と行政についての規定（第A編，1条から19条），
他方でまた，手続補充規定（第B編，20条から73条）である。規則の規定は，
学生の演習や試験勉強には，ほとんど意味はないであろう。

A. 序　章　**7**

Ⅱ．参考資料

1．連邦憲法裁判所の判例

9

　　憲法訴訟法と集中的に取り組むときに決定的な意義を有するのは，まずもっ
て，連邦憲法裁判所の判例である。きわめて重要な判例，これは何よりも両方
の部による判例であるが，また裁判所の合同部の判例も，いわゆる**公式判例集**
（正式には連邦憲法裁判所判例集，引用では BVerfGE と表記される。これまで第 1 巻か
ら第 138 巻〔2024 年 4 月末で第 166 巻〕が公刊されている）に掲載されている。部
会の主要な判例に関しては，数年前から別の判例集がある（BVerfGK ＝
連邦憲法裁判所部会判例集，これまで第 1 巻から第 20 巻が公刊されている[2]）。
様々な法学の専門雑誌が，それぞれの編集方針に従って異なった選別に
よる判例を掲載しており，それらの判例の中には，公式判例集では顧慮
されなかったものもある。学生や修習生に特に関心があると思われる
判例は，学習雑誌（とりわけ，JuS, Jura, JA）でも選ばれている。最新
の，そして全く完全な ―― もっとも遡れるのは 1996 年までだが ―― 連
邦憲法裁判所の判例は，インターネット（www.BVerfG.de）で入手でき
る[3]。より古い判例も，Juris や beck-online というデータベースでみられる。
また，連邦憲法裁判所によって編集された「連邦憲法裁判所判例便覧」（引用
では NBVerfG と表記される。2015 年 12 月の最新で 192 号〔現在では 2024 年 3 月の
223 号〕）も重要であろう，これは加除式で出版されており，判例は，そこに掲
載されている法令に合わせて，多くの場合短い引用で掲載されている。この便
覧では，憲法訴訟法にとって，とくに連邦憲法裁判所法の章が重要である。

8　第1部　裁判所の構成と手続きの一般原則

2．憲法訴訟法についての文献

10

　より進んだ学修のため，文献では，とくに後掲の憲法訴訟法専門の文献を参
照すべきである。しかし，連邦憲法裁判権とその手続きについての重要な記
述は，**基本法についての一般的な文献**にもみられるのであり，それはとりわ
けコンメンタール（関連する規定の個所→ Rn. 2 ff.），大部の教科書（とくに *Klaus
Stern*, Das Staastrecht der Bundesrepublik Deutschland, Bd. Ⅱ, 1980, §§32, 44 および
Bd. Ⅲ/2, 1994, §§87 Ⅴ, 91）および国法学のハンドブック（とりわけ *Josef Isensee/
Paul Kirchhof* [Hrsg.], Handbuch des Staatsrechts der Bundesrepublik Deutschland,
Bd. Ⅲ, 3. Aufl. 2005, §§ 67-70 における，*Wolfgang Löwer, Wilhelm Karl Geck* およ
び *Gerd Roellecke* の論文，および *Ernst Benda/Werner Maihofer/Hans-Jochen Vogel*
[Hrsg.], Handbuch des Verfassungsrechts der Bundesrepublik Deutschland, 2. Aufl.
1994, §34 における，*Helmut Simon* の論文）である。

11

　憲法訴訟法専門の文献では，連邦憲法裁判所法の**コンメンタール**が，個別
の問題を調べるのに重要である。最近でもなお重要なもののなかで，まず挙
げるべきは，ハンディーな小型コンメンタールである *Hans Lechner/Rüdiger
Zuck*, Bundesverfassunggerichtsgesetz, 7. Aufl. 2015〔8. Aufl. 2019〕である。
同様の文献として，今日では，*Christofer Lenz/Ronald Hansel*, Bundesverfa
ssungsgerichtsgesetz, 2. Aufl. 2015〔3. Aufl. 2020〕がある。これらとならん
で，大型のコンメンタールもあり，とくに挙げるべきは——一冊にまとまった
ものとしては——連邦憲法裁判所の調査官による *Christian Burkiczak/Franz-
Wilhelm Dollinger/Frank Schorkopf* (Hrsg.), Bundesverfassungsgerichtsgese-
tz, 2015〔2. Aufl. 2022〕である。加除式で常に更新されているのは，Theodor
Maunz によって創刊され，数名の著者によって継続されている，*Maunz u.a.*,
Bundesverfassungsgerichtsgesetz, Stand: 47. Nachlieferung August 2015〔63.

A. 序　章 **9**

Nachlieferung Juni 2023〕である。

12

　体系的に記述された**教科書**としては，次のものがある：*Christian Pestalozza*, Verfassungsprozessrecht, 3. Aufl. 1991 は，憲法訴訟法というテーマを，連邦レベルとラントレベルの両方を扱っている。連邦憲法裁判所に特化したものとしては，*Ernst Benda✝/Eckard Klein/Oliver Klein* による教科書とハンドブックを兼ねる Verfassungsprozessrecht, 3. Aufl. 2012〔4.Aufl. 2020〕がある。

13

　より**学修向き**に編集されたものとしては，相変わらず包括的なものとして，*Klaus Schlaich/Stefan Korioth*, Das Bundesverfassungsgericht, Stellung, Verfahren, Entscheidungen, 10. Aufl. 2015〔12. Aufl. 2021〕, *Christian Hillgruber/Christoph Goos*, Verfassungsprozessrecht, 4. Aufl. 2015〔5. Aufl. 2020〕がある。また，より簡潔に記述したもので，取り上げるべきは，*Gerhard Robbers*, Verfassungsprozessuale Probleme in der öffentlich-rechtlichen Arbeit, 2. Aufl. 2005, *Roland Fleury*, Verfassungsprozessrecht, 10. Aufl. 2015, *Hubertus Gersdorf*, Verfassungsprozessrecht und Verfassungmäßigkeitsprüfung, 4. Aufl. 2014〔5.Aufl. 2019〕である。

14

　より深く追究するために重要なのは，二つの連邦憲法裁判所の**記念論文集**であり，いずれも 1 巻は憲法訴訟の問題に当てられている。すなわち，*Christian Starck* (Hrsg.), Bundesverfassungsgericht und Grundgesetz, Festgabe aus Anlass des 25jährigen Bestehens des Bundesverfassungsgerichts, Erster Bd., Verfassungsgerichtsbarkeit, 1976 および *Peter Badura/Horst Dreier*, (Hrsg.), Festschrift 50 Jahre Bundesverfassungsgericht, Erster Bd., Verfassungsge-

10 第1部 裁判所の構成と手続きの一般原則

richtsbarkeit-Verfassungsprozess, 2001 である。

Ⅲ．憲法裁判権の歴史

15

　憲法裁判権の歴史について，ここでは，若干の重要ポイントについてのみ言及することにする。もっとも広い意味においては，連邦憲法裁判所の先駆けとして，帝室裁判所（Reichskammergericht）と帝国宮廷顧問会議（Reichshofrat）を挙げることができるが，両者は，憲法問題の裁判に特化したものではない。これらとならんで，**1806年までの旧ドイツ帝国**の時代においては，憲法上の紛争は，しばしば，具体的な問題が生じたときに〔その都度〕設置された，いわゆる仲裁法廷（Austrägal-Instanz）によって裁判がなされた。

16

　1815年に結成されたドイツ同盟，これはなお連邦国家ではなく国際法上の国家連合であったが，ここでは，争訟は，同盟議会によって，あるいは特別な仲裁裁判所によって裁判がなされた（1815年のドイツ同盟規約11条4項および1820年のヴィーン最終規約21条〜24条を参照）。1849年のライヒ憲法（いわゆる**パウル教会憲法**）においては，この憲法により構想されたライヒ裁判所に，126条による包括的な管轄権の枠内において，憲法上の問題についての裁判も割り振られた。しかし，このことは，この憲法が早い段階で失敗に終わったために，実務上意義を有しなかった。連邦国家的な，**1871年のライヒ憲法**においては，76条，77条により，当時の連邦参議院が，とくにラント間およびラント内の憲法争訟について，管轄を付与されていた。

17

　全国家的な〔ドイツ全体の〕レベルより早く，**1815年のドイツ同盟の個々の構成国**において，すでに憲法裁判権は展開していた。そのような国事裁判所

A. 序　　章　*11*

(Staatsgerichtshof）は，とりわけ等族議会と君主との争訟について裁判することができた。また，これとならんで，大臣に対する訴追も広く行われていたのであり，これによって，政府の責任を確立することが意図された（→ Rn. 439）。

18

　真正の憲法裁判権は，ライヒレベルでは，**1919 年のヴァイマル憲法**で初めて実現した。〔この憲法が〕構想したのは，とりわけ，ドイツライヒのための，ある種の国事裁判所であり，この裁判所は，とくに連邦国家制に起因する争訟について裁判すべきものとされた（たとえばヴァイマル憲法 15 条 3 項や 19 条を参照）。これに加えて，ライヒ大統領に対する訴追も規定された（ヴァイマル憲法 59 条）。このような固有の憲法裁判権とは無関係に，〔国事裁判所がその中におかれる〕ライヒ裁判所には，今日，憲法裁判所によって処理される任務も与えられた。このことはとくに，ヴァイマル憲法 13 条 2 項に規定された，ある種の規範統制手続においてラント法の連邦法適合性を審査する権限に当てはまる。これに対して，ライヒ法律の憲法適合性についての統制は，規定されなかった。裁判官が適用すべき法律の憲法適合性について「裁判官の審査権」の枠内において判断する権限を裁判所が一般に有しているかという問題は，ヴァイマル憲法の短い生涯の間，争われ続けた。これに対して，**オーストリアの憲法裁判所**は，すでに，**1920 年の連邦憲法**以来，法律の憲法適合性に関する抽象的規範統制の手続きを有している。

19

　このような歴史を，第二次大戦後，**1946 年のバイエルン自由国憲法**は引き継いだといえよう，というのは，この憲法は，バイエルン憲法裁判所に，機関争訟，抽象的規範統制および憲法異議の管轄を与えたからである。このモデルは，バイエルンの提案を通じて，**ヘレンキームゼーの会議**の枠内において，**基本法**の憲法裁判を特徴づけることになった。

12 第1部　裁判所の構成と手続きの一般原則

20

そこで構想された憲法裁判権の形は，今日の姿と広い範囲で一致している
が，いまだ憲法異議は含まれていなかった。しかし，憲法異議はすでに1951
年の連邦憲法裁判所法で設けられ，次いで1969年に基本法に組み込まれた。
連邦憲法裁判所法の方は，1951年以来，数多くの**改正**を経てきた。とくに取
り上げるべきは，次のものである[4]。

―　鑑定意見手続の廃止
―　裁判官の員数および任期に関する改正および連邦議会による裁判官の選出
　　に関する改正
―　憲法異議の予備審査についての繰り返しの改正，これにより現行の連邦憲
　　法裁判所の部会による決定が認められるに至り，やがて，この部会による
　　決定の可能性は裁判官による移送にも定められるようになった
―　〔連邦議会〕調査委員会法により与えられた権限に関する規定の追加
―　権限返還と置換手続についての規律
―　そして，最後に，選挙法上の政党不認定抗告および遅延異議の導入

Ⅳ. 憲法裁判権の意義

21

機能している憲法裁判権の存在が共同体の憲法にとって実務上有している意
義は，いくら評価してもしきれないほどである。というのは，そのような憲法
裁判権が，中心的な重要性を有する様々な諸関係における**憲法の尊重を確立す
る**からである。

22

このようなことは，一つには，連邦国家においては，連邦とラントの間，ラ
ント同士の間，また一般に憲法機関同士の間に生じる，**古典的な憲法争訟**に当

A. 序　章　*13*

てはまる。ここにおいては，機能している憲法裁判権は，憲法生活における中心的要素間の政治的権力闘争に法的解決をもたらし得るのであり，これがなければ，状況によっては，〔紛争の〕一方の当事者が力によって立場を押し通すことも想定しなければならないであろう。

23

　これとならんで，極めて広範に規範化された法治国家においては，**規範統制**という任務も意義を有するようになっている，というのは，これによって，他の法規範に対する**憲法の優位**，及びラント法に対する**連邦法の優位**が貫徹されるからである。

24

　憲法裁判権の，もう一つの伝統的な任務は，法的に秩序付けられた**憲法保障**の領域に存するのであり，ここでは，憲法裁判権は，一定の，憲法の保障に向けられた禁止や訴追の手続きについて裁判する。

25

　最後に，今日，実務において憲法裁判権の主要な任務となっているのは，**基本権を有する個人**を，一般的に，国家権力の強制から憲法上**保護する**ことであり，これはとくに**憲法異議という道具**によってなされる。ここでは，一般の裁判所の裁判活動を憲法上の基準で統制することを通じて，連邦憲法裁判所は，ほとんどすべての法秩序の領域における法適用への大きな影響力を獲得している。もっとも，すべての裁判領域における超上告審とならないようにするため，連邦憲法裁判所は，自らの任務を憲法の擁護へ限定することと，他の裁判権に対しての補充性とを強調している（→ 一般的には Rn. 227，基本法 93 条 1 項 4 号については Rn. 366，372，383，393，基本権憲法異議については Rn. 568 f., 584 ff., 自治体の憲法異議については Rn. 623，627）。

14 第1部 裁判所の構成と手続きの一般原則

26

　概略のみを上述した連邦憲法裁判所の広汎な任務は，現行の憲法秩序の枠内で，連邦憲法裁判所に，次のような**極めて重要な意義**を付与した。すなわち，**連邦憲法裁判所**は，法適用を任じられただけの裁判所としての地位にもかかわらず，憲法によって秩序付けられた政治生活のもっとも重要なアクターの一つであり，これによって一つの**憲法機関**であるという意義である。

A．序章に関する確認問題

1．連邦憲法裁判所の組織の憲法上の基本的規定を挙げよ。

2．連邦憲法裁判所の管轄は，どの規範において規律されているか？その権限に関する一般条項は存在するか。

3．憲法上の問題は，ドイツにおいて，〔基本法より〕以前の時代においては，どの決定権者によって決定されていたか。

4．憲法裁判権のもっとも重要な任務は何か。

解答は 317 頁。

参 考 文 献

Meinel, Florian/Kram, Benjamin, Das Bundesverfassungsgericht als Gegenstand historischer Forschung, JZ 2014, 913 ; *Collings, Justin*, Democracy's Guardians. A History of the German Federal Constitutional Court 1951-2001, 2015 ; *von Ooyen, Robert/Möllers, Martin* (Hrsg.), Handbuch Bundesverfassungsgericht im politischen System, 2. Aufl. 2015.

訳　注

1）　直近では，連邦憲法裁判所へ提出する文書について，電子文書による提出を導入することについての 2024 年 4 月 12 日の第 10 連邦憲法裁判所法改正法律による法改正（BGBl. 2024 I Nr. 121）がある。

2）　2014 年以降は部会判例集の刊行は中断している。

3）　現在では，ごく限られてはいるが，連邦憲法裁判所のウェブサイトから 1951 年までみることができる。

4）　本文で挙げられたもののほか，政党財政援助の禁止手続の導入もある。

B．裁判所の構成

I．基本法の求めるもの

27

　裁判所の構成，すなわち連邦憲法裁判所の構造と組織は，基本法に完結した形で定められているわけではない。基本法は，構成に関する若干の基本原則を有するのみで，個別の詳細を定めることは連邦立法者に委ねている（→ Rn. 2 f. も参照）。このような立法者を拘束する憲法上の基準として，とくに以下のものが挙げられる。

— **基本法92条**は，前段と後段の連関において，連邦憲法裁判所の活動が裁判官に委ねられた裁判権に含まれるために，連邦憲法裁判所は裁判官〔の資格を有する者〕によって占められなければならないことを定める。

— **基本法94条1項1文**は，連邦憲法裁判所には，連邦裁判官とその他の裁判官とが所属すべきことを定める。基本法第92条によれば，連邦憲法裁判所の裁判官はすべて，裁判官〔の資格を有する者〕でなければならないため，これ〔94条1項1文〕が意味するのは，この機関の構成員の一定の者は，任命の時点で連邦裁判官の一員，すなわち他の連邦最上級裁判所（基本法95，96条）の裁判官の一員でなければならないということである。

— **基本法94条1項2文**は，一方で，連邦憲法裁判所の構成員が選出（Wahl）によって選任されなければならないと定める。他方で，この機関の〔裁判官数の〕配分における連邦国家的均衡の意味での選出のために，連邦議会と（ラントの協働機関としての）連邦参議院とが，それぞれ連邦憲法裁判所の構成員の半数を選出すべきことを定めている。

16 第1部　裁判所の構成と手続きの一般原則

— **基本法 94 条 1 項 3 文**は，連邦憲法裁判所の構成員の地位と他の機能との，いわゆる兼職禁止についての規定を有している。すなわち，連邦憲法裁判所の構成員は，連邦議会，連邦参議院，連邦政府またはこれらに相当するラントの機関（すなわち，とくにラント議会やラント政府）に所属することは認められない。

28

　このほか，基本法 94 条 2 項 1 文は，連邦立法者に対する明文の〔立法〕委託，とくに連邦憲法裁判所の構成を規律すべきことを定める。

Ⅱ．裁判所の構成の法律による形成

1．全体としての連邦憲法裁判所

29

　全体としての連邦憲法裁判所は，連邦憲法裁判所法 1 条 1 項で，憲法上予め示された法的地位において，他のすべての憲法機関に対して自律かつ独立の連邦の**裁判所**とされている。これによって，法律は，憲法上の権能を根拠に想定される連邦憲法裁判所の質を**憲法機関**と確認し，同時に，まさに広範な権限のゆえに特に重要となる権力分立という原則を考慮に入れる，連邦憲法裁判所の自律と独立を強調したのである。〔連邦議会や連邦政府のあるベルリン（かつてはボン）から離れた〕カールスルーエを連邦憲法裁判所の所在地と定める連邦憲法裁判所法 1 条 2 項は，自律を空間的にも強化するという意味で理解することもできよう。連邦憲法裁判所法 1 条 3 項は，事後的に規則制定の自律権を認めるものであるが，この自律権は，すでに連邦憲法裁判所が，自らの憲法機関としての地位を理由に主張していた（→ Rn. 8 もみよ）。

2. 二つの部

30

　連邦憲法裁判所法2条1項によれば，連邦憲法裁判所は，二つの部からなる。このように分割されているため，連邦憲法裁判所は，しばしば「**双子の裁判所**」といわれる。二つの部に分けることによって，一つの裁判体における裁判官の数を無制限に増やすことなく，裁判所の業務負担を多くの担い手に配分することが可能となる。他方において，二つの部に分割することは，それぞれの部の任務と活動を調整する必要を生じさせることになる。

31

　このことは，まず，それぞれの部に**管轄を配分する**ことによって行われるのであり，この配分は，連邦憲法裁判所法14条の詳細な，しかしなお完結しない規律にみることができる。この規律では，基本的な配分が，第1部は基本権に関する問題について裁判し，第2部は，選挙法を含む組織についての憲法〔の問題〕について管轄を有するという方法によってなされている。権限配分についてのこのような基本コンセプトは，現実には貫徹しえないこととなった，というのは，とりわけきわめて多数の憲法異議によって，基本権に関わる手続きが，国家組織法についての負担より，はるかに大きな裁判所の負担を意味することとなったからである。連邦憲法裁判所法14条4項は，このような状況を次のような方法で考慮に入れている，すなわち，連邦憲法裁判所の合同部（→ Rn. 40 ff.）に，一方の部の過重負担が一時的でないために見直しが必要なときは，部の管轄を法律上の原則とは異なって定めることができるとすることによってである。このような権限は，長い間，第2部に，第1部の任務の一部を移管するという形で行使されてきている。いずれにせよ，今日なお任務の配分は複雑であり，このため問題が生じるが，これにあらかじめ備えたのが連邦憲法裁判所法14条5項である。この規定によれば，いずれの部が手続きについて管轄を有するか疑義が生じたときは，それぞれの部〔の裁判官〕からの

18　第1部　裁判所の構成と手続きの一般原則

同数の員数で占められる特別の委員会が決定する。法問題について二つの部で意見が異なったときは，合同部が決定することが定められている（→ Rn. 41 ff.）。

32

それぞれの部は，──若干の例外を除いて──連邦憲法裁判所に係属した事件のすべてについて決定を下すものとされている，判決言渡機関（Spruchkörper）である。これによって，二つの部は，連邦憲法裁判所の中心的意義を有する下部機関である。**部の構成**は，連邦憲法裁判所法2条2項および3項に規律されている。これによれば，それぞれの部は，8人の裁判官から成り，このうちの3人は，常に，連邦の最上級の裁判所（基本法95条1項）から選出された者でなければならない。基本法94条1項1文に定式化された専門裁判官的要素の考慮を，事の性質上，想定される抜け道から保護するために，連邦憲法裁判所法2条3項2文は，この〔3人の〕裁判官は，少なくとも3年以上連邦の最上級の裁判所において〔裁判官としての〕職にあった者でなければならないと定める。

33

そのそれぞれの部において**裁判長**を務めるのは，連邦憲法裁判所長官と副長官である（連邦憲法裁判所法15条1項1文）。部の裁判長は，その職務について，それぞれの部の在職期間が最も長い者または最年長の者が代行する。

34

連邦憲法裁判所法15条2項1文によれば，部が決することができるのは，少なくとも6人の裁判官が出席したときである。定足数を満たさないときで，とくに緊急を要する手続きでは，**定足数**に達するまで，他の部の裁判官をくじ引きによって代行として決めることができる。

B．裁判所の構成　*19*

35

　部の判決は，連邦憲法裁判所法 15 条 4 項 2 文によれば，原則として，裁判に参加した部の構成員の**過半数**によって下される。法律は，この原則の例外を 2 つ定めている。連邦憲法裁判所法 15 条 4 項 1 文によれば，連邦憲法裁判所法 13 条 1 号，2 号，4 号および 9 号による刑事訴訟類似の手続きにおいて，被申立人に不利な判決を下すには，部の 8 人の構成員のうちの 3 分の 2，すなわち少なくとも 6 人によって決しなければならない。

　　例：このような根拠により，2003 年のドイツ国家民主党（NPD）に対する政党禁止手続〔連邦憲法裁判所法 13 条 2 号〕は，手続きを進めるべきとする裁判官は 4 人いたが，3 人の裁判官がこれに反対したために中止となった（BVerfGE 107, 339〔356 ff.〕）。

36

　さらに連邦憲法裁判所法 15 条 4 項 3 文が，多数決ルールの例外を定めており，これによれば，部において**可否同数**の場合，基本法またはその他の連邦法に対する違反を確定することはできないのであり，これは，申立てが違反の確定を求めるものであるか，違反しないことの確定を求めるものであるかにかかわらない。これに対して，これと異なる内容の裁判〔基本法や連邦法違反が問題とされていない裁判〕については，原則的な多数決ルールにとどまるのであり，そのような事件において可否同数の場合は，申立てが棄却される。もっとも，この〔可否同数の場合に申立人の主張を退けるという〕ことは，〔基本法 100 条 2 項の疑義を申し立てる手続きのように〕明確な申立人の主張を有しない手続きにおいては，手助けとはならない（→ Rn. 270）。その限りで，この解決の仕方は問題を残したままである。

37

　部の実務的活動において特別な役割を果たすのは，法律でそれぞれの個所の文脈（連邦憲法裁判所法 15a 条 2 項，23 条 2 項，3 項，97c 条 2 項，97d 条 1 項）にお

いてのみ言及されている**担当裁判官**（Berichterstatter）である。この裁判官は，その都度の手続きにおいて特別な形で責任を有する裁判官である。担当裁判官には，とくに，一般的に手続きを促進すること（連邦憲法裁判所規則22条3項）と，部で判断すべき事案について書面により意見を提出すること（連邦憲法裁判所規則23条）が義務付けられている。

3．部 会

38

　連邦憲法裁判所法80条による数多くの移送決定や，そしてなんといっても憲法異議を処理するために，部は，それぞれの職務年の期間ごとに複数の部会を招集することができ，この部会は3人の裁判官から構成され，この構成は3年を超えない限度で変えないでおくことができる（連邦憲法裁判所法15a条1項）。部会は，その権限の範囲内において，所属する裁判官の1人が担当裁判官となっている手続きにおいて裁判する（連邦憲法裁判所規則40条1項1文）。——このつながりは，連邦憲法裁判所法15a条2項においては，示唆されるにとどまっている。

4．異議部会

39

　2011年に導入された遅延異議（→ Rn. 630）の裁判のために，連邦憲法裁判所法97c条1項により，**異議部会**が招集されるのであり，この部会のため，合同部は2人の裁判官を各部から2年の通常任期で任命する。

5．合同部

40

　連邦憲法裁判所のこれら以外の組織では，とくに合同部が重要であり，この合同部においては，連邦憲法裁判所のすべての裁判官が協働する。合同部は，連邦憲法裁判所法においては，個別の権限との関連においてのみ言及されており，**詳細な規定**は，連邦憲法裁判所規則１条から３条におかれている。すでに述べた連邦憲法裁判所法14条４項による管轄配分についての規律権（→ Rn. 31）のほかに，合同部には，連邦憲法裁判所が決するべき，職務不能となった連邦憲法裁判所裁判官に退職を命じること，〔非行などのあった裁判官を〕罷免することの**裁判**が委ねられている（連邦憲法裁判所法105条を参照）。

41

　連邦憲法裁判所の裁判権にとって中心的な，しかし実務において重要であることは稀な合同部の裁判権限が，連邦憲法裁判所法16条１項で与えられている。この規定は，「双子の裁判所」の２つの部の裁判の相違を回避する目的で，連邦憲法裁判所の**判例の統一性を保障する**ことを明文化した。他の訴訟法のモデルに対応した，この中間手続は，連邦憲法裁判所規則48条以下に詳細が規定されているが，この手続きが採られるのは，一の部が法問題について他の部の裁判に含まれる法見解と異なる見解を採ろうとするときである。問題とされる法見解は，両方の部の裁判にとって主文を支える意義を有し，あるいは有していたものでなければならない（→ Rn. 497 f. も見よ）。裁判の違いが，傍論（obiter dicta）すなわち裁判の補足的なコメントにすぎないときは，〔合同部の裁判の対象として〕考慮されない。〔合同部への〕移送の要件を満たしているかは，移送の義務を負う部が単独で決定する。

　注：あるセンセーショナルな事件（「損害としての子」）において，第２部は，第１部に〔合同部へ〕移送をさせようとしたが（BVerfGE 96, 409 ff.），第１部は，上記にし

22 第1部 裁判所の構成と手続きの一般原則

たがい，これを拒否した（BVerfGE 96, 375 [403 ff.]）。

42

　他の部によって異なる法見解が採られようとしている部が，照会に応じて，自己の法見解を維持しないと宣言した場合，合同部の手続きは行われない（連邦憲法裁判所規則48条2項）。合同部の決定がなされたのち，合同部を招集した部は，原手続の裁判において，**合同部の法見解に基づかなければならない**。のちの手続きにおいて，同じ法問題について改めて合同部を招集することは，排除されない（意見の相違についての基本法100条3項による同様の移送手続については，→ Rn. 501）。

43

　これに関連する若干の手続きでは，次のような問題が扱われた。すなわち，連邦憲法裁判所において，政党はどのようにして自己の憲法上の地位の侵害を主張するべきか（BVerfGE 4, 27），（すでに廃止された）民事訴訟法第554 b 条1項の解釈（BVerfGE 54, 277），定員を超過した判決言渡機関についての基本法第101条1項2文の意味（BVerfGE 95, 322），法的審問侵害についての一般の裁判所による救済の可能性の欠如（BVerfGE 107, 395）および国内での軍の出動との関係における権限問題（BVerfGE 132, 1 ff.）である。さらに言及すべきは，子の養育義務を損害と認定することが憲法（基本法第1条1項）のゆえに禁じられるかという問題についての，すでに言及した，行われずに済まされた第1部の移送である（→ Rn. 41）。

6．連邦憲法裁判所のその他の特別な機関

44

　その他の特別な権能をもった連邦憲法裁判所の機関として，**連邦憲法裁判所長官**と**副長官**があり，両者は，連邦憲法裁判所の裁判官の員数に数えられ，

また異なる部に属さなければならない。長官と副長官は，連邦憲法裁判所法9条，10条の基準に従って，交互に連邦議会と連邦参議院によって選出され，連邦大統領によって任命される。すでに述べたように（→ Rn. 33），両者はそれぞれの部の裁判長となる。さらに，連邦憲法裁判所長官は，官庁の長の典型的な任務を有するのであり，これには，とりわけ裁判所を対外的に代表すること，庁舎管理権の行使，そして裁判所の行政を指揮することが含まれる。副長官は，長官代行の第1順位である。

7．連邦憲法裁判所の裁判官

45

連邦憲法裁判所のすべての判決言渡機関及びその他の下部機関は，その構成員，すなわち連邦憲法裁判所の裁判官によって占められる。この裁判官の法的地位は，憲法の基準（→ Rn. 3）の枠内において，連邦憲法裁判所法の規律によってより詳細に形成されている。

a）　裁判官の選任

46

とりわけ重要なことは，――これはすべての憲法機関について同様なのだが――どのような条件の下で，ある人物が連邦憲法裁判所裁判官という地位に就くのかという問題である。連邦憲法裁判所法10条によれば，直接には，このことは，**連邦大統領が選出された者を任命する**ことによってなされる。

47

これについての決定的な条件は，基本法94条1項2文に定められた選出（Wahl）である。連邦憲法裁判所の構成員は連邦議会と連邦参議院によって半数ずつ選出されるという，憲法上の基準は，連邦憲法裁判所法5条1項1文によって，それぞれの部の裁判官は半数ずつ連邦議会と連邦参議院によって選出

24　第1部　裁判所の構成と手続きの一般原則

されると修正されている。しかし，〔選出にあたっては〕同時に，連邦憲法裁判所法2条3項1文の定める，それぞれの部の裁判官のうち3人は最上級の連邦各裁判所から選出されなければならないという基準も考慮されなければならない。この奇数の数字は等しく連邦議会と連邦参議院とに配分することができないので，求められている〔最上級の連邦各裁判所の〕裁判官の構成員の配分と二つの憲法機関の半数ずつの選出とを実現するため，連邦憲法裁判所法5条1項2文は，**きわめて複雑な規律**を設けなければならなかった。

48

　選出の方法は，連邦議会と連邦参議院とで分けて規律されている。選出が3分の2の多数でなされなければならないということは，両機関に共通に定められている（連邦憲法裁判所法6条2項1文，5項，7条）。**特別多数**を要件とすることで，その都度の多数派が連邦憲法裁判所裁判官という地位を選出する機会を政治的に偏った方法で用いることのないことを保障することが意図されている。特別多数の必要性が，この〔連邦憲法裁判所裁判官という〕任務に最適の資質を有することにつき，それぞれの選出機関で大多数の承認を得た人物のみが選出されるよう機能することが理想であろう。もっとも，全員が納得する評価に至ることが困難であることから，実務においては，むしろ次のような事態が生じている。すなわち，有力な政治勢力間で，裁判官のポストを占めることについて，政党の勢力に応じた配分の協定が結ばれているのである。このような問題にもかかわらず，特別多数の要件は，およそ放棄されることはありえない。

49

　やはり憲法上問題だったものに，当初連邦憲法裁判所法旧6条に規定されていた，**連邦議会**によって選ばれるべき裁判官の選出についての規定がある。この選出について，連邦憲法裁判所法6条1項は裁判官が「**間接選出**において選出される」と定めていたのである。このため，連邦議会は連邦憲法裁判所法6

条 2 項 1 文に基づき，比例選出のルールにより選ばれた 12 人の連邦議会構成員からなる，連邦憲法裁判所裁判官選出委員会を選出していた。この**選出委員会**は，2015 年まで，連邦憲法裁判所裁判官の選出を行っていたが，選出のためには 12 票のうち少なくとも 8 票が必要とされていた。数十年にわたる沈黙の後，連邦憲法裁判所の判決（BVerfGE 131, 230 [234 ff.]）は，この規定を合憲と判断した。その理由は，多くの批判があるにもかかわらずこれを修正する憲法改正が行われていないということであるが，これはほとんど説得力がない。

50

　この部の裁判からまもなく，立法者は，〔法案提出理由において〕学説で〔連邦議会の選出方法に対する〕批判が継続的に行われていることに言及した超党派の法案に基づいて，選出手続を改正した。2015 年の連邦憲法裁判所法新 6 条 1 項は，**連邦憲法裁判所裁判官の選出が連邦議会（本会議）で行われる**ことを定めた。〔法案提出理由には，本会議で選出するほうが〕「いずれにせよ憲法政策的に［……］望ましい」（BT-Dr. 18/2737, Begründung A. I., S. 4）とされていた。選出は，討議にかけることなく秘密投票によって行われる。選出には投票数の 3 分の 2 の多数が必要であり，少なくとも〔この得票が〕連邦議会構成員の過半数に達するものでなければならない。選出委員会は，相変わらず置かれている。〔本会議での〕選出は，委員会の少なくとも 8 票によって決せられた提案に基づいて行われる（連邦憲法裁判所法 6 条 1 項，5 項）。

51

　連邦憲法裁判所裁判官の選出は必要であるが，とりわけ特別多数が必要であるために当然に行われるものとはいえない。その中で，**選出が実際に行われうるための予防的措置**を，連邦憲法裁判所法 7a 条，8 条は定めている。この安全装置で注目すべきは，このような問題が生じた場合に連邦憲法裁判所合同部の提案を求めるとしている規定である。もっとも，いうまでもなくこの提案は，選出されうる者を限定する効果をもつものではない。

26 第1部　裁判所の構成と手続きの一般原則

52

　選出のほか，連邦憲法裁判所裁判官への**選任のための資格要件**はわずかである。裁判官は，とりわけ，年齢40歳以上であり，連邦議会議員の被選挙権を有し，そして連邦憲法裁判所の構成員となる意思のあることを〔あらかじめ書面をもって〕表明していなければならない（連邦憲法裁判所法3条1項）。さらに，裁判官は，連邦憲法裁判所法3条2項により，職業裁判官の資格を有していなければならず，また，連邦憲法裁判所法4条2項により，現に，あるいは過去に連邦憲法裁判所裁判官であってはならない。

53

　基本法94条1項3文による，連邦議会，連邦参議院，連邦政府およびこれらに相当するラントの機関への所属と〔連邦憲法裁判所裁判官の職と〕の**兼職禁止**に関連して，連邦憲法裁判所法3条3項2文は，連邦憲法裁判所裁判官への任命によりこれらの機関での籍を失うという趣旨の解決を定めた。基本法55条2項から明らかとなる連邦大統領の職との兼職禁止に関連する同様の規定は，連邦憲法裁判所法にはない。これについての解決は，二つの職のどちらか一方の職の辞職または免職（Rücktritt bzw. Entlassung）ということにならざるをえないであろう。

　　注：現職の連邦大統領を連邦憲法裁判所の構成員に選出することは，ほとんど現実味
　　がない。これに対して，逆の事案はすでに生じているのであり，1994年5月23日に
　　連邦憲法裁判所長官のロマン・ヘルツォーク（Roman Herzog）は連邦大統領に選出
　　された。

b)　裁判官の職の終了

54

　連邦憲法裁判所裁判官の職は，連邦憲法裁判所法4条1項によれば，**12年の任期の経過**により，または**定年**に達したときに終了するのであり，定年は連邦憲法裁判所法4条3項により年齢68歳に達したときとされている。裁判官

は，連邦憲法裁判所法98条3項の要件を満たすときは，申し出により，早期に退職することができる。後任者の任命が遅延することにより，裁判官の退職で裁判所が裁判能力を有しなくなるという問題を避けるために，連邦憲法裁判所法4条4項，これは98条4項が準用しているが，この規定は，退職した裁判官は任期が満了した後も〔後任者が任命されるまで〕職務を行うと定める。

55

退職についてのこのような通常の場合のほかに，裁判官の**辞職**があり，この辞職は裁判官によりいつでも拘束力をもって申し立てられ，連邦大統領がこれを公表する（連邦憲法裁判所法12条1文および2文）。これに加えて，裁判官の著しい義務違反の場合に連邦憲法裁判所が連邦憲法裁判所法105条1項により〔連邦大統領への〕罷免〔する権限〕の授権が認められており，同様に長期にわたる執務不能を理由に退職〔を命じる権限〕の授権も認められている。この手続きの開始や〔連邦大統領への〕授権は，連邦憲法裁判所の合同部が決定する。

c)　裁判官の人事上の法的地位

56

連邦憲法裁判所裁判官の人事上の法的地位についての規律は，連邦憲法裁判所法98条以下の終末規定に定められている。これらを補う形でドイツ裁判官法69条による裁判官の権利についての一般的規定が適用されるが，それは連邦憲法裁判所裁判官の特別の地位と合致する限りにおいてである。

B．裁判所の構成に関する確認問題

1．憲法裁判官の職との，いわゆる兼職禁止とはどのような意味か，また，それはどこに規定されているか。

2．部の権限は，基本的にどのように配分されているか。

3．部はどのように占められているか，また，部の裁判長を務めるのはだれ

28　第1部　裁判所の構成と手続きの一般原則

　か。

4．部が決定能力を有するのはいつか。

5．合同部の任務は何か。

6．どのような多数によって連邦憲法裁判所裁判官は選出されるか，また，
　これに関連した規律の目的は何か。

解答は318頁。

参 考 文 献

Hong, Mathias, Ein Gericht oder zwei Gerichte?, Der Staat 54 (2015), 409

C．手続きの一般原則

I．連邦憲法裁判所法における欠缺

57

　連邦憲法裁判所法はあらゆる点において包括的な独自の訴訟法ではなく，むしろ性質上欠缺のあるものとして編成されている。これらの欠缺のうち，一部は連邦憲法裁判所規則を援用することで補充され，一部は連邦憲法裁判所法がまた明文上他の裁判所についての法律規定を参照し，なかんずく連邦憲法裁判所法 17 条において裁判所構成法の規定の準用可能性を指示する。それによれば，欠缺が残存する限り，――連邦憲法裁判所の裁判所としての性格およびその活動の裁判としての性格に応じて――原則的に「**全体類推**」（Gesamtanalogie）の方法による，**訴訟法の一般原則**の類推適用によってこの欠缺は補充される。

58

　しばらくしてから，立法者もまた連邦憲法裁判所の規則制定の自律権を承認したが，それにもかかわらず，連邦憲法裁判所に関する規定の欠缺の存在は，手続法の詳細を連邦憲法裁判所自らの固有観念に基づいて自由な形成に委ねるものではない，と理解されている。すなわち，一般的に**手続きの自律性**という意味で解釈してはならない。もっとも，連邦憲法裁判所に一般訴訟法を準用する場合は常に，連邦憲法裁判所の，その特別な地位とその特別な任務を考慮しなければならない。

　例：（ブランデンブルグにおける宗教教育に関する）生活形成・倫理・宗教〔宗教代替教育〕訴訟（LER-Verfahren）において連邦憲法裁判所が提案したように（BVerfGE

104, 305, そして BVerfGE 106, 210), その他の裁判権の場合と同様に, 訴訟上の和解によって終結可能かどうかは, それゆえに異なる判断が行われうる。これに賛成するものとして *Schmidt*, NVwZ 2002, 925 ff.; 反対するものとしては *Wolf*, EuGRZ 2003, 463; 他の見解としては *Schlaich/Korioth*, Das Bundesverfassungsgericht, 10. Aufl. 2015, Rn. 67 f.〔12. Aufl. 2021, Rn. 67 f.〕

II．裁判官の除斥と忌避・回避

59

憲法裁判所の手続きにおいて一つの重要な役割を果たしているのが, 連邦憲法裁判所に関与する裁判官である。その原則的な法的地位は既に説明した (→ Rn. 3, 56)。裁判官と個々の手続きとの関係に関して問題が生じるが, それらの問題を連邦憲法裁判所法 18, 19 条が考慮している。この規定は他の訴訟法でも, 類似の形式でよく知られているものであるのだが, それは連邦憲法裁判所でも裁判官が個別的事件の決定について**必要な中立性**を備えることを確保するのである。連邦憲法裁判所法 18, 19 条の侵害は, 同時に基本法 101 条 1 項 2 文による法律上の, そして憲法適合的裁判官〔による裁判〕の要請違反を意味することとなろう。

1. 裁判官の除斥

60

連邦憲法裁判所法 18 条 1 項は, **直接効力により**, 連邦憲法裁判所の裁判官を特定の事件における裁判官としての職務の執行から除斥する。その結果, 除斥された裁判官は, それ以降の, 当該事件の一切の活動を控えなければならない。裁判官除斥については, 連邦憲法裁判所の各々の担当裁判体が, 当該裁判官の関与なしに裁判を行わなければならない。これには宣言的な意味しかないにもかかわらず, 法的明確性のため, 実務上は重要な意義を有する。

C. 手続きの一般原則　*31*

61

　連邦憲法裁判所法 18 条においては，**除斥理由**はまず 1 項で 2 つの基本要件が挙げられ，次に 2 項および 3 項で限定規定が定められるという形で具体化されている。裁判実務の傾向として，きわめてまれな場合しか裁判官の除斥にならないようにこの規定を解釈する。決定能力喪失の回避という目標のみによって説明されるのではなく，裁判官の除斥によって多数関係が変動しうること〔の回避〕によっても説明可能である。

62

　連邦憲法裁判所法 18 条 1 項 1 号によれば，自らが当該事件に関与しているか，配偶者，血縁，婚姻を通じて関係人と特に密接な関係を持つ場合，裁判官は除斥される。**除斥の理由となる関与**の意味について，連邦憲法裁判所法 18 条 2 項は，裁判官またはその関係者が家族関係，職業，門地，所属政党その他これに類する一般的観点から手続きの結果に利害関係を有するというだけでは，関与は存在しない，と規定している。関与をこれ以上広く解することは，連邦憲法裁判所には問題となろう。なぜならば，その判断は広く市民グループにかかわることが少なくなく，そのようなグループに裁判官あるいはその関係者が属している場合も非常に多いであろうからである。それゆえに同時に，連邦憲法裁判所法 18 条 2 項は連邦憲法裁判所の裁判官に対し，上述のような一般的観点のみから導かれる当該事件の結果への個人的関心から解放され，その中立性を維持することを要求することとなる。

　　例：賃借法上の法律規定が基本法と一致するのかという裁判では，下される判決の一
　　般的結果が裁判官（あるいはその親族）に賃借人あるいは賃貸人として関係するとし
　　ても，このことは関与を根拠づけるものではない。

63

　連邦憲法裁判所法 18 条 1 項 2 号による除斥は，裁判官が**同一事件において**過去に職務上，あるいは職業上活動していたことを要件とする。この除斥事由

32 第 1 部　裁判所の構成と手続きの一般原則

の射程は，**以前の活動**が同一事件に関わるものでなければならないことによって限定されている。この以前の活動で考えられているのは，（厳格に手続きに関連する意味で）同一の具体的法問題での活動に限られ，他の争訟や手続きで同一の法問題と以前関わっていただけでは，たとえそれらの争訟等が内容的に憲法異議と密接に関わっているとしても，そこに含まれているわけではない（BVerfG［K］, NVwZ 2004, 855［856］）。

> 例：連邦憲法裁判所法 34 条 2 項による濫用料を不可争性をもって決定したことに参与したことついて，BVerfGE 133, 163 Rn. 6 ff. は，関係人が当該決定に対して明らかに不適法な訴えを行政裁判所に提起し，これを否定した行政裁判所の訴訟判決に対して，続けて憲法異議を提起したという場合には，事前の参与には当たらないとしている。

さらには連邦憲法裁判所法 18 条 3 項は，立法手続への参与（1 号）（→ Rn. 65），当該手続にとって重要な可能性のある法問題に関する学問的見解の発表（2 号）は，連邦憲法裁判所法 18 条 1 項 2 号の意味での活動ではない，と確認している。

2.　裁判官の忌避・回避

64

連邦憲法裁判所法は，自身が関与しない当該裁判所の裁判に基づき，連邦憲法裁判所の裁判官がその後の手続きへの参与から排除されることを規定する。この連邦憲法裁判所の裁判は 2 つのケースに分けられる。一方では，関係人が**予断の疑い**ゆえに裁判官を忌避しうる。これは，口頭弁論開始までのもののみ考慮される（連邦憲法裁判所法 19 条 1 項，2 項 3 文）。他方では，忌避されていない裁判官は自ら予断について宣言することができる（連邦憲法裁判所法 19 条 3 項）。2 つのケースで，連邦憲法裁判所の担当裁判体は，裁判官が実際に予断を抱いている，つまり中立的判断をすることができないかどうかを確認するこ

とを要しない。むしろ重要なのは，関係人の目から見てただ裁判官の予断を懸念する契機が存するか否かだけである。

65

連邦憲法裁判所法 19 条の適用において，連邦憲法裁判所は予断の疑いの**狭い理解**を基礎にしている。この狭い理解によって特に，予断があるとの訴えという迂回路を経ることにより，その理由が連邦憲法裁判所法 18 条によれば裁判官の職務からの除斥には十分ではないとしても，連邦憲法裁判所法 19 条を介してそれでも〔裁判官の排除という〕同一の結論を根拠づけることを回避している。

注：例外的に，BVerfGE 135, 248 Rn. 26 ff. はフェルディナンド・キルヒホフ（Ferdinand Kirchhof）副長官に対する予断の疑いを認めた。なぜならば，キルヒホフが以前の立法手続に深く関与し，議会の聴聞および裁判手続においても学問的見解を表明することによって，連邦憲法裁判所法 18 条 3 項を越えて，教師のスカーフ禁止に関する当該規律のコンセプトに対する「ある種の原作者性」を獲得したからである。

Ⅲ．関　係　人

66

憲法裁判所の手続きの関係人について，手続法上の一般的規定がいくつか存在し，この規定が関係人の権利を詳細に具体化している。すべての手続きについて**関係人の範囲**が統一的に規定されているのではなく，**個別の手続類型**についての規定を見てみる必要がある。

67

まず関係人として，自らの法的救済に訴えることによって手続きを開始する自然人および法人あるいはその他の法的存在が考えられる。これらの関係者は**申立人**（Antragsteller）と呼ばれることが多く，憲法異議の場合，異議申

立人（Beschwerdeführer）と呼ばれている。対審手続の場合，さらに**被申立人**（Antragsgegner）が関係人となる。それに加えて個別の手続類型に関する規定に応じて，手続きに参加する憲法機関あるいはラントが存在する（たとえば，機関争訟については連邦憲法裁判所法 65 条 1 項，憲法異議については連邦憲法裁判所法 94 条 5 項 1 文を参照）。

68

手続きの中で意見表明したり，意見陳述等を行うその他の人物や機関は技術的意味での手続きの**関係人ではなく**，もちろん証人や鑑定人も関係人ではない（→ Rn. 80）。もっとも，単なる**意見表明権者**であっても，自らの権利を主張する場合には，当該手続において関係者と同様の扱いを受けることがある（たとえば，抽象的規範統制手続において連邦憲法裁判所法 77 条に基づいて意見陳述の機会を利用する憲法機関）。

69

一般的手続規定において，連邦憲法裁判所の手続上の**関係人**について一連の**権利**が規定されている。とりわけ，連邦憲法裁判所法 19 条に基づく裁判官忌避の権限，訴状送達権と意見表明の機会を求める権利（連邦憲法裁判所法 23 条 2 項），口頭弁論の権利とこれを放棄する可能性（連邦憲法裁判所法 25 条 1 項），証拠採用に際しての一定の権利（連邦憲法裁判所法 29 条）および連邦憲法裁判所法 30 条 3 項に基づくすべての裁判の告知を求める権利が含まれている。

70

原則として全関係人について，とりわけヨーロッパ連合の構成国の弁護士または国立大学あるいは国家によって認可されている大学の法律学教員で，裁判官職の有資格者を，連邦憲法裁判所で代理人にすることが可能である。口頭弁論では，そのような〔訴訟〕**代理**は強行的に規定されている（連邦憲法裁判所法 22 条 1 項 1 文）。

注：BVerfGE 134, 239 Rn. 4 ff. は，ドイツの裁判所で弁護士として資格を認められていない試補には**訴訟能力がない**とした。特に，EU 法によってもルーマニアの法律顧問として認められたにもかかわらず，個別事件の事情によれば，弁護士と同視することが要請されるわけではないのである。

立法機関とその一部についてはこれとは違って，その構成員に代理させる可能性が規定されている（連邦憲法裁判所法22条1項2文）。同項3文によれば，連邦，ラントおよびこれらの憲法機関は，詳細に規定された資格を有する官吏に代理させることができるのである。

Ⅳ．手続きの開始と進行──手続上の障碍

71

連邦憲法裁判所の手続きの開始は職権によってではなく，原則的には**申立てに基づいてのみ**行われるものである（例外：連邦憲法裁判所法105条に基づく手続きの特例：これについては→ Rn. 630 および→ Rn. 40, 55）。手続類型に応じて，要件の詳細は相当に異なってくる。手続きを開始する**申立ては書面によって**連邦憲法裁判所に提出し，かつ**理由**を付さなければならない点に限って，連邦憲法裁判所法23条1項で統一的に規定している。必要な**証拠手段**も提出されなければならない。（申立ての〔関係人への〕送達によってではなく）申立てによって法律事件が係属するのである。このことが意味しているのは，連邦憲法裁判所が訴訟物を扱うことができ，同時に訴訟物が申立てによって確定されるということである（さらに→ Rn. 104, 244 f.）。

72

手続きの進行については，連邦憲法裁判所法はわずかな規定しか有していない。とくに，これには連邦憲法裁判所法23条2項に基づく**申立ての送達**がある。他の裁判所の手続きが先に下されるべき重要性を有する場合，他の裁判所の手続きが終了するまでは，連邦憲法裁判所は自らの手続きを停止することが

36　第1部　裁判所の構成と手続きの一般原則

できる（連邦憲法裁判所法33条1項）。たとえばBVerfGE 134, 366 Rn. 104によれば，連邦憲法裁判所のヨーロッパ司法裁判所への移送と結びつけられてこれが行われた。原則として，連邦憲法裁判所には裁量に基づき継続している**手続きを分離あるいは併合する**可能性もあり，その一部は特に明文で規定しているのである（連邦憲法裁判所法66条，69条参照）。

73

　連邦憲法裁判所法では明文上，連邦憲法裁判所の手続きを中止させることになる**手続上の障碍**の可能性は規律されていない。近年，2003年のNPD禁止手続（BVerfGE 107, 339［360 ff.］）において，憲法連邦裁判所はそのような手続上の障害を認めたのである。なぜならば，申立人が申立てについて広く情報提供者（V-Leute）の活動に依拠しており，手続開始後もその情報提供者がNPDの幹部会で活動し続けていたからである。

V．手続原則

74

　連邦憲法裁判所の手続きには，**その他の裁判権**に由来するいくつかの周知の一般原則が妥当するのであるが，憲法裁判所の特殊性を顧慮することで，それは一部修正を被るのである。

1. 口頭主義と公開主義

75

　連邦憲法裁判所法25条1項によれば，原則として連邦憲法裁判所の裁判は口頭弁論に基づいて行われる。もちろん実務においては，この**口頭主義**の原則**は大幅に破られている**。この理由の1つは，連邦憲法裁判所法で異なる規定がおかれており，したがってそれが予定されあるいは認められているからであ

る。たとえば，それは連邦憲法裁判所法 25 条 2 項と結びついた 24 条 1 文，32 条 2 項 1 文，66a 条，82a 条 3 項，93d 条 1 項 1 文である。その他，広い範囲で連邦憲法裁判所法 25 条 2 項に基づいた口頭弁論を放棄することができ，連邦憲法裁判所法 94 条 5 項 2 文の枠内でもその可能性がある。

76

　裁判所構成法 169 条と結びついた連邦憲法裁判所法 17 条によれば，口頭弁論は**公開**で行われる。しかし，裁判所構成法 169 条 2 文は，**放送用録音およびテレビ録画**は一般的に許されない，と宣言している[1]。すでに裁判実務において，連邦憲法裁判所が裁判所構成法を越えていたのであり，こののちに 1998 年に連邦憲法裁判所法 17a 条によってこれに関する法律上の根拠も創出されたのである。それによれば，録取は特に裁判所による裁判の公開の場での言い渡し（公表）の場合に許されるのである[2]。

2. 処分権主義

77

　訴訟物に関しては，憲法訴訟法は**処分権主義**（Verfügungsgrundsatz/ Dispositionsmaxime）に従うのである。このことは，手続きの開始は常に申立てのみによる（→ Rn. 71）ということでも明らかとなる。これは「**裁判官は職権で手続きを進行しない**」（ne eat iudex ex officio）という伝統的法原則に対応するものである。加えて，申立ては訴訟を確定的に規定し，これによって連邦憲法裁判所の裁判の可能な範囲を「**申立てを越えてはならない**」（ne ultra petita）という伝統的法原則に即して限定する意味がある。もちろん，裁判所は手続類型ごとに限定的に例外を認めており，とりわけ〔それは〕連邦憲法裁判所法 67 条 3 文，78 条 2 文，95 条 1 項 2 文に見られるのである（→ Rn. 162, 346, 608）。

38 第1部 裁判所の構成と手続きの一般原則

78

　手続きの終了に関して，処分権主義の妥当性は完全に明らかになっているとはいえない。その他の裁判所の手続きでは処分権主義の現れとして，申立ての取下げにより手続きを終了することは通例申立人の手に委ねられているが，関連する公共の利益に鑑み，申立ての取下げがあったにもかかわらず手続きを継続し，裁判によってこれを終了する可能性が認められている。

　　例：社会一般にとっての法的明確性を創造するために，BVerfGE 98, 218（242 f.）は――口頭弁論の実施の後――取り下げられたにもかかわらず，正書法改革に関する憲法異議について判決を下したのである。

3. 職権探知主義

79

　裁判の事実的基礎を獲得することに関して，憲法訴訟は職権探知主義（Untersuchungsgrundsatz）（**職権主義**（Inquisitionsmaxime））が支配しており，これは連邦憲法裁判所法 26 条 1 項 1 文において表現されている。もっとも，連邦憲法裁判所の実務においては，証拠採用の問題が中心となることはむしろ珍しい。多くの手続上の問題が純粋な憲法問題に集中することが多いことから説明されるところもある。とりわけこれは憲法異議についてあてはまる。憲法異議の場合，重要な法適用上の瑕疵の確認により，事件を裁判所に差し戻す可能性があり，それゆえ〔連邦憲法裁判所で〕行われなかった証拠調べが，差戻審で行われることもあり得る。憲法裁判所の手続きでは大きな社会の発展に関わるしばしば重要な判断となるが，これに関し，連邦憲法裁判所は手続内で関係人によって提示された説明またはその他の提示された意見陳述に依拠することができる。ごく最近，裁判所はそのようなケースでも，口頭弁論で鑑定人への尋問により詳細に自ら証拠を集めたこともある。

例：たとえば，高齢者介護法に対する抽象的規範統制手続（BVerfGE 106, 62 (104)）や教師のイスラムスカーフに関する手続き（BVerfGE 108, 282 (304 ff. しかし S. 293; 情報提供を行う専門家）においてあてはまるものであった。近時，連邦憲法裁判所は同一枠内で，連邦憲法裁判所法 27a 条に基づく専門知識のある第三者（→ Rn. 80），組織の代表者（BVerfGE 135, 259 Rn. 84)），さらにまた個人（BVerfGE 135, 259 Rn. 28:「情報提供を行う専門家」）に依拠した。

80

証拠採用の場合について，連邦憲法裁判所法 26 条以下に基づき，連邦憲法裁判所は**証拠方法**として文書も証人および鑑定人の尋問も用いることができる。法律が明文で挙げる方法に加え，連邦憲法裁判所は原則としてその他の証拠方法も用いることができる。たとえば，検証による証明を行い，あるいは当事者尋問を実施することも可能である。連邦憲法裁判所法 27a 条で新たに導入されたのが，専門知識のある第三者（特に当該活動を行う団体，BVerfGE 136, 194, Rn. 78; 137, 108 Rn. 45 参照。また→ Rn. 79）に意見陳述の機会を与えるという方法である。**証拠採用**は，口頭弁論あるいは特別の証拠に関する弁論期日において行われる。関係人は証拠採用にいつでも立ち合い，証人あるいは鑑定人に尋問することができる（連邦憲法裁判所法 29 条参照）。**証拠の評価**は，連邦憲法裁判所の**自由**である（連邦憲法裁判所法 30 条 1 項 1 文参照）。

81

法律上解決されているわけではないのが，客観的**挙証責任**の問題である。このことは，裁判にとって必要な事実が客観的に証明できない場合にどのように決定されるべきか，という問題にかかわっている。この点において，他の裁判権に基づく一般的挙証責任ルールを転用するのは問題がある。とりわけ民事裁判権との関係においてこのことは当てはまる。なぜならば，民事裁判権の規範素材は憲法とは全く異なり，はじめから事実が確認できないという問題に合わせて作られていることが多いからである。憲法異議手続の中では，「**疑わしきは自由の利益に**（in dubio pro libertate）」という原理を承認することを支持する

40 第1部 裁判所の構成と手続きの一般原則

ものもある。この原理は，基本権の妥当は最大限に実効性を持つべしとの原則に対応するものと言えよう。しかし，この原則の妥当性は一般的に保障されたものとみなすことはまったくできない。

VI. 裁　　判

82

　連邦憲法裁判所法30条1項1文によれば，連邦憲法裁判所は裁判を**非公開の評議**において行う。その際，最終結論についてのみならず，その前に提起されたすべての法的問題について通例順次採決される（連邦憲法裁判所規則27条2項参照）。裁判官の**投票**の順序については，連邦憲法裁判所法17条により裁判所構成法197条の規定が妥当する。裁判所構成法197条によれば，原則的に（在職期間の）短い裁判官の後に（在職期間の）長い裁判官が投票し，最後に裁判長が投票する。定足数については→ Rn. 34。多数決要件については連邦憲法裁判所法15条4項および→ Rn. 36。

83

　連邦憲法裁判所法25条2項に基づき，口頭弁論に基づく裁判所の裁判は**判決**（Urteil）として下され，それ以外は**決定**（Beschluss）として下される。これらのケースで裁判の呼称が異なることにはそれ以上の意味があるわけではない。連邦憲法裁判所法25条2項に基づく裁判は，連邦憲法裁判所法30条1項2文に基づいて書面をもって作成され，理由を付され，裁判に関与した裁判官が署名しなければならないものである。加えて，判決は連邦憲法裁判所法30条1項3文に基づいて公開の場で言い渡されなければならない。手続内における個別の訴訟問題に関する裁判は，常に決定として下されることになる。部会（→ Rn. 38）も常に決定により裁判し（連邦憲法裁判所法81a条1文，93d条3項1文），したがって（おそらく，連邦憲法裁判所法25条2文の反対解釈により）常に口頭弁論を経ずに（これについては明文では連邦憲法裁判所法93a条1項1文の特定の

裁判について規定するにとどまっている），したがって，またそれは連邦憲法裁判所法32条と結びついた94条2項の枠内で部会は裁判を行うのである。

84

連邦憲法裁判所法25条3項によれば，裁判の特別形態が認められているが，実務においてはこの裁判形態は非常に稀なものである。ここで，**一部裁判**は訴訟物の一部についての裁判に関わるが，**中間裁判**は個別の訴訟問題に関わる。実務においてより重要なのは，連邦憲法裁判所法24条に基づく全員一致による**却下決定**（Verwerfungsbeschlüsse）である（いわゆる「簡易却下手続（a-limine-Abweisung）」）。

85

連邦憲法裁判所法25条4項によれば，連邦憲法裁判所による裁判は「国民の名において」という**宣告文**で行われるのである。その他の裁判〔の書面〕の構成はこれに関する明文の規律はなく，その他の裁判所の**裁判の構成**に準じている。上述の宣告文の後に，いわゆる**梗概**が続き，そこで手続きの関係人，訴訟物，関与した裁判官および裁判の時点が説示されている。

86

いずれにせよ，提起された申立てについて判断するいわゆる**主文**あるいは裁判主文が具体的手続にとって中心的意義を持つ。その際，敗訴した申立ては，手続類型に応じて異なる形式で，不適法の場合には却下され（あるいは不適法であることが確認され），理由がない場合には棄却され，斥けられ，拒否されるのである。勝訴の場合，この点につき個別的手続類型について存在する規定に応じて，申立てに対して肯定的回答がなされるのである。

87

基本的には，裁判の**理由の構成**も，他の訴訟類型では周知のモデルから生じ

42 第1部　裁判所の構成と手続きの一般原則

るのである。理由は事実からはじまり，そこでは裁判の事実的基礎，申立て，本件に関する関係人の主張ならびに手続きの進行が説示されるのである。これに続いて，裁判の結論にとって基準となる法的検討がなされる。

88

　憲法裁判所による裁判の一つの特殊性は，審理において主張された裁判（したがって，その結論）あるいはその理由についての〔多数意見と〕異なる意見を，裁判に続けて**少数意見**において表明する可能性があることである。また，その裁判において部は評決割合を説示可能である（連邦憲法裁判所法30条2項2文）。少なからず，これら2つの方法は用いられるのである。

Ⅶ.　費　　　　用

89

　すべての手続類型で，連邦憲法裁判所の手続きは（裁判）費用が無償である（連邦憲法裁判所法34条1項）。しかし同条2項によれば，憲法異議および選挙審査抗告の手続きならびに仮命令の発令の申立ての場合，一般的に2600ユーロ以下の濫用料を課すことができるのである。異議申立人，抗告人または申立人にも，手続代理人にもこれは課され得るのである。濫用が認められるのは，分別のある誰が見ても異議・抗告あるいは申立ての展望が全くない，と見られざる得ない場合である（BVerfG［K］, Beschl. v. 27. 10. 2015, - 2 BvR 1809/14 -, juris, Rn. 4）。

90

　さらに連邦憲法裁判所法34a条は1項において，基本権喪失手続，連邦大統領および裁判官に対する訴追手続が認容されない場合に，弁護費用を含む要した費用の支払いを強行的に定めているが，政党禁止手続ではこれを規定していない。憲法異議が認容された場合に異議申立人に要した費用が支払われるべき

ことが，同条2項で同じく強行的に規定されている。一部のみ経費を支払うのは，おそらくは憲法異議の一部勝訴の場合に限定されるだろう。これ以外のケースは常に，同条3項が連邦憲法裁判所に経費の支払いを命じる可能性を認めている。

C．手続きの一般原則に関する確認問題

1．連邦憲法裁判所の裁判官の除斥と忌避・回避の効果の違いはどこにあるのか。
2．連邦憲法裁判所の手続きにおいて誰が関係人の地位を持つのか。
3．口頭弁論中の放送用録音およびテレビ録画は許されるのか。
4．手続きの開始と終了は当事者の自由に委ねられるのか。
5．証拠採用に，弁論主義あるいは職権探知主義のいずれが妥当するのか。
6．どの規定で，連邦憲法裁判所がどのような裁判を行うかについて定められているのか。多数決で負けた裁判官はどのような可能性を持つのか。

解答は319頁。

訳 注
1) 裁判所構成法169条は，2018年に改正され，現在では放送用録音やテレビ録音も，裁判所の許可があれば許されるとされ，その条件が定められている。本文にある169条2文は，現在では169条1項2文に置かれている。この点についてはさしあたり，*T. Hoeren*, Medienöffentlichkeit im Gericht, NJW 2017, S. 3339 ff.
2) その後，2017年に連邦憲法裁判所法17a条が一部改正され，メディアの作業空間への音声の転送が認められるとともに，極めて重大な同時代史的な意味を持つ手続きの場合に，学問・歴史的な目的のために，部の決定によって審理を録音することができるとされた。

44 第1部 裁判所の構成と手続きの一般原則

D. 訴訟要件の概観

I. 訴訟要件の意義

91

訴訟要件とは，申立てにより係属した事件において裁判がなされうるために，手続法上満たなければならない条件のことである。**訴訟要件**（Sachentscheidungsvoraussetzungen）[1] が満たされた場合にのみ，受訴裁判所は，本案判決を下す権限が与えられ，その場合にのみ，基本法第101条1項2文の意味での「法律上の裁判官」となる。

92

訴訟要件は，憲法訴訟上の諸問題の中でも，演習や試験で作成すべき答案にとって**特に重要**である。なぜならば，これと関連する設問は，多くの場合（しかし常にではない！），「適法性」および通常は「認容性〔理由具備性〕」に向けて検討されるべき，申し立てられたまたは申し立てられるべき法的救済手段の認容の見込みに関するものだからである。ここで行うべき**適法性の審査**（Zulässigkeitsprüfung）は，上の訴訟要件の有無と対応する。このため，憲法訴訟法にも，―他の裁判権の訴訟法と同様に―一定の作法がある。

　注：原則として，手続きの適法性は，裁判の時点でなお存続していなければならない。憲法異議については，BVerfGE 106, 210 (214) を参照。たとえば，当初存在した権利保護の必要性は，訴訟手続の係属後に消滅してはならない。この点について，逆に，当初欠けていた要件が，裁判までにまたは裁判のために設定された期限の渡過までに満たされた，またはその他の方法で生じた場合には，どの程度で十分なのかは（基本的に行政訴訟法のように）完全には解明されていない。裁判で争う途を果たしている

という要件に関しては，連邦憲法裁判所法 90 条 2 項 1 文の文言はきわめて明確であり，それによれば，**憲法異議はそのような救済手段が存在する場合には，「裁判で争う途を果たした後」にはじめて**申し立てることができる。これは，連邦憲法裁判所が，一般の裁判所ですでに事実上および法上の根拠が審査された異議のみを取り扱うべきことにより正当化される（BVerfGE 94, 166（216）；BVerfGK 11, 13（20）参照）。EGMR, NVwZ 2009, 1547 によれば，異議の提起後，ヨーロッパ人権裁判所がその適法性について裁判するまでは，国内で「裁判で争う途を果たした後」という要件が満たさねばならない。連邦参議院の議決の前に申し立てられ，その後連邦憲法裁判所の裁判の前に成立した法律に対する憲法異議の不適法性については，BVerfG（K），NJW 2009, 3778；法律の公布前に申し立てられた憲法異議については未解決のままである BVerfG（K），NVwZ 2010, 1289。

93

適法性が確認された後に行うべき（不適法な申立ての場合には，鑑定型の補助的所見による）**認容性〔理由具備性〕の審査**（Begründetheitsprüfung）では，申立てによって提起された要求を支持する要件が存在するか否か，すなわち申立人が（結論において）「正当」かどうかが問題となる。連邦憲法裁判所法の下でのいくつかの手続類型では，申立ては，特定の結論を目指すことなく，法的問題を明確にする端緒を提供するだけである。

例：基本法第 100 条 2 項および連邦憲法裁判所法 83 条 1 項に基づく規範の確認手続（→ Rn. 259 ff.）の枠内では，本案審査は，国際法上のある原則が連邦法の一部であるかどうか，およびそれが個人にとって直接の権利と義務を生じさせるかどうかという，原審の争訟（Ausgangsrechtsstreit）において疑義のあった問題に関わる。

94

これらの場合，本案判決の内容は，厳密に言えば，申立てに「理由があること」ではなく，**一定の法的状況の存在**が問題とされる。この場合の事例問題の起案（Fallbearbeitung）に際しては，たとえば「本案審査」という段落見出しが考えられる。

46 第1部　裁判所の構成と手続きの一般原則

95

　連邦憲法裁判所法の枠内では，**一般的な訴訟要件と特別の訴訟要件**が区別される。これに従えば，特別の訴訟要件は，連邦憲法裁判所が裁判すべき個々の手続類型に関する諸規定に含まれている，すなわち，連邦憲法裁判所法 36 条以下に規定されている。これとは別に，一連の一般的な訴訟要件，すなわち連邦憲法裁判所のすべての手続きに関する要件があり，これらの要件に基づいてすべての種類の手続きに共通した本案の裁判がなされる可能性が決まる（これについては，すぐ下の→ Rn. 96 ff.）。連邦憲法裁判所に宛てた特定の申立てに適法性が認められるためには，一般的な訴訟要件と個々の手続類型に該当する特別の訴訟要件の双方が満たされなければならない。

　注：事例問題の起案に際して，ある申立ての「適法性」の記述の中で，関連する訴訟要件を残らず考慮に入れるべきである。しかし，それは，訴訟要件が個々の事例に必要な範囲内においてのみ論ずべきある。演習や試験で憲法の**事例問題の起案**を評価した（しばしば苦痛を伴う）経験からすれば，該当するすべての事例処理において，ある手続類型にとって理論上問題となる全ての訴訟要件を論ずることは決して必要ではないか，せいぜい許容可能にすぎないことを強調しておきたい。むしろ論ずべき訴訟要件は常に，当該法的基準に包摂されうるような指示が〔与えられた事例の〕具体的事実の中に含まれていることにより，その審査へと誘導されている要件のみである。出題者から見て，処理すべき事実の存在が何も示されていない訴訟要件は，明らかに重要ではなく，したがって論ずべきでもない。それにもかかわらずに詳細な論述をすることは，たとえそれが極めて博識であっても，設問の解答に何ら役立たないがゆえに，誤りと評価される。逆に，演習事例や試験事例に対する鑑定意見的起案は，たとえ連邦憲法裁判所自身が特に連邦憲法裁判所法 24 条の要件下のようにそうする権限があると考えているとしても（たとえば，BVerfGE 124, 267 [274 f.]），適法性を簡単に未解決のままにしておいてはならない。

Ⅱ. 一般的な訴訟要件

1.「裁判で争う途」の開かれていること

96

　憲法訴訟法では，一般的な訴訟要件は，個々の手続類型に応じて規定された〔特別の〕要件に付加された従属的な役割を果たすにすぎない。特にこれは，演習問題や試験問題の解答に当てはまる。

97

　連邦憲法裁判所は，他のすべての裁判所と同様に，法的紛争の裁判が法律によりその裁判所に委ねられている場合にのみ裁判する権限を有する。ある特定の裁判所の裁判権限の確認は，複雑な訴訟法上の規定の枠組みの中で，まずは基本法 95 条 1 項に規定されている裁判権のうちどの裁判権において当該法的紛争が裁判されるべきかによって決まる。**これらの 5 つの管轄領域のいずれか 1 つに属する**ことは，一般的に，裁判で争う途（Rechtsweg）が開かれていると呼ばれ，それによって訴訟要件として審査される。このことは特に，行政裁判所法 40 条 1 項 1 文のように，訴訟法の規定が一般条項において裁判で争う途（ここでは行政訴訟で争う途）の 1 つを開いている場合に当てはまる。

98

　（連邦とラントの）憲法裁判権には，そもそも複数の裁判で争う途のうち 1 つという**概念は，限定的にしか当てはまらない**。すなわち，基本法の中でもこの概念は憲法裁判権については統一的には用いられていない。たしかに〔連邦とラントの〕いずれかの憲法裁判所に提訴することが可能であることは，基本法 19 条 4 項 1 文の枠内では裁判で争う途の一般的な（！）保障を充足するが，これに反して基本法 94 条 2 項 2 文の枠内では，裁判で争う途を果たした場合（→

Rn. 570 ff.）においては，憲法裁判所〔で争う途〕以外の裁判所のみを指している。さらにこれとは異なり，基本法93条1項4号の後段で，同号第3肢に優先するものとして挙げられている他の裁判で争う途とは，まさにラントの憲法裁判権を指している（→ Rn. 393）。

99

しかし別の実践的な考慮は，連邦憲法裁判所への裁判で争う途が開かれていることという「訴訟要件」に決定的に不利な材料を提供する。連邦憲法裁判所への「裁判で争う途」の問題は，連邦憲法裁判所に提起された申立ての適法性を一歩も前進させるものではない。なぜならば，連邦憲法裁判所の裁判権限は，たとえばすべての憲法上の紛争に対してというような，その要件の下にある審査すべき申立てを包む一般条項によって開かれていないからである。むしろ，連邦憲法裁判所は，限定的に列挙された**各種の手続き**（連邦憲法裁判所法13条の列挙参照，これについて→ Rn. 4, 108 ff.）について裁判するよう命じられており，**各手続の要件のみが決定的**である。したがって，個々の手続の特別規定から切り離されて実施される「連邦憲法裁判所への裁判で争う途」の開かれていることに関して一般的な検討の余地はない。むしろ，ある申立ての適法性は，最初から，明文で指定された，または必要に応じて考慮される特定の，場合によっては複数の手続類型について検討されるべきである。

2. 手続きの動因

100

すでに説明したように（→ Rn. 71, 77），連邦憲法裁判所は職権により始動するのではなく，外部から手続きの動因を得た場合にのみ活動を開始する。その点で，外部からの動因は，一般的な訴訟要件である。しかし，〔申立ての〕提起に必要な要件は訴訟類型によって異なるため，この要件を個々の訴訟類型から切り離して審査することはできない。

D. 訴訟要件の概観　*49*

3. 手続開始の申立ての正規性

101

　部分的には特別規定で形成されているが，**すべての手続類型**に共通に妥当する訴訟要件は，連邦憲法裁判所法 23 条 1 項に規定されている手続きを開始する申立ての正規性（Ordnungsmäßigkeit）である。この規定は，基本法または連邦憲法裁判所法が，手続きを開始する訴訟法上の行為を「申立て」とは呼ばず，抗告，訴え，移送，憲法異議または裁判の請求といった別の用語を使用している場合（基本法 93 条 1 項 4a 号・4b 号，100 条 1 項・2 項・3 項，連邦憲法裁判所法 44 条，48 条，49 条，80 条 1 項，85 条，86 条 2 項，90 条，91 条，基本法 41 条，61 条）であっても，すべての手続類型に当てはまる。このことは，具体的規範統制（→ Rn. 194 ff.）の場合に，連邦憲法裁判所の裁判が請求される要件である手続の中止と移送決定を，明文では「申立て」と呼ぶ連邦憲法裁判所法 80 条 3 項，81a 条によって確認される。

102

　連邦憲法裁判所法 23 条 1 項 1 文により，手続開始の申立ては書面でなさねばならない。この要件は，民法 126 条に基づく**書面の形式**が，申請者の手書きの署名によって遵守されていれば，いかなる場合でも満たされる。連邦憲法裁判所（BVerfGE 15, 288 [291]）は，自筆の署名は絶対に必要とはいえないと説明している。むしろ，提出された訴状の内容および申立人が，書面に具現化した訴状から十分な確実性をもって察知できる場合には，書面の形式を満たすとしている。電報や FAX でもよいとされている。コンピュータにより送信される FAX の場合には，「スキャンされた」署名でも十分である（BVerfG [K], NJW 2002, 3534 [3535] 参照；さらに連邦の各最高裁判所合同部の決定（BVerwGE 111, 377 [381 f.]）も参照）。

103

それに加えて，連邦憲法裁判所法23条1条2文は，訴状には**理由**を付さなければならず，必要な**証拠方法が記載される**ことを要求している（連邦憲法裁判所法92条と関連して，たとえばBVerfGE 118, 168 [181]；123, 186 [222] を参照）。手続開始のための期間が規定されている場合には，これらの要件は所定の**期間**内に満たされなければならない。

4. 同一事件が係属していないこと

104

　消極的な訴訟要件，すなわち，申立てにより提起された事件がいまだ連邦憲法裁判所に係属していないことという要件は，**実務上はあまり重要ではない**。最も考えられるシナリオは，（不満を持って）憲法違反の申立てをした人が，（この目的のために設けられた期間内に）連邦憲法裁判所に繰り返し申し立てることである。異なる者による同一の国家行為，特に同一の法律に対する憲法異議であっても，係属の可否の問題は生じない。なぜなら，憲法異議手続の訴訟物は，各異議申立人の個別の基本権侵害によって同時に決定（mitbestimmt）されるため，「同一事件」ではないからである。同一類型の手続きがすでに係属している場合に，同一の規範を対象とした規範統制手続が可能かどうかという問題には，基本法100条1項による裁判官の移送手続に関連して全く肯定的に答えるべきである（→ Rn. 244 f.）。同じことが，主観的な権利に関係しない他の手続きにも当てはまるだろう（ただし，→ Rn. 267 参照）。

5. 確定力に反しないこと

105

　訴訟係属の問題と同様に，同じ事件について確定力ある裁判が存在しないことという消極的訴訟要件も**あまり重要ではない**。しかし時折，規範統制手続

に関連して，これに関する興味深い法的問題が発生することがある（→ Rn. 247
ff.）。

106

　本案判決の障害要件としての確定力とは別に，実質的確定力は，後の裁判に
とって先例的な意味を持つ場合の拘束力という**別の側面**がある。この点につい
ては，後に裁判の効力に関連して詳しく説明する（→ Rn. 653 ff.）。これは，申
立ての適法性にとって（直接には）重要ではないが，下されるべき本案判決の
内容にとっては重要である。

6. 権利保護の必要性

107

　権利保護の必要性は，明示的な法律上の規定がなくても，行政訴訟など他の
管轄領域で認められている一般的な訴訟要件である。これは，裁判所の手続が
基本的に申立人の主観的な権利の行使を目的としているという事実と特に関連
している。しかし，主観的な権利の行使を伴わないものも，連邦憲法裁判所の
管轄に含まれている。したがって，この点においては，権利保護の必要性に関
する一般原則を適用することはできない。それゆえに，この文脈でどのような
要件が適用されるかは，個々の手続類型に依存しており，注意すべき特殊な場
合にその個所で扱う（→機関争訟に関して Rn. 340，憲法異議に関して Rn. 598 f.，連
邦憲法裁判所法 32 条に基づく仮命令に関して Rn. 634，仮命令への異議申立てに関して
Rn. 644）。

D. 訴訟要件の概観に関する確認問題

1．連邦憲法裁判所の管轄権に関する一般条項はあるか？
2．正規の申立書には，手書きの署名が必要か？
3．一般的な，すなわち手続横断的な訴訟要件のうちでどの要件が，連邦憲

52 第1部 裁判所の構成と手続きの一般原則

法裁判所の諸手続にとって重要か？

解答は 320 頁。

参 考 文 献

Alleweldt, Ralf, Bundesverfassungsgericht und Fachgerichtsbarkeit, 2006; *Zuck, Rüdiger*, Bundesverfassungsgericht und Fachgerichtsbarkeit, JZ 2007, 1036; *Urbaneck, Patric*, Die Zulässigkeitsprüfung im Verfassungsrecht, JuS 2014, 896.

訳 注

1） Sachentscheidungsvoraussetzungen は，本案判決要件などと訳すことができるが，これは本案判決〔本案裁判〕を行うための前提たる要件を指すものであるため，本訳書では訴訟要件としている。

第 2 部

連邦憲法裁判所の手続類型

手続形態の体系性について

108

　連邦憲法裁判所の以下に論ずる個々の手続形態は，基本法でも連邦憲法裁判所法でも**体系的に編成された**形で定められていない。

109

　基本法は，基本法93条1項1号ないし4c号における重要な各種の手続形態とは別に，同項5号により，連邦憲法裁判所が判決するその他の場合を定める。同号では，基本法100条によって，その他の総体規定（Sammelbestimmung）が，移送手続として構成された唯一の権限に関し，見出される。その他の手続きは，手続きの当該実質的な対象と関連してすべて規定される。たとえば，基本法18条2文，21条2項2文，41条2項，61条1項1文，98条2項1文および5項3文，126条，さらにまた99条において。加えて，規定の詳細のため基本法93条2項に（同条1項各号の代わりに）取り入れられた手続きがある。

110

　連邦憲法裁判所法は，13条において，手続形態の包括的列挙を定める。もちろんその列挙は，15条で，基本法93条3項に基づくその他の法律への指示が挙げられており，ゆえに完結していない（または形式的にしか完結していない）。連邦憲法裁判所法13条における列挙は，原則的に，個々の手続形態別に割り当てられた憲法規定の順序にしたがっている。このことは，必要とあれば，そこ（同法13条）で挙げられた基準となる憲法規定を迅速に確認することを可能

56 第2部　連邦憲法裁判所の手続類型

にする。このように，規定の構成は当初は形式的に行われており，もともとは連邦憲法裁判所法90条以下でしか規律されていなかった憲法異議が1969年に（基本法93条1項4a，4b号として）採用される際に連邦憲法裁判所法13条8a号の補充という形でなお継続されていたが，その後，この形式的な構成は，近年，数度にわたり崩されている。2002年に連邦憲法裁判所法13条11a号が追加された。同条項は，調査委員会法（PUAG）36条2項による手続形態に関わるが，これは憲法に直接定められてない，ゆえにすでに連邦憲法裁判所法13条15号〔連邦法律により連邦憲法裁判所に権限を与える場合〕により定められた手続形態である（→ Rn. 630）。2006年の連邦制改革の流れにおいて追加された連邦憲法裁判所法13条6b号は，2012年に追加された，基本法93条1項4c号の政党不認定抗告（Nichtanerkennungsbeschwerde）を伴う連邦憲法裁判所法13条3a号と同様，基本法における権限の順序とは異なっている[1]。それでも少なくとも当該体系への萌芽は，個々の手続きに関する節が法律の各則の章（besonderer Teil）で扱われている順序から認識できる。だがこの体系化は，首尾一貫して実行されているわけでもなく（参照，選挙の審査のための連邦憲法裁判所法48条による第3節の位置〔連邦憲法裁判所法13条3号の手続き〕，および最近ではまったく終わりに付けられた96条〔連邦憲法裁判所法13条6b号の〕と96a条以下），また，互いに密接な関係にあり，構造的に親和的である手続きのグループについて，法律が暗黙の裡に基礎としている観念の総称を欠いている。例外的なのが，2011年に第4章として取り入れられた遅延異議（連邦憲法裁判所法97a-e条）である。

111

　同様に，明示的な規範的基準なしに，その都度の多くの手続形態について（その詳細はそれぞれの個別の手続類型で定められなければならないとの留保付きではあるが），性質に応じてつぎのような重要な**カテゴリー**が挙げられる。すなわち，

─規範と関連する手続き：全憲法秩序の統合にとって重要なこの手続きは，一

定の属性（性質）に関する規範の評価を内容とする；個別的に重要なのは，すなわち，

=規範統制手続，この対象は，規範とその規準規範の一致，およびその有効性，とくに抽象的規範統制，基本法 93 条 1 項 2 号，2a 号（→ Rn. 114 ff.），および具体的規範統制，基本法 100 条 1 項（→ Rn. 194 ff.）；

=権限返還・置換手続，この手続きでは，基本法 72 条 4 項による連邦法律，もしくは基本法 125a 条 2 項 2 文による連邦法の制定のための前提が存在するかどうかの確認が重要である。基本法 93 条 2 項 1 文（→ Rn. 178 ff.）；

=規範検証手続，この手続きでは，規範の存在そのものが審査（認容）される。基本法 100 条 2 項（→ Rn. 259 ff.）；

=規範の性格付け手続，この手続きでは，継続的に効力をもつ規範が連邦法として認定される。基本法 126 条（→ Rn. 273 ff.）。

—対審的争訟手続：これは本来の憲法争訟である。この争訟では，憲法生活（Verfassungsleben）の重要なアクターがその意見の相違に決着をつけ，および法的規準によりなされる拘束力ある解決を見つける。個別的には，つぎのようなものである。すなわち，

=（連邦）機関争訟手続，この手続きは，基本法により定められた連邦レベルの憲法政治の関係者間で行われる。基本法 93 条 1 項 1 号（→ Rn. 291 ff.）；

=基本法に関連する連邦・ラント間の争訟手続，この手続きでは，連邦とラントは，基本法により定められた連邦国家的法関係について争うことができる。基本法 93 条 1 項 3 号，同様に基本法 84 条 4 項（→ Rn. 348 ff.）；

=その他の連邦・ラント間の争訟手続，この手続きでは，連邦とラント間のすべてのその他の公法上の法的問題が重要である。基本法 93 条 1 項 4 号第 1 肢（→ Rn. 363 ff.）；

=ラント間の争訟手続，この手続きは，多くのラント間で，基本法上その他の公法上の法的争訟に関して行われる。基本法 93 条 1 項 4 号第 2 肢（→ Rn. 374 ff.）；

58　第 2 部　連邦憲法裁判所の手続類型

= 当該ラント憲法の規準によるその法的関係に関する，ラント内のラント憲
　法機関の間のラント機関争訟手続，基本法 93 条 1 項 4 号 3 肢（→ Rn. 385
　ff.）；

= 指定ラント憲法争訟，この争訟では，基本法 99 条に基づき，ラント法に
　より連邦憲法裁判所に判決が指定される（→ Rn. 395 ff.）。

—**準刑事訴訟手続**：この手続きは，また，望ましくない行動に制裁を科するそ
　の実質的内容に照らして，その〔手続き〕規定が刑事訴訟をよりどころとす
　ることにより特徴づけられる。このことが関わるのは，とくに以下のことで
　ある[2]。すなわち，

= 基本権喪失手続，基本法 18 条 2 項（→ Rn. 404 ff.）；

= 政党禁止手続，基本法 21 条 2 項 2 文（→ Rn. 420 ff.）；

= 連邦大統領に対する訴追，基本法 61 条（→ Rn. 438 ff.）；

= 裁判官に対する訴追，基本法 98 条 2 項および 5 項（→ Rn. 450 ff.）。

—**憲法異議手続**：この手続きにより，憲法上の権利の担い手は，国家権力の許
　されない侵害から保護されうる。その手続きに含まれるのは，すなわち，

= （基本権）憲法異議，これは，基本権の担い手に，公権力による基本権の
　侵害から自己を防御する機会を与える，基本法 93 条 1 項 4a 号（→ Rn. 505
　ff.）；

= 自治体の憲法異議，これによって地方自治体は，立法によるその自治権の
　侵害を主張することができる。基本法 93 条 1 項 4b 号（→ Rn. 613 ff.）。

112

　基本法それ自体により定められたその他の手続きは，それぞれ非常に独自の
ものであり，その結果これを意味ある形でその他の手続きのカテゴリーに分類
することはできない。その点で存在するのは，とくに，

= 選挙審査抗告，これは，連邦議会によりなされた決定に対し，同議会によ
　り実施される選挙審査の枠内で認められる。基本法 41 条 2 項（→ Rn. 458
　ff.）；

＝基本法93条1項4c号の政党不認定抗告，これにより，連邦議会の選挙に
関わる政党としての承認が実現されることができる（→ Rn. 482 ff.）；
＝基本法100条3項によるラント憲法裁判所の〔意見の〕相違の移送，この
移送により，ラント憲法裁判所が連邦憲法裁判所またはその他のラント憲
法裁判所の裁判と異なることがないことが達成される（→ Rn. 491 ff.）。

113

基本法93条3項に基づき**法律にのみ根拠づけられる諸々の手続き**（→ Rn.
629 ff.）は，憲法異議が基本法に取り入れられて以来，なお二義的なものに過
ぎなく，構造と対象の点でそれぞれ相当な違いがある。

訳　注

1)　もっとも，2017年に導入された政党財政援助の適用除外手続（基本法21条3項，
連邦憲法裁判所法13条1項2a号）は権限の根拠条文の順序を守った構成となって
いる。

2)　このほか，2017年改正により，政党財政援助の適用除外が，基本法21条3項に
より認められている。

A．抽象的規範統制

Ⅰ．法的根拠，機能および実務上の意義

114

　抽象的規範統制手続の**法的根拠**は，基本法 93 条 1 項 2 号および連邦憲法裁判所法 13 条 6 号，76 条から 79 条に見出すことができる。1994 年の憲法大改正以降，基本法 93 条 1 項 2a 号に抽象的規範統制の派生類型が規定されており，それは，連邦憲法裁判所法 13 条 6a 号で採り上げられ，そのほか同法 76 条〜 79 条にまとめられた。

115

　ワイマール憲法 13 条 2 項が，ラント法の規定のライヒ法との適合性の問題に関して，ライヒの最高裁判所の判断がなされる可能性を規定していたという点で，抽象的規範統制は**歴史的範例**をもつ。この権限は 1920 年 4 月 8 日法律（RGBl., S. 510）によってライヒ最高裁判所に委任されていた。ライヒ最高裁判所による憲法適合性の規範統制のための特別な手続きは存在していなかった（→ Rn. 18）。ラント法のラント憲法適合性についてのこの種の手続きは，**1946 年以後**に制定された初期の**ラント諸憲法**の中にはじめて見出すことができる。

116

　抽象的規範統制の機能は，とりわけ憲法適合的な法秩序の統一性を維持することにある。その際に，基本法の枠組みの中で，一方で**憲法の優位**（基本法 20 条 3 項）を，他方で**連邦法の優位**（基本法 31 条）**を保障する**という二重の目的を追求している。抽象的規範統制の目標は，憲法の規範階層秩序違反からの防

御と並んで，**法規範の有効性を明確にすること**にもある。基本法93条1項2a号に規定された規範統制の新たな類型は，上述の枠組みの中で，とくに，競合的立法権限事項につき，基本法72条2項に従い必要があるとはされない規律を行った場合に，**連邦立法者の権限踰越**に，また間接的にラント議会の意義が失われることに**対処する**という目的に奉仕する。

117

　抽象的規範統制の**実務上の意義**は，裁判官の移送によって実施される具体的規範統制手続（→ Rn. 194 ff.）や，とりわけ直接的または間接的に法規範とかかわる憲法異議（→ Rn. 505 ff.）と数的に比較すれば，**わずかなもの**である。しかし，手続きの数は比較的少ないが，しばしば特別な重要性をもつ。なぜなら，抽象的規範統制は，（議会の）反対派に，立法手続において阻止できなかった政治的に争いのある法律を，後から憲法裁判所による統制に付し，場合によってはさらに無に帰させる可能性を与えるからである。

II．特別の訴訟要件

1．申立権
118

　申立権は，抽象的規範統制の両類型について，手続きの目的設定の相違に応じて，別個に設定されている。

a)　旧来の類型
119

　当初から受け継がれている抽象的規範統制の類型の場合には，基本法93条1項2号，連邦憲法裁判所法76条1項に基づき，連邦政府，ラント政府または連邦議会議員の4分の1が申立てを行うことができる。

62 第2部　連邦憲法裁判所の手続類型

120

　連邦政府とは，この場合，連邦首相および連邦大臣からなる基本法62条の
合議機関を意味し，連邦内閣とも呼ばれる。

121

　ラント政府とは，各ラント憲法によって，その地位が連邦政府に相応する憲
法機関を意味する。ラント政府が――とりわけ都市ラントにおけるように――
通常とは異なる名称（Senat：市政府）をもつ場合であっても，すべてのラント
で実施されている議院内閣制を考慮すれば，原則的な申立権に関する限りで
は，不明確性は存しない。個々のラント政府の範囲は，各々のラント憲法の当
該諸規定，とくに政府の構成員に関する諸規定に従う。規範統制手続は客観的
性格をもつので，ラント政府の申立権は，ラント政府が事前に連邦参議院にお
いて申立ての対象となる連邦法律に賛成したことによって消滅することはな
い。

122

　申立権をもつ**連邦議会議員の4分の1**には，基本法121条の概念規定を類推
適用して，各会期の連邦議会の法定議員数が適用されなければならない。当
初，申立ては，連邦議会議員の3分の1が賛成した場合にのみ許された。この
提訴定数は，リスボン条約実施のための一連の基本法改正において，4分の1
に減じられた。

b)　新しい類型

123

　申立権者は，基本法93条1項2a号，連邦憲法裁判所法76条2項による抽
象的規範統制の新しい類型の場合には，連邦参議院，ラント政府またはラント
議会である。

124

〔申立権者の〕最後のものは，特別な注目に値する。というのは，これによってラント議会自体が，連邦参議院を介して連邦立法に常に参加する連邦政府に依存することなく，当該連邦立法による侵害に抗する可能性を与えられたからである。もっとも，ラント議会の申立ては，この機関の多数決を前提とし，したがってラントにおける反対政策の手段としては考慮されることはない。

125

同じく新しい**連邦参議院**の申立権は，これに反して意義が小さい。なぜなら，いずれにせよ個々のラント政府は各々，――そのために必要な連邦参議院の多数にかかわりなく――，抽象的規範統制の手続きを開始する可能性をもっているからである。

2．申立理由

a）　旧来の類型

126

基本法93条1項2号は，**抽象的規範統制の可能性**を「意見の相違又は疑義がある場合」と規定している。連邦憲法裁判所法76条1項1号および2号は，この文言を抽象的規範統制手続開始の可能性の2つの選択肢で置き換えている。

127

法律の規定によれば，申立人は，審査の対象となる法を無効と主張（連邦憲法裁判所法76条1項1号）しなければならない。あるいは，準拠規範との単なる不一致の主張（→ Rn. 163）も同様に認められなければならない。さらに，2号によれば，申立ては，連邦またはラントの裁判所，行政官庁または機関が，基本法または連邦法との不一致を理由に法を適用しなかったが，その後に申立

64　第2部　連邦憲法裁判所の手続類型

人が法を有効と主張する場合にのみ許される。規範の有効性が別の理由から同様に疑われる場合，この要件は充足されたことにはならない（BVerfGE 96, 133 [137f.]）。

128

　連邦憲法裁判所法76条の文言によって，意見の不一致または疑義の最重要の諸事例はたしかに表現されている。それでもなお，法律の定める要件が，**憲法上の要件との関係で過度に狭く**規定されていないかどうか，という問題は残る。とくに，申立人自身が，審査に付されている規定の憲法適合性の判断において単に確信を持てない場合にも，「疑義がある」と判断しうるのである。

129

　法律の定める要件が，憲法によって基礎づけられた抽象的規範統制の可能性を縮減する限りでは，そのことから，**基本法93条1項2号のより広範な内容を根拠に，**申立てが認められるとされることが考慮されなければならない（一般論→ Rn. 2）。申立人が，それに関して現実に意味のある理由を示すことなく，連邦憲法裁判所に純粋に仮説的な規範統制問題を提示するとすれば，憲法上の申立権は限界に達することになろう。特にこのことは，連邦憲法裁判所法76条1項2号に規定された理由なしには，明確化の利益（→ Rn. 152 ff.）がほとんど存しない，稀有な規範確認手続の事例の場合に当てはまる。

　例：ラント憲法裁判所が，ある法規命令が，連邦法律上の要件と内容上一致するラント憲法およびラント法律の規定に適合していると確認した後には，——以前に権限のある上級行政裁判所が法規命令について反対の判断をしていたにもかかわらず——，再度の相違する判断を考慮すべきではなく，したがって，連邦憲法裁判所に対する規範統制の申立てには理由がない（BVerfGE 106, 244 [251]）。

　注：規範確認的な規範統制は，ある裁判所が，確かに形式的にはその判断をある規範によって裏付けてはいるが，しかしその際に憲法適合的解釈の限界を越え，そのため

に基本法 100 条 1 項に基づく移送が回避された場合にも，認められる（BVerfGE 119, 247 [258 f.]）。

b)　新たな類型

130

　抽象的規範統制の新たな類型の場合には，基本法 93 条 1 項 2a 号は，意見の相違で十分であるとしているが，一方連邦憲法裁判所法 76 条 2 項は，申立人は法律を無効と主張しなければならない，と拡大している。基本法の文言に反して課された**限定**は，申立権者の限定によって追及される目的設定にかなうものであり，それゆえ憲法上含意された内容を**的確に**表現している。その他の点では，とりわけ連邦政府に，立法権限の欠如を理由に疑われている連邦法律の有効性を，基本法 93 条 1 項 2 号，連邦憲法裁判所法 76 条 1 項 2 号によって確定させる可能性を残している。

3．審査対象

131

　審査対象として，ここでは**規範**が挙げられなければならない。その規範と，基本法またはその他の連邦法との適合性が，抽象的規範統制において審査され得る。

a)　旧来の類型

132

　基本法 93 条 1 項 2 号と連邦憲法裁判所法 76 条 1 項は，内容上一致して，**連邦法またはラント法**が審査対象となり得ることを規定している。このことにより，連邦国家の双方の法領域で，すべての種類および効力段階の規範が含まれる。

66 第2部 連邦憲法裁判所の手続類型

133

したがって，とくに**審査に付される**のは次のとおりである：

—**憲法の規定**，しかも違憲の憲法の可能性を考慮したラント憲法の規定ばかり
でなく，基本法それ自体の規定。このことは，基本法79条に違反して公布
された基本法改正法律にも当てははまるばかりか，1949年の当初の基本法
の規定をも想定されている。もっとも，連邦憲法裁判所は，超実定法違反を
視野に入れた「始原的な違憲の憲法の理論的可能性」は，実際の不可能性に
等しい，ということから出発している（BVerfGE 3, 225〔233〕；類似のものとし
て BVerfGE 95, 96〔134 f.〕）。

—**EU条約改正法律**，または実質的に基本法の改正を導くことができ，基本法
79条2，3項で判断され得るこれに比肩する諸規定，基本法23条1項3文。

—**すべての形式的法律**，とりわけ議会制定法，ラント次元において国民投票の
方法で制定された法律。法律の形式をとるにとどまるもの，つまり，とりわ
け予算法律や，国内法に転換するような規定内容をもたない限りでの基本法
59条2項に基づく条約法律（→ Rn. 141），基本法24条1項に基づいて高権
的権利を国際機関に移譲する法律，ないし基本法23条1項に基づいてEU
に移譲する法律も同様である。

—法規命令，規則およびその他の（成文の）あらゆる種類の**法律より下位の法
規範**。とくに地方公共団体の，すなわち地方公共団体の機関によって制定さ
れた法規定がこれに属し，これらはラント法に分類される。その他のラント
直属の公法人によって制定された法規定も同様である。連邦法だけでなく連
邦直属の公法人の法規定もまた，同様に考慮される。

—あらゆるランクの**慣習法**。

—法規範の制定時期は，抽象的規範統制の可能性にとって重要ではない。とく
に，**前憲法的**，すなわちとりわけ基本法の施行以前に**制定された法規範も**，
——基本法123条1項は別として——破棄されなかった場合には，審査対象
となり得る。

—基本法25条1文によって連邦法の構成部分となる**国際法の一般原則**や法律

の一般原則が，（ドイツ国内での有効性に関して）基本法に優先しない限りで，審査に付され得ることは，むしろ理論的に重要であろう。

134

以下のカテゴリーは，**審査対象に適していない**。

—**ドイツ法ではない法**。この制限は，連邦またはラント法として考慮されるのは，ドイツ法のみであるということから生じる。

　＝これに応じて，とくに**外国法**は，それが抵触法規定の枠組みの中でドイツにおいて適用される場合であっても，審査対象から除かれる。もっとも，その国内における適用は，公序の枠組みの中でのみ，つまり，とくに基本権と一致する場合（EGBGB：民法施行法6条[1] 参照）に考慮されるにとどまる。

　＝さらに，**占領法**は除かれる。もっとも，占領法のドイツにおける効力は，2＋4条約[2] の締結によって失われている。

　＝最後に，**国際法それ自体**の法規，すなわち，それらが，基本法25条1文を通じて，または転換によって基本法59条2項に基づく統制可能な条約法律（→ Rn. 133）を通じてドイツ法の対象とされない限り，この手続きでは審査されない。

—**国法でない法**。私法主体によって制定された法規定は，連邦法またはラント法ではない。とくに巨大社団の定款もこれに属する。宗教団体の内部法も同様であり，当該団体がワイマール憲法137条5項と結びついた基本法140条の意味における公法的性質を有する場合でも変わらない。労働協約それ自体も国法ではない法であるが，その一般的拘束力宣言[3] は国法を創出し，それゆえ審査が可能である。

—**法でないもの**。とくに，行政規則がこれに当たる。行政規則は，行政の内部領域に関してはその規範的意義があり，またとくに平等原則を介して外部的効力を持つこともあるにもかかわらず，基本法93条1項2号に基礎を置く伝統的な法の概念と適合しない。公法上の年金機構の定款もまた，その規定

68 第2部 連邦憲法裁判所の手続類型

が，私法上の普通保険約款と評価される場合には，規範統制から除かれる（しかし，憲法異議の可能性については→ Rn. 533）。

135

問題なのは，**EU 法**の規定が，抽象的規範統制の枠組みの中で，審査に付され得るかどうかである。共同体（または連合）の機関によって制定された**ヨーロッパ第二次法の規定**（とくに：規則および指令）は，ドイツ法ではないので，抽象的規範統制の枠組みの中ではその審査は排除されていると見られていた。連邦憲法裁判所が，**マーストリヒト判決**（BVerfGE 89, 155 [157]）において，ドイツにおいても適用すべき EC 法は，いずれにせよ基本法の基本権を基準として判断され得ることを認めて以降，抽象的規範統制の可能性もまた原則的に認めることが一貫したものであるとされよう（が疑問がある）。ヨーロッパ諸条約の **EC/EU 第一次法**に関しては，基本法 23 条 1 項 2 号ないし 24 条 1 項に基づく（ドイツの）同意法律の規範統制が問題となる（→ Rn. 133）。

136

リスボン条約においては，連邦憲法裁判所は，そこで詳細に説明された**権限踰越ならびにアイデンティティ・コントロール**の可能性の枠組みの中で，EU 法が憲法裁判所の手続き，場合によっては抽象的規範統制の対象にもなり得ること，またその場合には EU 法がドイツ国内においては適用できないことを宣言することを自ら主張した（BVerfGE 123, 267 [353 ff.]）。「考えられ得る」とされるこのための特別な手続きを，立法者は（これまで）創設してはいない。

137

EC/EU 第二次法を転換させる連邦またはラント法は，ドイツの国家権力の行為として，適切な審査対象である。EU 法上の公布義務が，準拠規範に対する違反の確定を排除しうるのではあるが。**EU 法が転換の余地を残していない場合**，連邦憲法裁判所は，EU が EU の高権に対する基本権の実効的な保護を

A. 抽象的規範統制　*69*

一般的に保障し，とくに不可欠に要請される基本権の本質的内容を一般的に保障する限りで，たとえばヨーロッパの指令を転換するようなドイツ法を，基本法の基本権を基準として審査しない（BVerfGE 118, 79 [95 ff.]；122, 1 [20 f.]；125, 260 [306]）。もちろん，国内の立法者が，**EU 第二次法の転換の際に形成余地を**もつ限りで，法律はすべての範囲において憲法裁判所の審査に服する（BVerfGE 122, 1 [20f.]；130, 151 [178]）。それゆえ，基本法の基本権の侵害は強行的な EU 法によって要請されないばかりか，それと相容れないものでもある（同じく→ Rn. 239, 538）

138

　可能な審査対象の実際にも重要な限定は，審査対象として**現存する法のみ**が問題となるということから生じる。このことは，何重もの観点において重要である。

139

　一方で，抽象的規範統制手続においては，立法者の**純粋な不作為は**争われない。しかし，欠缺のあるもの，または量的に要求に達していないと評価される規範は，適切な審査対象である。

140

　他方，抽象的規範統制の現存する規範への限定は，争われる規範がすでに公布されていなければならないことを意味する。それゆえ，少なくとも，原則として予防的規範統制は排除される。その限りで重要な時点は，立法手続の終結時であり，これは公布が行われた時である。**公布された法規範**は，その施行前でもすでに適切な審査対象である。

141

　予防的規範統制の排除のひとつの**例外**は，**基本法 59 条 2 項に基づく国際法**

上の条約に対する同意法律である。これらの法律の場合には，すでに基本法78条に基づく成立によって，規範統制手続が可能である。その理由は，同意法律の公布まで待つことが，それに続く批准によって，国際法上有効な拘束力をもたらし，後に同意法律の違憲が確認されても，容易には後戻りさせられない，という（相当に仮説的ではあるが）危険を含むからである。

142

　一方で，抽象的規範統制を現存する法律に限定することは，審査に付され規範が，必然的になお効力をもたなければならないことを意味するのではない。**すでに効力をもたない法規範**もまた，なお規範統制のための論点を提供するものとして十分である。むろん，その適法性は，確認の利益の要請（→ Rn. 152 ff.）を考慮して，排除され得る。

b)　新たな類型

143

　基本法93条1項2a号，連邦憲法裁判所法76条2項に基づく抽象的規範統制の新たな類型においては，審査対象として，「法律」ないし連邦法律のみ，より正確には**形式的な連邦法律のみ**が考慮される。というのは，基本法72条2項および旧75条2項は，その違反はこの手続きのみで問題としうると定め（→ Rn. 150 f.），このカテゴリーの法規範に関してのみ意味をもつからである。

4. 審査基準

144

　基本法93条1項2号，2a号，連邦憲法裁判所法76条は，その都度の審査基準の確定によって，同時に一般的に，**判断対象の法的射程**を定める。判断対象の範囲は，申し立てられた請求に基づき，それに応じて広げられたり，狭められたりはできない。連邦憲法裁判所は，その都度の規範統制手続のために規

A. 抽象的規範統制　*71*

定された基準となる規範全体を考慮する権限を与えられているが，これに限定されてもいる。

a）　旧来の類型
145

　設定されるべき審査基準に関しては，基本法93条1項2号に基づく，当初から受け継がれている抽象的規範統制の枠組みの中で，審査対象が**ラント法の規範か連邦法の規範かによって区別される**。

146

　ラント法の規範が審査に付される場合には，**基本法およびその他の連邦法全体**との適合性が審査される。一方，審査基準として排除されるのはラント憲法である。ラント憲法の遵守は，ラント憲法裁判所の規範統制手続においてのみ審査され得る。

147

　連邦法の規範の統制が問題となる場合には，少なくとも**基本法の諸規定が審査基準**を形成する。**議論の余地があるの**は，これを越えて，審査対象との関係において**上位のランクにある他の連邦法**も審査基準として考慮されるかどうか，である。たとえば形式的な連邦法律との関係での，基本法25条2項に基づいて優先される国際法の一般原則や，連邦の法規命令との関係での，すべての形式的な連邦法律がこれに当たるであろう。その限りで一義的な基本法93条1項2号の文言に基づけば，連邦法の統制には，たしかに基本法との適合性だけが問題となる。しかし，国際法の一般原則への侵犯を基本法25条違反と（同様に BVerfGE 31, 145［177］；また→ Rn. 547），法規命令による形式的連邦法律の侵犯を，権力分立原則や法治国家原理全体から生じた基本法上の規範ヒエラルヒーへの違反と理解することもできる。

72 第2部 連邦憲法裁判所の手続類型

148

　さらに，**連邦憲法裁判所法76条1項**は，基本法93条1項2号と比較して，**審査基準の拡大**をもたらすことになるであろう。その理由は，連邦憲法裁判所法76条1項1号および2号における法律上の規定は，その可能な語義によって，連邦法に関して「その他の連邦法」との不一致を付加するからである。この種の拡大は，基本法93条3項に基礎づけられた，連邦憲法裁判所に追加的な判断権限を割り当てる立法者の権能を考慮すれば，おそらく憲法上の疑義が出てくることはないであろう。連邦憲法裁判所法78条1文 [4)]の文言から勘案すれば，このような審査対象の拡大は採択できない（BVerfGE 127, 293 [318]）。

　　注：BVerfGE 127, 293（319 f.）は，確立された判例によって，法規命令の審査を，「基本法80条1項に基づいて要請される，法律による授権根拠の枠内に法規命令がとどまっている」ことへと広げ，授権法律の手続法上の基準もそれに含めた。したがって，法規命令の公布の際に法律上の意見聴取の指示を懈怠すれば，手続きの本質的瑕疵として，法規命令は違憲という結果になる。連邦憲法裁判所は，もちろん，これを同時に基本法20a条違反と理由づけた。なぜなら，意見聴取の規定は動物保護の憲法委託に奉仕しているからである（同 S. 320 f., 331 ff.）。

149

　EU法は，連邦法およびラント法に関する審査基準ではない。EU法は基本法23条1項およびそこから導かれる基本法のEU法親和性を超えて審査基準にまで高められるものではない。（BVerfGE 136, 69 Rn. 43）。

b)　新たな類型
150

　抽象的規範統制の新たな類型について，基本法93条1項2a号は，法律がその公布の際に，1994年に**基本法72条2項によって新たに創設された必要性条項**の要件に一致しているかどうか，という観点から（のみ）審査されなければならない，と規定する。なお，必要性条項の適用範囲は，2006年の連邦制度

A．抽象的規範統制　*73*

改革によって縮小された。これら〔2つ〕の憲法改正の間に公布された法律に関しては，とりわけ基本法75条の廃止後の大綱法律のように，法律が今日もはや公布されえない場合，あるいは改正後基本法72条2項に列挙されていない競合的立法事項の領域の規定のように，その間にもはや必要性条項が及ばなくなってしまった場合であっても，当時において妥当した要件がなおも基準となる。

151

　さらに連邦憲法裁判所法76条2項は，枠組法律の場合には，改正前基本法75条2項の要件を遵守していないことが，規範統制申立ての基準となり得ることを規定している。したがって，法律は，憲法上の審査基準を**枠組的性格の遵守**へと拡大している。このことは，基本法93条3項に基づく立法者の拡大権限が認められるため，疑義は生じない。この判断権も，いまだ存続している枠組法律との関係でのみ意味をもつ。

5．明確化の利益

152

　不文の訴訟要件として，連邦憲法裁判所の判例によれば，審査に付された規範が，基本法ないし連邦法に違反しているか否かの明確化のための**客観的利益**が必要とされる。明確化の利益は（連邦憲法裁判所法76条1項の要件の下，これについては BVerfGE 96, 133 [137 f.]；→ Rn. 127），審査に付された規範が，もはやいかなる観点からも法的効力をもち得ない場合にのみ，否定され得る（BVerfGE 113, 167 [193]；127, 293 [319]）（そのほか→ Rn. 142, また 228）。

153

　手続きの客観的性格にもかかわらず，客観的利益を越えて，手続きの遂行にその時々の申立人の**主観的利益が**必要かどうかは，判例上，これまで**未解決の**

74 第2部 連邦憲法裁判所の手続類型

ままである。

> 注：シュレスヴィヒ＝ホルシュタインラント地方選挙法に対するバイエルンラント政府の規範統制の申立てに際して提起されたこの問題は，未解決のままである。連邦憲法裁判所は，基本法28条1項の同質性の要請を考慮すれば，すべてのラントに対して意味をもつドイツ国民の範囲を定めることが重要であるという理由から，その限りで自ラント以外のラント法の憲法適合性に関して，申立人に明確化の利益を肯定した（BVerfGE 83, 37 [50]）。

154

　この問題の解決のためには，ラント政府が抽象的規範統制手続の申立人となることが，どのような意味をもつのか，が重要となるであろう。その限りで，——基本法におけるラント間の関係の形成によれば——**ラント政府に，自ラント以外のラントにおけるラント法の番人を任すべきでない**ことが十分念頭におかれるべきである。ラント法の規範統制の際に，意見表明権者の範囲を当該ラントの憲法機関に限定していることは，このことと合致している（→ Rn. 156）。

> 注：連邦憲法裁判所はもちろん，（連邦法に対する抽象的規範統制の際に）申し立てているラント政府を，手続きの客観的性格を理由に，一般的に，憲法に適合した法秩序の保証人であると宣言している。それゆえ，連邦憲法裁判所は，〔ラント〕政府が，事前に連邦参議院において問題となっている法律に賛成しているにもかかわらず，申立てを適法とした（さしあたり，BVerfGE 101, 158 [213] が挙げられよう）。

6．形式と期限

155

　連邦憲法裁判所法23条1項の要請のほかには，抽象的規範統制手続に関しては，**特別な形式的要件は存在しない**。この手続きの申立ては，**いかなる種類の期限にも拘束されない**。したがって，すでに長期にわたって存続していたり，あるいは効力を失った規範でさえ，法的効力が規範統制に左右される限り

において，抽象的規範統制の対象となり得る（→ Rn. 152）。

Ⅲ．手続きの進行

156

　抽象的規範統制の手続きは，その構造上争訟手続ではなく，したがって被申立人は存在しない。もっとも，連邦憲法裁判所法 77 条によれば，連邦憲法裁判所は連邦及びラントの特定の**憲法機関**に対し，所定の期間内に**意見陳述の機会**を与えることを定めている。これは特に旧来の規範統制類型（1 号）の場合には，全般については連邦議会，連邦参議院そして連邦政府に，さらに連邦法の統制全般については連邦政府に，そしてラント法の規範の統制の場合には当該ラントの議会と政府に認められる。新たな抽象的規範統制の類型（2 号）の場合，上記 3 つの連邦機関ならびにラントの議会および政府に意見陳述権が認められる。

157

　憲法機関が意見陳述の機会を用いたとしても，これによって**関係人という**手続法上の**地位を獲得するわけではない**（→ Rn. 66 ff.）。実務上，政治的に申立人の相手方として，その責任範囲に含まれる規範の有効性を代弁する意見陳述権者には特に，手続参加の可能性，特に口頭弁論においても参加する可能性が認められている。

Ⅳ．判決の内容

158

　抽象的規範統制手続の 2 つのバリエーションについて，判決内容は**連邦憲法裁判所法 78 条**において統一的に**規律されている**。

76 第2部　連邦憲法裁判所の手続類型

1．必要的判決内容

159

　連邦憲法裁判所法78条1文において，審査される規範がその基準規範と適合しない場合について，**法律の無効宣言**が規定されている。このことは，上位の法（基本法またはその他の連邦法）に対する違反が法上当然に基準規範に違反する規範の当初（ipso jure）・遡及的（ex tunc）無効に至るという伝統的な見解に沿うものである。

160

　しかし無効宣言は，その規範の無効の確認された範囲を超えることはできない。規範の一部のみが審査される場合，それに対応して，法78条1文による無効宣言は審査の対象となった規範部分に限定される。しかし**一部無効**はまた，包括的に審査された規範が部分的にのみ基準となる規範に違反することからも生じる。このことは，部分的な規律内容が区別可能なテキストの要素（条，項，文等）に含まれているかぎり，問題ない。この場合，一部無効宣言は関連するテキストの構成要素に限定して行われうる（いわゆる「量的な」一部無効宣言）。

161

　このようなバリエーションと並んで，連邦憲法裁判所は「**質的な**」一部無効宣言を実施している。「質的な」一部無効宣言は，無効な規範部分を規範テキストにおいて限定することができず，連邦憲法裁判所自身の書き換え（「限りにおいて」）によってのみ輪郭が明確になるというやり方でも規範が部分的のみ無効である可能性があるということを前提とする。この場合，一部無効宣言は，ある規範が，それが判決において詳細に記述された，基準となる規範に違反すると評価された規律内容を含む限りにおいて無効であるということを確認する形で行われる。このようなやり方は，法律において規定された**連邦憲法裁判所**

A．抽象的規範統制　**77**

の判決権限が廃棄的性格，したがってたんなる**消極的な性格**であるだけに，**問題がないわけではない**。たとえ，部分的な無効宣言が形式的にみて廃棄的性格をもつ場合にも，独自の，規範の無効の規律内容のテキストから離れた記述が，連邦憲法裁判所に対して規範状況を将来に向けて形成的にあらたに規定する可能性を作るのである。

　　注：この判決のバリエーションは，無効の効果をさけるべく用いられる不一致宣言と組み合わせても行われている（Rn. 163 ff.）。しかし，同様に限定された一部無効の場合，これについてのいかなるきっかけも存在しない。なぜなら，規範の憲法上問題のない残余の部分はそのまま残されるからである（BVerfGE 130, 372 ［372 f., 402］においてはおそらく誤解されている）。

2．その他の判決可能性

162
　連邦憲法裁判所法 78 条 2 文は処分権主義（→ Rn. 77 f.）とは異なって，申立人によって判断が求められた規範のみを無効と宣言するものではない連邦憲法裁判所の権限を規定する，たしかに，判決権限の**体系に違反する拡大**は，審査に付された規範と同様の理由から基準となる規範と一致しない同様の法律の規定についてのみさらなる無効宣言が行われうるというということによって**狭く限定される**。このように限定された形で拡大された無効宣言は既判力および（そうでなければ必要となる他の規範統制手続を回避することによる）訴訟経済という理由から重要であり，そして連邦憲法裁判所の裁判所としての性格にもかかわらず憲法上**受け入れられる**。もっとも，連邦憲法裁判所が（たとえば BVerfGE 114, 357 ［371］）新しい条文（Neufassungen）と類似規定（Parallelbestimmungen）も含める場合，このことは疑問なしとしない。

3．単なる不一致宣言

163

連邦憲法裁判所法78条から離れて，**連邦憲法裁判所**は長く，当初は法に反して，基準となる規範に違反するとみなされた**法規範**を無効とするのではなく，**基準規範**，特に憲法と一致しないと**のみ宣言している**。このことは特に次の場合に行われる。すなわち，憲法侵害を除去する可能性が多く存在するか，あるいは憲法違反の法的効果としての無効を上位の諸理由から除外する場合である。たとえばこのことは，憲法違反の規範の無効宣言が確認された**憲法侵害をより悪化させることになるだけ**の場合に行われる可能性がある。

例：憲法上の要請を下回る給与規律のいかなる無効宣言も，総じて結果的にあらゆる給与規律がなくなるという事態をもたらすことになってしまう。

164

単なる不一致宣言の最も重要な適用領域は**平等侵害**である。この場合，原則として，平等侵害の除去は様々な方法で可能である。すなわち，その法的効力をすべてに対して同様に失わせる規律全体の破棄とならんで，規律を従来平等に違反して排除されていた人々あるいは事例群に拡張することが考慮される。連邦憲法裁判所は**どのような形で平等侵害を除去すべきかについて決定を立法者にゆだねようとしており**，そしてそれゆえに無効宣言を避けている。

注：個々の形成可能性は憲法上の理由から除外されうる。それゆえ，BVerfGE 130, 240 (261) は，平等に違反して形成されたラントの育児手当を遡及的に廃止することを不適法とした。なぜなら，すでに拘束力ないしは確定力をもって特恵をうけた両親から，そのような形で得た育児手当をもはや取り上げることはできず，その結果，従来排除されていた両親に対する平等侵害は続くことになるからである。しかし，返還請求が法律上導入できないかどうかは，その際審査されなかった。

A. 抽象的規範統制　*79*

165

　この判決は納得することができない。第一に，平等原則に違反する規範の**無効宣言は結果的には立法者の形成可能性の制限をもたらすことはない**であろう。なぜなら，無効宣言ののちにも原則として平等に違反する形で排除された人ないしは事例集団を取り込みながら新しく形成することが可能であるからである。

166

　その他の点において規範の**単なる不一致を採用すること**，そして同様の趣旨の不一致宣言は**受け入れがたい結果**を導く。つまり，無効ではなく不一致とのみ宣言された規範は，原則として，判決の時点からもはや適用されてはならないというべきである。しかしまたこの規範は無効として適用の際に無視できないというべきである。むしろ連邦憲法裁判所は通常，権限ある規範定立者が憲法侵害を除去するために配慮したかあるいは連邦憲法裁判所が立法者にそのために設定した期限が徒過するまで，不一致と宣言された規範に関連する裁判所の**手続きを中止すること**が裁判所に義務づけられているとみなしている（BVerfGE 133, 143 Rn. 51f.）。このような新しい形成の憲法上の義務にもかかわらず，法創設機関における政治的諸力を考えうる多様な憲法に適合した解決へと統合することは保証されないので，結果的に不適合と宣言された規範について適用領域における**長期間の不安定な状態**を招来する可能性がある。

167

　もっとも，連邦憲法裁判所はこのような帰結を複合的な情勢において次のことによって多様な形で回避している。すなわち，無効宣言によって引き起こされる状況が憲法に適合した秩序をさらに遠ざけることになったり（たとえばBVerfGE 130, 372 [402]；132, 134 Rn. 97；132, 372 Rn. 62），あるいはすでにまた直ちに無効となることのデメリットが暫定的に継続適用することのそれよりも上回る場合（BVerfGE 128, 282 [322]；同様にまた BVerfGE 136, 9 Rn. 106），**限定され**

た期間，不一致と宣言された規範の**継続適用**を認めたり，ないしは命じたりする（判例については，Sachs, in: ders. [Hrsg.], Grundgesetz, 7. Aufl. 2014, Art. 20 Rn. 98 参照）のである。このような解決法について法律において明確な基礎は存在しない（法35条について→ Rn. 652）。違憲と宣言された規範が引き続き妥当することをより憲法に違反しない緊急の解決法として正当化するために，基本法から直接例外なしに十分な理由を導かれうるかどうかについては問題がある。具体的規範統制の場合の効力問題については→ Rn. 231.

168

このような困難さにもかかわらず——個々の場合における憲法上の疑念を留保して——，法31条2項2号および3号においてこの判決内容が明文で可能なものとみなされ，そしてこれによって合法化されたのちには，今日**不一致宣言の実務**は適法なものとして受け入れられる。

4．一致宣言

169

法78条において規定されていないのは連邦憲法裁判所がある規範をその基準規範に一致するとみなした場合の判決内容である。そのほかの手続きの際とは異なってここでは——法76条1項2号の場合にのみではなくて——申立てを退けること（→ Rn. 86）だけでは終わらない。むしろ，この事例における本手続の明確化機能の意味において**審査された規範とその基準規範との一致が積極的に確認される**。このことは，基本法については包括的方法でそしてそのほか，ラント法上の規定の場合には連邦法全体について行われうる。場合によっては連邦憲法裁判所による一致の判示はしかしまた広範な形では行われず，とくに手続きにおいて一定の役割をはたした個々の連邦法律上の規定に限定される。また，一致宣言は法31条2項2号および3号において（のみ）明文の規定がある。

170

　一致宣言の問題は，連邦憲法裁判所が審査された法規範を連邦憲法裁判所によって必要であるとみなされた**憲法適合的解釈**においてのみ基本法と一致すると宣言することにある。疑念が生じるのは——質的部分無効宣言（→ Rn. 161）の際と同様に——連邦憲法裁判所が主文のこのような型で（→ Rn. 86），特定の解釈を拘束力をもって確定することによって規範の重要な規律内容を形成する可能性を（少なくとも）判示することからである。たとえ憲法適合的解釈が立法者に対する裁判官の抑制によって根拠づけられるのが常である場合でも，これによって作り出される連邦憲法裁判所に対する形成可能性は，連邦憲法裁判所に規範統制手続において法律によって本来容認されたにすぎない廃棄権限を越えるものである（もっとも → Rn. 173）。

171

　以上と比較してより問題が少ないのが，結果としてはたんなる傍論として示されるいわゆる**違憲警告判決**（Appelentscheidung）である。この判決は，審査された規範の一致宣言に関連して，次のような形で行われる。すなわち，連邦憲法裁判所は，ある規範が現在ではまだ基準規範と一致すると確認するが，その際に，理由において，このような状態が将来変化することそしてどのような場合に変化するがということを詳細に述べるのである。このような場合，重要な判決内容は，一致宣言のみである。将来の展開の評価は，連邦憲法裁判所の付加的な指摘であり，これは，実務にとっては非常に重要である可能性はあるが，判決の手続対象についての特別の拘束力を分有するものではない。

82 第2部 連邦憲法裁判所の手続類型

V．判決の効力

1．規範に対する法律としての効力を有する判決

172

　抽象的規範統制手続における判決は，連邦憲法裁判所法 31 条 1 項 1 文により法律としての効力を有する裁判である。法律としての効力の意味については，別の箇所で詳述する（→ Rn. 653 ff., 661）。

2．個別の裁判への影響

173

　連邦憲法裁判所法 79 条は，個別の裁判の根拠となった規範が無効と宣言された場合，または審査基準となる規範と一致しないと宣言された場合に，個別の裁判がいかなる影響を受けるかに関する補充規定である。しかし，立法者は，個別の状況に応じて 79 条とは異なる規定を行う裁量権を有する（BVerfGE 132, 72 Rn. 61）。

　　注：裁判が「連邦憲法裁判所により基本法と一致しないと宣言された規範解釈に基づく」場合もこれに含まれる。この文言は，連邦憲法裁判所が，ある法律の規定が特定の憲法適合的解釈（verfassungskonforme Auslegung）においてのみ基本法と一致すると宣言した場合を意味する（→ Rn. 170）。憲法適合的解釈によらない規範が基本法に適合すると宣言された場合，連邦憲法裁判所法 79 条は適用できない（BVerfGE 133, 168 Rn. 122）。これは，単なる憲法志向的解釈（verfassungsorientierte Interpretation）の場合にも当てはまらざるを得ないだろう。ある規範解釈に対する明示的な不一致宣言については，連邦憲法裁判所法 78 条にも，また同 31 条 2 項にも規定はない。

A. 抽象的規範統制　*83*

174

　連邦憲法裁判所法 79 条の**基本思想**は，直接に言及された無効宣言の場合以外に，1970 年に追加された 1 項でのみ明文で言及された，規範に関する憲法違反の場合の裁判内容の変種にも類推適用される 2 項 1 文にも含まれている（BVerfGE 115, 51 [62 ff.]）。連邦憲法裁判所法同 2 項 1 文によれば，**もはや取り消すことのできない個別の裁判**（のみ）が影響を受けない。すなわち，もはや取り消すことのできない個別の裁判は**その効力を維持し**，裁判の法的根拠が審査基準規範に違反するという理由で裁判取消しを求めることはできなくなる。この点で，連邦憲法裁判所法は，憲法への拘束の貫徹よりも法的安定性の要請を優先させている。最近では，根拠法律の〔憲法〕不一致宣言の枠内で連邦憲法裁判所により，法律の暫定的な継続の効力が認められる場合（→ Rn. 167），この帰結は憲法異議によって攻撃された裁判それ自体にも適用される。その結果，憲法異議申立人でさえもその者の正当な憲法異議の明白な認容の効果によることはできない。

175

　他方，取り消すことのできない裁判の執行はその法的根拠の無効宣言の後には許されないことによって，個別の事案の違憲な処理の**続行**（Vertiefung）は**将来に向かって**阻止される（連邦憲法裁判所法 79 条 2 項 2 文）。民事訴訟法の規定による強制執行については，連邦憲法裁判所法 79 条 2 項 3 文により，また他の場合は裁判後の事実上または法上の状況の変化のために用いられる民事訴訟法 767 条に基づく執行に対する抗弁という手段を用いることができる。

176

　最後に，連邦憲法裁判所法 79 条 2 項 4 文は，特定の状況に関して，**民法に関する**規範に対する審査基準規範違反確認の帰結を規定し，不当利得を理由とする請求は認められないと宣言している。この規定は，公法上の損害賠償請求にも準用される。これはとりわけ，後に審査基準規範違反を宣言された規範

は，その規範に基づいて履行済の債務の法的根拠とはならないとの主張は排除されることを意味する。しかし，これが妥当するのは，連邦憲法裁判所法79条2項の文脈によれば，財産移転が同項1文によりもはや取り消すことのできない裁判に基づく場合，すなわち民法812条以下による請求の場合は特に民事裁判所の判決に基づく場合のみである。国民の国家に対する公法上の給付義務が行政行為によらずにすでに履行済みの場合，連邦憲法裁判所法79条2項4文は，類推的に，（判決がなくても）履行済みの債務の返還請求を妨げない（大学登録料についてはBVerfGE 108, 1 [33]）。このことが，許諾通知なしにまたは判決なしになされた国家の給付にも適用されるかどうかは，**完全には解明されていない**。関係人によって後に無効宣言がなされた規範に基づきすでに処理されてしまった私法上の事案の帰結の問題もまた，連邦憲法裁判所法79条に依拠して解決しなければならない**難問**をもたらす（参照：BVerfGE 98, 365 [402 f.]）。

注：連邦通常裁判所は，たとえば，一定の要件の下で，解釈が必要な民法の一般条項やその他の規制要件を解釈・適用する際に，民事裁判所が解釈の指針として関連する基本権を考慮することの端緒となる民事裁判所の裁判にも，連邦憲法裁判所法79条2項を類推適用することを支持している（BGHZ 167, 272 [276 f.]）。

177

連邦憲法裁判所法79条1項では，**確定した刑事判決**にのみ，**別の解決方法**を定めている。刑事上の有罪判決が当事者に課される特別な負担を考慮すれば，法的安定性の要請に対して，その個人の利益を他の関係と同程度に脇に置くことはできない。それゆえに，連邦憲法裁判所法79条1項は，刑事訴訟法の規定に従って刑事手続の再審が許されると規定している。このようにして，確定力の発生後でも，無効と宣言された実体刑法上の規範（BVerfGE 11, 263 [265]）に基づいて下された刑事裁判所の有罪判決は改めて破棄される。

A. 抽象的規範統制に関する確認問題

1. 抽象的規範統制の機能は何か？
2. 抽象的規範統制の2つの類型〔旧来型と新設型〕の違いは何か？
3. 国際法の一般原則も，旧来型の手続きにおける審査の基準規範となりうるか？
4. 抽象的規範統制の開始時期に期限はあるか？
5. 審査対象の法律が審査の基準規範に適合しない場合，連邦憲法裁判所にはどのような判決方法があるか？

解答は 321 頁。

参 考 文 献

Roth, Wolfgang, Die verfassungsgerichtliche Überprüfung verfassungskonformer Auslegung im Wege abstrakter Normenkontrolle, NVwZ 1998, 563; *Heun, Werner*, Normenkontrolle, in: Festschrift 50 Jahre Bundesverfassungsgericht, Erster Bd., Verfassungsgerichtsbarkeit - Verfassungsprozess, 2001, S. 615; *Renck, Ludwig*, Der Charakter des Verfahrens nach Art. 93 I Nr. 2a GG, JuS 2004, 770; *Mückl, Stefan*, Die abstrakte Normenkontrolle vor dem Bundesverfassungsgericht gemäß Art. 93 I Nr. 2, 2a, §§13 Nr. 6, 6a, 76 BVerfGG, Jura 2005, 463; *Lindner, Josef Franz*, Die gleichheitsgebotene Doppelanalogie bei §79 II BVerfGG, NVwZ 2008, 170; *Augsberg, Steffen*, Von der Solange- zur Soweit-Rechtsprechung: Zum Prüfungsumfang des Bundesverfassungsgerichts bei richtlinienumsetzenden Gesetzen, DÖV 2010, 153; *Geis, Max-Emanuel/Schmidt, Oliver*, Grundfälle zur abstrakten und konkreten Normenkontrolle, JuS 2012, 121; *Aust, Helmut Philipp/ Meinel, Florian*, Entscheidungsmöglichkeiten des BVerfG, JuS 2014, 113; *Michael, Lothar*, Normenkontrollen - Teil 2, Fragen der Zulässigkeit: Abstrakte Normenkontrolle, ZJS 2014, 254; *Brunner, Manuel*, Die abstrakte Normenkontrolle vor dem Bundesverfassungsgericht in der Fallbearbeitung, JA 2014, 838.

演 習

Silberhorn, Thomas, Wahlpflicht unter Strafandrohung, JA 2000, 858; *Fischer, Kristian*, Zur Übung - Öffentliches Recht: Die Kulturrevolution des Bundes, JuS 2003, 137; *Kramer, Urs*, Zur Übung - Öffentliches Recht: Der Streit um die Wahlgesetze, JuS 2003, 966; *Reimer, Franz*, Übungsklausur Öffentliches Recht:

86   第2部　連邦憲法裁判所の手続類型

Die Unfalldatenschreiber-Pflicht, JuS 2004, 44; *Hellermann, Johannes/Steinbeck, David*, Der Börsenaufsichtsverband, Jura 2006, 213; *Graf Vitzthum, Wolfgang/ Klink, Thomas*, Referendarexamensklausur - Öffentliches Recht: Pauschale Umsetzungsermächtigung im Gentechnikrecht?, JuS 2006, 436; *von Lewinski, Kai*, Das Informationsgesetzbuch, Jura 2006, 702; *Palm, Ulrich*, Referendarexamensklausur - Öffentliches Recht: Plebiszitäre Abweichung, JuS 2007, 751; *Rozek, Jochen*, Referendarexamensklausur - Öffentliches Recht, Der exekutive Freistaat, Jura 2008, 701; *Musil, Andreas/Rox, Barbara*, Streit um das neue Ladenschlussrecht; Glaser, Andreas, Hufbeschlag mit Hindernissen, Jura 2008, 949; *Stumpf Gerrit Hellmuth/ Goos, Christoph*, Übungsklausur - Öffentliches Recht: Terrorabwehr durch die NATO im Inland, JuS 2009, 40; *Martini, Ruben*, Stöhnen über die Neuverschuldung, Jura 2009, 859; *Wernsmann, Rainer/Bruns*, Jens, Betreutes Wählen, Jura 2011, 384; *Herterich, Robert*, Majonäse und Nugat, Jura 2011, 628; *Greinert, Hendrik*, Anfängerhausarbeit - Öffentliches Recht: Staatsorganisationsrecht - Gloria und Hammel-flucht, JuS 2014, 132; *Lohse, Eva Julia*, „Die Hüter der Verfassung", JA 2014, 519, *Haensle, Walter*, Anfängerklausur Staatsorganisationsrecht - „Zeitgemäßes Wahlrecht", Jura 2015, 196; *Prehn, Annette*, Anfängerklausur - Öffentliches Recht: Staatsorganisationsrecht - Akademie der Wissenschaften, quo vadis?, JuS 2014, 905; *Kment, Martin/ Bader, Katharina/Döring, Lisa*, Schützt die Legehennen, JA 2015, 916; *Augsberg, Ino/Augsberg, Steffen/Schwabenbauer, Thomas*, Klausurtraining Verfassungsrecht, 2. Aufl. 2016, Fall 1: Krankenhausförderung, 5.124.

訳　注

1)　EGBGB（Einführungsgesetz zum Bürgerlichen Gesetzbuch）：民法施行法6条（公序）
　　外国の法規範は，その適用がドイツ法の本質的な原則と明らかに一致しない場合には適用しない。特にその適用が基本権と一致しない場合には適用しない。

2)　ドイツ最終規定条約（Vertrag über die abschließende Regelung in bezug auf Deutschland）。東西ドイツの統一を見越して，1990年にドイツ占領4か国と旧西・東ドイツ2か国との間で締結された条約で，これにより統一ドイツは完全な主権を回復することになった。

3)　ドイツ労働協約法5条では，連邦経済労働大臣が一定の条件の下に，労働協約の「一般的拘束力宣言」を発することができる旨を規定しており，宣言が発せられた場合には，労働協約は，当該労働協約に拘束されていなかった使用者・労働者にも適用されることになる。

4)　原著では基本法78条1文（§78 Satz 1 GG）と記されているが，内容から，明

らかに連邦憲法裁判所法の誤りであると思われるので，本訳書では「連邦憲法裁判所法」と記述することとした。

B. 基本法 93 条 2 項 1 文に基づく権限返還・置換手続

I. 法的根拠，機能および実務上の意義

178

2006 年の連邦制改革によって連邦憲法裁判所は**新たな権限**を手にした。この手続きの法的根拠は，基本法 93 条 2 項および連邦憲法裁判所法 13 条 6b 号，96 条である。

179

この新しい手続きは，特定の法規範と関わるという点では，**抽象的規範統制と似ており**，連邦憲法裁判所法 13 条の権限カタログの中では，抽象的規範統制の後ろに規定されている。抽象的規範統制と同じく，申立人は，申立人自身の権利侵害の有無にかかわらず，この手続きを始めることができる。もっとも，連邦憲法裁判所法 96 条 3 項に基づいて，申立人に参加可能性が認められている（→ Rn. 191）点については，抽象的規範統制と異なる。しかしながら，規範統制手続ともっとも異なるのは，上位法（基本法あるいは連邦法）に違反していることを確認することが問題となっているのではなく，連邦法律を公布するために**基本法 72 条 4 項あるいは 125a 条 2 項 2 文に定められた要件**が存在しているかどうかの確認が問題となるという点である。このような判決内容であるがゆえに，規範と関わる他のあらゆる手続態様とは異なり，その判決には，連邦憲法裁判所法 31 条 2 項で規定されている法律としての効力が与えられていない。

180

基本法 93 条 2 項 1 文の権限返還・置換手続（Kompetenzfreigabe-Ersetzungsver-fahren）には，**歴史上のモデルがない。**

181

基本法 93 条 2 項に基づく権限返還・置換手続の**機能**は，次の点にある。それは，基本法 72 条 2 項の要求する必要性が存在しない，あるいは失われたがゆえに，連邦には新たに規律をする権限がないにもかかわらず，基本法 72 条 4 項あるいは 125a 条 2 項 2 文にしたがって，権限を返還する旨の連邦法が公布されなかった場合に，いまだ有効な連邦法に対抗して，ラントが立法を行うための余地を残すという機能である。このような連邦の不作為（Unterlassen）が基本法に違反しているかどうかという問いは，場合によっては連邦・ラント間争訟手続（→ Rn. 348 ff.）の中で明らかにされることはあるが，ここでは問題とならない。

182

基本法 93 条 2 項 1 文に基づく手続きの**実務上の意義**については，**いまだ未知数**である。いずれにせよ，2015 年に至るまで，権限返還・置換手続の実施を求める申立てが連邦憲法裁判所に提起されたことは一度もない。このことは，2006 年の連邦制改革により，基本法 72 条 2 項の必要性条項が適用される領域が相当限定され，それに応じて基本法 72 条 4 項および 125a 条 2 項の射程も狭められていることも関係しているかもしれない。

90 第2部　連邦憲法裁判所の手続類型

Ⅱ．特別の訴訟要件

1．申立権

183

　基本法93条2項1文によれば，申立権を有するのは，**連邦参議院，ラント政府あるいはラント議会**である。申立権を有する者の範囲は，基本法93条1項2a号に基づく抽象的規範統制手続（→ Rn. 123 ff.）と同様である。

2．審査対象

184

　基本法93条2項1文に基づく手続きは，特定の法規範と関係し，それが審査対象となる。もっとも，その法規範が審査基準と一致しているかどうかの審査が問題となるわけではない。この審査対象となる法規範について基本法93条2項1文1肢では，**連邦法律上の規律**，すなわち形式的意味の連邦法律を問題としている。それに対して，2肢においては，より開かれた「連邦法（Bundesrecht）」が問題となる。後者の場合，とりわけ法規命令のような，法律より下位の法規範も含まれる。しかしながら，少なくとも基本法125a条2項は，二重の意味で基本法72条2項と関連するがゆえに，直接的には**形式的意味の連邦法律**（förmliche Bundesgesetze）**だけ**に関わる。というのも，基本法72条2項が扱うのは，形式的意味の連邦法律だけだからである。基本法125a条2項に基づき，置き換わることを法規命令に授権する連邦法律が問題となった場合に，基本法の文言にしたがって法規命令も含めうるかどうかについては，疑問がある。もし，ラントの置換権限を，連邦法律それ自体だけではなく，（基本法72条2項の場合においても）連邦法上の法規命令にまで拡大させることが有意義だとしても，その法規命令が，交代される連邦法律の授権に基づいて

制定されているのであれば，命令を審査対象に含める必要はない。

3．審査基準

185

　基本法93条2項1文1肢によれば，次のことが審査される。すなわち，審査対象に関して，基本法72条2項に基づき制定時には連邦法律で規律する必要性が存在したが，それがもはや存在しないのかが審査される。2肢によれば，次のことが審査される。すなわち，1994年11月15日まで有効であった旧基本法72条2項の単純な必要性条項（Bedürfnisklausel）が有効であった際に制定された審査対象が，基本法72条2項の改正により必要性（Erforderlichkeit）が導入されたことで，もはや連邦法として制定することができなくなったかどうかということが審査される。審査対象である法律が適法に制定されたのであれば，その必要性が欠けても，それによってその法律の憲法適合性が影響を受けるわけではない。

4．前提としての返還法律の不成立

186

　基本法93条2項3文によれば，権限返還手続を成立させるには，あらかじめ返還法律の「法律案」が成立しなかった，すなわち連邦議会において否決された，あるいは1年以内に議決が成立しなかったことが必要となる。また，連邦参議院でこれに対応する法律案が否決された場合も同じである。このことは，法律案が連邦議会に提出されており（基本法76条1項），手続きの申立てが認められなかった場合に関係してくると思われる。また，この規定の目的にしたがえば，連邦議会で可決された法律に対して，参議院で必要とされる同意が拒否された，あるいはその法律が1年の期間内に成立しなかったのであれば，手続きを認めるのには十分だとしなければならない。

187

文言および法の趣旨によれば，申立人はその法案の立案者である必要はない。それどころか，**前もって連邦の立法者自身**がラントへの返還問題に**取り組んでさえいれば**，申立人がだれであろうとも，連邦憲法裁判所への申立ての可能性は保障される。

5．明確化の利益

188

明確化の利益（Klarstellungsinteresse）（これについては基本法93条1項2号および2a号→ Rn. 152 ff.）については，**特に問題にする必要はない**。なぜなら，返還のための連邦法律がないためにラントの立法を行う可能性が妨げられており，その可能性が，連邦憲法裁判所の判決によってラントに認められるようになるからである（→ Rn. 193）。いずれにせよ，ただ一つのラントでもいいので，置き換わるためのラント法を創設する具体的な計画が存在するということも原則不要である。

6．形式，理由および期間

189

連邦憲法裁判所法23条1項によれば，申立ては**書面で提起**しなければならないが，**期間の定めはない**。このことは，基本法93条1項2号および2a号に基づく手続きの要求と同様である（→ Rn. 152 ff.）。連邦憲法裁判所法96条1項によれば，申立ての理由から**基本法93条2項3文に定める要件の存在**が明らかでなければならない。

Ⅲ．手続きの進行

190

　基本法93条2項1文に基づく権限返還・置換手続は，基本法93条1項2号および2a号（→ Rn. 156）に基づく手続きと同様に，**争訟手続ではない**。そのため，被申立人も存在しない。もっとも，連邦憲法裁判所法96条2項は，連邦憲法裁判所は**他の申立権者ならびに連邦議会および連邦政府に**，一定期間内に**意見陳述の機会**を与えなければならないと規定している。

191

　意見陳述権を有する者が，その意見陳述の権限を行使するとしても，それによって，その意見陳述権者が，手続法上の関係人の地位を獲得するわけではない（→ Rn. 66 ff.）。しかしながら，連邦憲法裁判所法96条3項は，すべての意見陳述権者に，手続きのあらゆる段階で参加する（beizutreten）権利を認めている（この点についての総論については Rn. 67）。

Ⅳ．判決の内容

192

　申立てが認容された場合の判決内容は，連邦憲法裁判所法96条で規定されているのではなく，**直接基本法93条2項2文**に明記されている。基本法93条2項2文によれば，連邦憲法裁判所は，（改正後の基本法72条2項に基づいて審査対象である法律に求められる）必要性が喪失していることを確認するか，あるいは審査対象となる法が，（基本法125a条2項1文にあるとおり，基本法72条2項の改正によって）もはや連邦法として制定されることができなくなったことを確認する。

94 第2部 連邦憲法裁判所の手続類型

V. 判決の効力

193

　そのような判決の効力は，**基本法93条2項2文**によれば，以下のようになる。すなわち，そのような判決は，基本法72条4項のいう権限を返還する連邦法律に取って代わることになる。つまり，その判決によって，**連邦法律に代わるラント法を制定することが可能となるのである**。このような効果は，連邦憲法裁判所法31条2項が，規範と関わる他のすべての判決について規定している法律としての効力とは関係がない。権力分立原則を理由に，懸念すべきことも存在しない。というのも，連邦憲法裁判所は，権限を返還する法律の法的な要件を判断するだけであり，他方で返還させるという効果が発生するのは，憲法にその根拠があるからである。連邦法律の立法者に認められている政治上の形成裁量を，連邦憲法裁判所が奪うということにはならない。

B. 権限返還・置換手続に関する確認問題

1. 権限返還手続と抽象的規範統制の共通点と相違点を述べよ。
2. この手続きの機能とは何か。
3. この手続きの審査対象とは何か。
4. 手続きの開始を求める申立てが適法となるのは，どのような特別な要件が満たされる場合か。
5. 認容された場合の判決内容はどのようなものか。
6. 連邦憲法裁判所の確認判決には，どのような特別な効力が認められるか。

解答は322頁。

参 考 文 献

Klein, Eckart, Eine neue Zuständigkeit des Bundesverfassungsgerichts – Bemerkungen zu Art. 93 Abs. 2 GG -, in: Festschrift Detlef Merten, 2007, S. 223.

C. 具体的規範統制

I. 法的根拠，機能および実務上の意義

194

具体的規範統制（Konkrete Normenkontrolle）の手続きの**法的根拠**は，基本法100条1項，連邦憲法裁判所法13条11号，80〜82条にある。基本法100条1項1文[1]は，その第1肢において，そこでラントの憲法の侵害の場合について，憲法争議に権限あるラントの裁判所の判断を求めることができると定めることによって，連邦憲法裁判権の領域を超えている。このような基本法上の浸透規範（Durchgriffsnorm）[2]は各ラントにとって重要である。にもかかわらず，これに関する手続きは，ラントの憲法裁判権に属するので，したがってここでは詳細に扱うことはできない。

195

具体的規範統制を正しく理解するためには，このような手続的解決に至った**歴史的展開**について一瞥することが有益である。**アメリカ合衆国の憲法体系に**おいては従前から（つまり，連邦最高裁判所の著名な1803年のMarbury vs. Madison事件判決以来），それぞれの個々の事件において憲法規範とその他の法規範の内容が矛盾する場合には，憲法規範が上位にあるがゆえに憲法規範だけが適用されなければならないということが認められているのに対して，**ドイツでは第二帝政終了まで**一度として法律に対する憲法の優位が確保されたことはなかった，ましてや，法律を，それが憲法に違反するゆえに適用しないという裁判所の権限など考えられなかった。

96 第2部 連邦憲法裁判所の手続類型

196

　ワイマール憲法の下ではじめて**裁判官の審査権**の可能性が真剣に議論されたが，承認する見解も散見されたものの，判例においても 1933 年まで争われ続けた。一方で，憲法の優位はすべての違憲の法律規定の無効を招来し，当然の帰結としてこの場合，裁判所によるその適用も排除されると主張されたが，他方で，裁判所が法律を適用しない権限をもつことは，裁判官が法律に拘束されることに疑念を提示し，権力分立の原則を侵害すると解された。このような裁判官の審査権をめぐる対立は，個別の事件において判断を下すあらゆる裁判所の権限に関するものである（明示的には 1919 年のバイエルン憲法 72 条参照[3]）。これらの問題の決定を特別に設置された憲法裁判所に集中することに関しては，かつて次のような理由で考えられえなかった。なぜなら，ライヒ憲法はライヒ憲法に違反するライヒ法律に対する抽象的な規範統制の可能性すら知らなかったからである。

197

　それゆえ基本法 100 条 1 項の追跡可能な**原型**は，**第二次世界大戦後**の初期の**諸ラント憲法**の規定にみることができる（たとえば，1946 年バイエルン憲法 65 条，92 条[4]）。そこでは，裁判官がある法律が違憲であるとみなした場合には，憲法裁判所の判決を求めなければならないことがはじめて規定された。

198

　法を適用すべき裁判所に対する具体的規範統制に関する規定の**意義**は，裁判官の審査権をめぐる以前の争いを背景に，二種類のものがある。すなわち，一方では裁判所は違憲であるとみなす法の適用を強制されない，それゆえ，裁判所には，適用すべき法律の合憲性に関して**審査権限**（Prüfungskompetenz）がある。他方，裁判所によって確認された憲法侵害から自ら結論を導きだして，規範を無効と宣言したり無効として適用しなかったりすることは，引き続き裁判所には認められていない。これに代わって裁判所は，その旨の移送によってこ

のような結果の生起についての憲法裁判所の判決を求める義務が裁判所に課せられる。この憲法裁判所の判決は，出発点となった手続（Ausgangsverfahren：以下「原審手続」）との関係では中間判決（Zwischenentscheidung）であり，その結果は，その後進行することができる原審手続においては前提とされなければならない。同様のことは，裁判所が，ラント法が連邦法と適合しないとみなした場合にも当てはまる（基本法100条2文第2肢[5]）。これにともない，その他の裁判所にはいかなる廃棄権限（Verwerfungskompetenz）も認められない。むしろ**廃棄権限は憲法裁判所が独占する**。それゆえ，具体的規範統制は，裁判官の審査権をめぐる争いにおいて，双方の主張を考慮した折衷案（Mittelweg）とみなすことができる。

199

　以上のようなことから，具体的規範統制の重要な**機能**が明らかとなる。一般的に認められる裁判官の審査権によって**憲法の優位に対する侵害が回避され**，憲法裁判所の廃棄権の独占によって憲法侵害を理由に法律への拘束を破る可能性が，憲法機関としての憲法裁判所の当該判決に委ねられるのである。くわえて，連邦憲法裁判所の廃棄権の独占は，このようなやり方で，規範の有効性について法律としての効力（Gesetzeskraft）（連邦憲法裁判所法31条2項）をもって，したがって，一般的な拘束力をもって決定し，その結果，規範の有効性に関して**法的安定性**が作られる（→ Rn. 661 f.）という長所がある。

200

　規範が**具体的規範統制の対象でない限り**（Rn. 208 ff.），以下のことがさしあたり一般的に認められている。すなわち，すべての裁判所は，このような規範の憲法適合性を独自に審査できるだけでなく，**廃棄権限をも有している**。このような場合に，法適用を行う裁判所は，自らが違憲とみなす規範をその手続きの中で，無効として適用しないことができる。しかしながら，規範が無効であることを承認することは，判決理由にのみ属し，その判決理由は実質的な確定

98 第2部 連邦憲法裁判所の手続類型

力（materielle Rechtskraft）に基づく裁判所の判決の特別な拘束力（→ Rn. 654 ff.）には関与しない。とりわけ，その他の裁判所は，他の個別事例で判決を下す際に，同じ規範の違憲性の問題を異なって判断し，それに応じて当該規範を適用することは自由である。この点から問題のある状況が生じることになれば，抽象的規範統制手続でこれを明確にする機会が残されている（特に，連邦憲法裁判所法 76 条 1 項 2 号および Rn. 123 参照）。

201

具体的規範統制の**実務上の意義**は以下のことから明らかである。すなわち，すべての裁判所は，これが自身の判決に必要な場合に，連邦憲法裁判所の規範統制判決を求める可能性を有するのである。これにともなって，**連邦憲法裁判所には大きな負担が予測される**が，連邦憲法裁判所はこうした負担に対して適法性についての極めて厳格な要件によって対処している。そしてこの要件は，現在，部会決定によっても処理することができる（連邦憲法裁判所法 81a 条）。

Ⅱ．特別の訴訟要件

202

訴訟要件は，具体的規範統制の事例においては，**基本法 100 条 1 項そのものから十分明らかとなる**。なぜなら，法律上の中心規定である連邦憲法裁判所法 80 条 1 項自体が，この憲法規範の諸要件を参照するように指示しているからである。基本法 100 条 1 項は，2 つの文において**3 つないし 4 つの類型**からなる幾分煩雑な構成を含むものである。詳細は以下のとおりである。

—ラント憲法の侵害（基本法 100 条 1 項 1 文 1 肢）

—基本法の侵害（基本法 100 条 1 項 1 文 2 肢），さらにまた，ラント法律による基本法の侵害（基本法 100 条 1 項 2 文 1 肢）

—ラント法律の連邦法律との不一致（基本法 100 条 1 項 2 文 2 肢）

C．具体的規範統制　*99*

203

　訴訟要件は，上述の類型すべてで重なるところが多い。ここで扱うことので
きないラント憲法裁判所への移送の可能性（基本法 100 条 1 項 1 文 1 肢）を除け
ば，要件が異なるのは，行われるべき規範統制について問題となる基準に関し
てのみである（→ Rn. 224 f.）。さらに，後述する**諸要件**は，基本法 100 条 1 項
の枠内で問題となるすべての事例群に，**統一的**に当てはまる。これら諸要件
は，広く基本法 100 条 1 項の文言から導出されるものであるか，もしくはそれ
に準拠して定式化されたものである。

　注：具体的規範統制の手続きにおける訴訟要件は，連邦憲法裁判所での手続きに関し
　ていえば，**事案処理の際に適法性の枠で審査されるべき**ものである。しかしながら，
　訴訟要件は，任務のそれぞれの内容形成に応じて**移送裁判所の視点からもまた**重要と
　なる可能性がある。このことはたんに，移送裁判所によって企図された移送の適法性
　について，明示的に疑念が提起された場合だけではなく，むしろ，移送裁判所はどの
　ように判決を下すのかという一般的に要請される問題の際にもまた，中止決定と連邦
　憲法裁判所への移送決定の可能性が審査されなければならない可能性がある。個々の
　訴訟要件の際には，このことは結果としてさまざまな異なった取扱いを導く可能性が
　ある（→ Rn. 241）。

1．移送裁判所

204

　基本法 100 条 1 項による移送は，「**裁判所**」によって行われなければならな
い。

205

　裁判所の概念は，この文脈においては，裁判所のうち，懸案の裁判的決定を
行う**判決言渡機関**を示し，したがって，たとえばラント裁判所の部（Kammer），
上級行政裁判所の法廷（Senat）あるいはまた区裁判所の個々の裁判官もそこに
は含まれる。連邦憲法裁判所法 80 条 1 項は，これについて，このような権限

を有する裁判所は「直接に」連邦憲法裁判所の判断を求めることを明示している。これによって同時に，それぞれ権限ある裁判所の移送を，より上級にある裁判所への訴えによって阻止したり退けたりすることが排除される。

206

　基本法100条1項の意味における裁判所とは，**ドイツという国家の裁判所**だけである。これによって，特に次のような裁判所もまた除かれる。すなわち，ワイマール憲法137条3項1文と結びついた基本法140条による自治権の枠内で公法上の宗教団体によって設けられた裁判所である。

207

　しかしとりわけ**排除される**のは**行政官庁**であり，権力分立システムにおける裁判所とは全く違うその地位によって，100条1項の類推適用も許されない。

　　注：ちなみに，基本法100条1項が裁判所について述べている判断状況に行政官庁がなった場合，行政官庁がいかなる態度をとるべきかという問題についての規定はない。たしかに次のような形での意見の一致はある。すなわち，いずれにせよ基本法100条1項の具体的規範統制は，直接的にもまた類推的にも顧慮されない。その他については，裁判官の審査権をめぐる以前の争いと同様に**一連の見解**が対立している。1つの見解によれば，行政官庁には（裁判所と違って）行政官庁によって適用されるべき規定の憲法適合性に関して，そもそもいかなる審査権も帰属しない，また少なくとも行政官庁が法律に拘束されることを無視して，違憲であるとみなした規範を個々の事例において適用しないという権限は帰属しない。これと対照的な見解は，行政の法律への拘束もまた，有効な，特に憲法を侵害しない法律についてのみ妥当することを前提とする。このような見解から，行政官庁は憲法の優位を確保するために，行政官庁が違憲とみなした場合，その規範を適用しないという権限と義務もなければならない。このような両極の見解の間で，以下のような解決策がある。これによれば，決定を行う官庁は，適用すべき法規範が違憲であるとみなした場合には，その官庁を監督する立場にある官庁に連絡する権限と義務があると考えられる。この上級官庁が当該規範を合憲であるとみなした場合には，直接決定を行う官庁に対してその適用を命じる。合憲であるとはみなさない場合，当該上級官庁はその上位にある監督官庁にその旨を伝えなければならない。監督官庁のヒエラルキーを通して規範の憲法適合性の問題は

C. 具体的規範統制　*101*

最終的にはそれぞれの担当大臣に到達する。その担当大臣は，内閣の一員として，政府の違憲であるとする決定を経て，抽象的規範統制を提起して，このような形で一つの解決をもたらす可能性をもつ。

2. 移送される法律

208

　移送の対象は，基本法100条1項によれば，「**法律**（Gesetz）」である。法律の概念は，基本法において全体として非常にさまざまに用いられている。基本法100条1項の枠内でこの概念について長く以前から二重の観点において制限する解釈〔形式的意味の法律で後憲法的法律〕（→ Rn. 210 ff.）が認められている。2つの有力な制限的な基準を承知していることは，いずれにせよ不可欠である。ずっと以前から確立している判例の内容として，2つの基準は通常詳細な理由付けなしに，基本法100条1項の意味における審査の対象となる法律のメルクマールとして援用される。たしかに，個々の事例における課題がメルクマールについてのきっかけを提供する場合，たとえば，移送に適切でない法規範が問題となる場合，規範のテキストから直接読み取ることのできない付加的な基準もまた根拠とされなければならない。

209

　立法者の純粋な**不作為**は，抽象的規範統制の場合と同様に（→ Rn. 139）**考慮されない**。しかし憲法上の要請を十分満たしていない法律は考慮される（BVerfG〔K〕, NJW 2013, 1148 Rn. 21）。失効した法律の取扱いについては→ Rn. 228。

a）　形式的意味の法律

210

　基本法100条1項の意味における法律としては，形式的意味の法律のみが問題となる。形式的意味の法律とは，**「法律」の制定について憲法上規定されて**

102 第 2 部　連邦憲法裁判所の手続類型

いる手続きにおいて成立する法規範である。

注：これについて，法律という表題は問題にならない。行政裁判所法（Verwaltungs-
gerichts*ordnung*）もまた，たとえば，法規命令として公布される道路交通規則
（Straßenverkehrsordnung）とは異なり，法律として議決される。規範としての性質
は，法令集への掲載があったとしても——権威ある公布機関（ドイツ連邦官報（BGBl.）
およびその他）への掲載とは異なり——，必ずしも認められない。

211

連邦法の枠内では，基本法 77 条 1 項 1 文にしたがい**連邦議会によって議決**
され，基本法 78 条にしたがって成立する連邦法律がこれである。基本法 79 条
にしたがって形式的立法の特別の形式を示す憲法改正法律もまた移送可能であ
る。さらに言えば，そもそも違憲な**憲法**というものの可能性が存在する場合に
は，当初は基本法の内容の一部であるそのような憲法規定もまた含めなければ
ならない。

212

これと並んで，**特殊な例**として基本法 81 条にしたがっていわゆる緊急立法
の枠内で連邦議会の議決なしに成立する法律が，さらには，基本法 115e 条の
要件の下で，合同委員会が制定する法律も，形式的連邦法律に属する。最後
に，基本法が個別に（とりわけ，基本法 119 条 1 文を参照せよ。）規定する「法律
としての効力をもつ命令（Verordnungen mit Gesetzeskraft）」もまた含まれる。

213

ラント法のレベルでは，とりわけ**議会**によって議決された法律が（形式的）
法律に含まれるが，これと並んで，連邦レベルでは存在しない**住民立法手続**
（Volksgesetzgebungsverfahren）において成立したものも含まれる。ラント憲法
のあらゆる規定もまた含まれる。

C. 具体的規範統制　*103*

注：形式的意味の法律に限定することは，基本法 100 条 1 項 2 文 1 肢[6] にしたがって基本法との適合性が審査される「ラントの法」についても妥当する。また，連邦憲法裁判所法 13 条 11 号（なお，→ Rn. 225）は，明示的に「その他のラントの法」との一致についての裁判を定式化しているが，この定式化は完全に失敗であり，この規定によって，形式的意味の法律への限定が変わるわけではない。

214

　それに応じて，基本法 100 条 1 項による移送の対象とならないのは，法律よりも下位にある法規範，特に法規命令あるいは規則（Satzungen）の憲法適合性のみが問題となる場合である。このことは，議会の立法手続において議決される委任法（Verordnungsrecht）(BVerfGE 114, 303 [310 f.])についても妥当する。もっとも，法律よりも下位にある法規範の違憲性が，そもそもその形式的意味の法律の授権が違憲であることによる場合，（直接的には）法律よりも下位にある授権された法規範が問題となっていても，その授権する法律は（間接的には）判決にとって必要であって，その法律の移送は考慮される。

注：問題なのは，BVerfGE 58, 137（143）である。この判決によれば，法律による授権の判決にとっての必要性は，つぎのようなことですでに満たされる，すなわち，命令を基本権適合的に内容形成することもまた，授権の枠内で考えられたであろうにもかかわらず，命令によって行われた基本権を侵害する規律が，授権によって「許され」たということである。

215

　移送の対象が形式的意味の法律に限定される**理由**は，**基本法 100 条 1 項の文言のみから**明らかになるわけではない。なぜなら，「法律」という概念は必然的に形式的意味の法律のみを表すものではないからである。より広い解釈のために，とくに，基本法 100 条 1 項 2 文の文言[7] が援用される可能性がある。この文言は——抽象的規範統制の場合の基本法 93 条 1 項 2 号のように——その第 1 肢においてラント法（Landes*recht*）による基本法の侵害について言及しているが，これによってラント法の領域に関して具体的規範統制を連邦法より

104 第2部　連邦憲法裁判所の手続類型

も広範に認めようとする意図はない。むしろ形式的意味の法律への限定を支持することにとって決定的なのは，あらゆる裁判官に**廃棄権限**が属するとすることに対する疑念が，権力分立という観点からとりわけ**形式的意味の法律**の廃棄にむけられているということである。このことは端的につぎのように表現できる。すなわち，連邦憲法裁判所の廃棄の独占は，民主的主権者ないしは民主的に選ばれた主権者の規範的な決定が裁判実務において日常的に廃棄（無視）されることがないようにするために，形式的意味の法律についてのみ必要である。同時に，このような制限を課すことによって，連邦憲法裁判所が，まったく副次的な規範紛争の処理に煩わされる必要がなくなる。

　注：予算法のような，対外的に法的効果のない**単なる**形式的意味の法律の効力は通常，判決にとっての必要性はないと考えられる。

216

　これによって同時に，基本法100条1項が形式的意味の法律に限定したことの他の裁判所にとっての実際上の意義が示される。つまり，**法律より下位にある法規範**を違憲（あるいはラント法の場合には連邦法違反）とみなした**裁判所**は，基準となる規範と抵触する法律よりも下位にある法規範を**自ら廃棄する**，すなわち無効ないし基準となる法規範と一致しないとして取り扱う権限を有するのである（→ Rn. 200）。

b)　後憲法的法律

217

　基本法100条1項による移送にとって問題となるのは，その法律が「**後憲法的**」である場合のみである。「後憲法的」という概念は，その言葉の意味に応じて，憲法より後の，したがって，憲法の施行のもとで成立した規範を示す。このような場合においてのみ，立法者の権威を顧慮して判断を連邦憲法裁判所に委ねるきっかけが存在する。基本法の「侵害」という概念もまた――基本法

123 条 1 項において示されている基本法と旧法との抵触とは異なり——侵害する規範が制定された際にはすでに基本法が妥当していることを容易に説くものといえる。

> 注：これに関連して，次のような法律もまた後憲法的である。すなわち（各ラントにおいて及び占領法によって設立され，連邦議会の招集まで存続した上位のランクにある法創設機関において）1949 年 5 月 23 日の基本法の施行後に（基本法 144 条 2 項参照），しかし，1949 年 9 月 7 日の連邦議会の招集前に制定された法律である。後者の時点より前からの法の継続的効力を示す基本法 123 条 1 項は，具体的規範統制については基準にはならない（BVerwGE 1, 4 に反対して，BVerfGE 4, 331 [339 ff.] はそのように判断している。）。

218

この概念のさらなる明確化は以下のような形で行われうる。すなわち，後になってはじめて基本法に加わったドイツの一部（ザールラント，ドイツ民主共和国）について基本法が**後に施行された際には**，基本法が新たに加わるべき地域に対して効力をもつということが**基準時**を形成する。最後に，基本法の規定が**憲法改正によってはじめて**原審においてその**基準となる意義をもった**限りにおいて，このような特定の憲法上の基準となる規範との関係において，それぞれの憲法改正の後に成立する法律規範のみが後憲法的である。

219

前述のような区分は，唯一の，そして同時に具体的規範統制を限定する際の基礎にある観点から**明らか**である。すなわち，既述のすべての場合においては，憲法（Verfassungsrecht）を基準として前憲法的法（vorkonstitutionelles Recht）を審査するに際して，規範ヒエラルヒーの表れとしての**憲法の優位**の保障は特段問題とは**ならない**。むしろ，憲法上の基準規範が事後的に制定され，したがって，その規範は，後法（lex posterior）として優位し，前法（älteres Gesetzesrecht）をその同じ規制対象について（これに関する明文の規定がなくとも）

106 第2部　連邦憲法裁判所の手続類型

無効にするということからも，前憲法的法律（vorkonstitutionellen Gesetze）の無効がすでに生じる。それゆえ，このような場合には，憲法との矛盾の問題は，後法的規範（spätere Norm）によって廃止されないうちはそもそも審査される規範全体はなお有効か否かという問題と同義となる。しかし，**後法の優位**の実現は，権力分立を考慮する必要のない，それゆえ問題なくすべての裁判所に与えられる任務である。すでに後法として優位する法律が同時に憲法規範としてより上位の規範ともなる場合に，その時々に妥当する法状態を確認するという裁判所に一般的に与えられた権限を，裁判所から奪う理由は，ないのである。

　　注：後法の優位は同じランクにある法の場合にのみ妥当するという公準（E. Klein, in:
　　Benda/Klein/Klein ［→ Rn. 12］, Rn. 787；これと同様にたとえば Ralf Müller-Terpitz,
　　in: Maunz u. a.［→ Rn. 11］, §80 Rn. 96 m. w. N.）に同意できるのは，低いランクに
　　ある後法が実際にその効力において上位のランクにある法に抵触する可能性のない場
　　合に限られる。

220

　後法の取扱いに関するこうした考え方は，**連邦法とラント法との関係**にも当てはまる。この点についても，規範統制は，連邦法がその成立の際にすでに存在していた関連するラント法を廃止する事例を対象としない。なぜなら，このことは，連邦法がより上位にあるか否かにかかわらず，生じるからである。

221

　前憲法性ならびに後憲法性の問題については，問題となる規範の成立時点という形式的に明らかな問題だけが考慮されるわけではないので，具体的規範統制を後憲法的法律に限定するということには，さらなる追加的な問題が生じる。むしろ，連邦憲法裁判所の判例は，実質的な基準に従って修正を行い，そのような――明文による変更なしに――**後憲法的立法者の意思の中にその承認**を見出した**前法的規範も後憲法的規範として扱う**のである。そのようにして前

憲法的に制定された規範の性格を後憲法的なものに変更することが問題となるのは、とりわけ、ある規定が、たとえ形式的に変更されていないとしても、全体として根本的に変更された規範群の中で、その規範群の不可欠の構成要素としてなお存続し続ける場合である。

c） EU 法

222

　必ずしも明らかでないのは、**EU の（第 2 次）法**、つまり、特に EU の規則（Verordnung）や（直接適用される）指令（Richtlinien）も、基本法 100 条による具体的規範統制の適格な移送対象となりうるかという問題である。抽象的規範統制の場合（→ Rn. 134 ff.）と同様にここでもまた、連邦憲法裁判所の規範統制権限は原則としてドイツ法の規範のみに関わるという原則が前提とされなければならない。**以前より**、連邦憲法裁判所は、場合によっては、EU 法の適用の基本権違反（その無効ではなく）を確認するために、EU 法上の規定の移送も、（少なくとも基本法の基本権については）実際には原則と異なって許容してきた（BVerfGE 37, 271 [277 ff.] - **Solange I**）。その後、連邦憲法裁判所は、その間にヨーロッパ司法裁判所によって EU 法レベルで原理的に基本権保護が確保されることを考慮し、事実上自らの統制活動を自制した（BVerfGE 73, 339 [374] - **Solange II**）。

223

　しかし、これに関連する**マーストリヒト判決**（BVerfGE 89, 155 [175] → Rn. 135, 536）の判示以来、原則として、EC および EU の 2 次法も、国内に適用される限りで、首尾一貫して、連邦憲法裁判所による具体的規範統制の潜在的な対象ともなりうるものでなければならないとされてきた。ただし、こうした可能性は、その他の場合と同様、ヨーロッパ司法裁判所が連邦憲法裁判所との分業の枠内で原理的な基本権保護の任務を十分に行わないという場合に限定されると思われる（たとえば BVerfGE 102, 147 [161 ff.] - **Bananenmarkt**）。EC 法およ

108 第2部　連邦憲法裁判所の手続類型

び EU 法上決定されたドイツの転換法の場合にも連邦憲法裁判所の裁判権が行使されないことについては，→ Rn. 131。リスボン判決（BVerfGE 123, 267〔353 ff.〕→ Rn. 136）は，具体的規範統制を自らが要求する EU 法の権限踰越コントロール（Ultra-vires-kontrolle）およびアイデンティティ・コントロール（Identitätskontrolle）を実施するための手続様式として考慮に入れた。

3．重要な基準となる規範

224

　訴訟要件に関する差異は，基準となる別の規範との不適合がそれぞれ問題となる限りで，基本法 100 条 1 項の類型（→ Rn. 202）について生じる。連邦憲法裁判所にとって 2 つの移送事例が区別される。すなわち，憲法条文は審査基準が異なる場合があることを前提にしているが，他方で，そもそも移送される法律によって区別される場合には，2 つの可能性は明確な輪郭をもつ。これによれば，第一は**連邦法律の移送**である，ここではもっぱら基本法の侵害が問題となる。さらに，基本法は**ラント法律**の連邦憲法裁判所への移送の際に審査基準として重要である。

225

　しかし，これに加えて，**ラント法律はその他の連邦法とのその適合性についても審査**されなければならない。その限りにおいて，基本法 100 条 1 項 2 文の表現は「ラント法律と連邦法律の不一致」ついて語るが，連邦憲法裁判所法の問題のある 13 条 11 号（→ Rn. 213）は，その他のラント法もまたこのような基準にしたがって審査させようとする。連邦**法律**という概念は，これがここで基準となる規範を示す限りにおいて，それが同じ基本法 100 条 1 項の枠内で移送対象として認められうるのとは異なり（→ Rn. 210），形式的意味の法律には限定されない。規範統制をラント法律の適合性の観点から形式的意味の連邦法律に限定することは明確な意味をもつものではない。つまり，連邦法は個々の場

C. 具体的規範統制　*109*

合におけるその妥当段階とは関係なく，ラント法律に優位し，ラント法律は基本法 31 条により，いかなる場合であっても破られる。このような場合における廃棄権限を，侵害された連邦法律が形式的意味の法律を示す限りにおいてのみ連邦憲法裁判所に属させるということは，あらゆる形の連邦法の優位を侵害することになるであろう。くわえて，すべての裁判所がその形式的意味の立法活動を法律より下位にある連邦法の規範の侵害という観点において否認することができる場合には，ラント立法者に対する「要求」がむしろさらにより大きくなるであろう。

4．移送される法律の有効性の判決にとっての必要性

226

基本法 100 条 1 項による移送は，移送する裁判所の判決の際に移送すべき法律の有効性（Gültigkeit）が問題となる場合にのみ考慮される。このような表現の中に，**判決にとっての必要性**の 2 つの部分的な観点が隠されている。

注：有効性というのは，明白に法律の妥当（Geltung），したがって拘束力を持つ法的効果を生じさせる能力を意味する。

a)　裁判所の判決

227

第一に，この文脈において裁判所のいかなる「判決」が考えられているかという問題がある。その限りにおいて，**裁判作用**（Rechtsprechungsfunktion）の枠内において下される判決のみが該当するということから，最初の限定が明らかである。裁判所に実質的に行政任務の遂行として示される任務が委ねられる場合には，基本法 100 条 1 項による移送は排除される。ちなみに連邦憲法裁判所は原則として，**手続きを終了させる**裁判所の判決のみを考慮する。これによって，手続きの枠内に属する多くの中間判決が基本法 100 条 1 項の適用領域から

110 第2部 連邦憲法裁判所の手続類型

はずれる。このような制限は憲法裁判の補充性原則（Subsidiarität）（→基本権憲法異議に関しては，Rn. 25, 366, 372, 383, 393，基本法93条1項4号〔連邦国家的争訟〕については，Rn. 568 f., 584 ff., 自治体憲法異議に関しては，Rn. 623, 627）によって正当化されうる。

b)　規範の有効性の必要性
228

　法律の有効性が裁判所の判決にとって必要なのは，規範が有効な時には，法律が有効でない時とは異なった形で判決が下される場合である。したがって事例は，法律が有効な事例と有効でない事例とに二者択一的に区別される。法律が有効な事例と有効でない事例とで**異なった結果**に至る場合には，**判決の際に法律の有効性が問題となる**。このことを確認するために必要な審査の枠内において，原審の手続きにおいて判決について存在する事案の十分な解明が必要であり，そしてそれは法的な観点のみならず事実上の観点にまで及ぶ。このことは，場合によっては判決にとっての必要性という問題を解明する前に証拠調べも行われなければならないということになる可能性もある。

　　注：移送された法律がなお効力を有するということは必ずしも必要ではない。むしろ，**廃止された法律**もまた原審の争いにとってなお決定的な意義を持つ可能性がある（BVerfGE 130, 1〔42〕；134, 1 Rn. 32；また→ Rn. 152）。

229

　判決にとっての必要性を判断することについては原則として，**移送裁判所の見解**が基準となる。移送裁判所の見解が明白に支持できない場合にはこの限りではない（BVerfGE 135, 1 Rn. 28 m. w. N.）。とはいえ，後者については連邦憲法裁判所の判例実務においてはきわめて広くとらえられている。理由付けの要請については，Rn. 250 f. 参照。

C. 具体的規範統制　*111*

230

　判決にとっての必要性との関連で，一連の特別な問題が生じうる。これについて，以下のことがこれに含まれる。

231

　移送の対象となる法律が基準となる当該規範に違反するということが，移送の対象となる法律の無効を導かない場合，判決にとっての必要性については以下のことが考慮されなければならない。すなわち，この種の事例において認められるにおける**単なる不一致**（とりわけ平等侵害の際の）は，違憲な法律はもはや適用されてはならず，法律上の新たな規律に至るまで裁判所の手続きは中止されなければならないという結果となるということである（→ Rn. 166）。そのような手続きの中止は，法律が有効であれば裁判所が下していたであろう判決とは違った内容を有している。したがって，単なる不一致を導くだけの規範の抵触もまた**判決にとって必要性があるという意味**を持つ。

232

　もっとも，この間，不一致宣言の事例においてしばしば認められるように（→ Rn. 167），規範が**基本法と一致しないにもかかわらず**引き続き適用されるべき場合には，事情は異ならざるをえないであろう。あ̇ら̇ゆ̇る̇裁判所は当該実質的な要件の下で裁判所によって違憲であるとみなされる法律を引き続き適用すべきであるということを前提とすれば，その判決は個々の事例において，法律が有効な場合と同様に下さなければならなくなり，しかしこの場合には，基本法 100 条 1 項による連邦憲法裁判所への移送は判決にとっての必要性を欠き，不適法となってしまう。

233

　連邦憲法裁判所はこの種の事例において，実質的に判決にとっての必要性を断念することによって，このような微妙な結果を回避している。たしかに連邦

112 第2部 連邦憲法裁判所の手続類型

憲法裁判所は，継続的な妥当命令〔引き続き有効とする命令〕の場合には，法的紛争は規律が合憲の場合と同様に判決が下されるべきであることを明示的に容認している（たとえば，BVerfGE 117, 1 [28]）。しかし，一般の裁判所には，特定の要件のもとで（→ Rn. 167），憲法上の必要性に基づいて，継続的な妥当を単なる不一致性の法上当然に（ipso iure）生じる結果として認める権限はないとみなしている。むしろ連邦憲法裁判所は，継続的妥当をもっぱら，**憲法裁判所の形成的な命令**の帰結とみている（BVerfGE 130, 1 [42]；また，→ Rn. 652）。このことは，憲法の優位に基づいて法上当然に生じる憲法侵害の帰結の基本法上の基本的コンセプトに反する。

注：BVerfGE 130, 1（42）が，連邦憲法裁判所だけがある規範が基本法に一致しないこと，そしてこのことがいかなる法的効果を持つかを確認することができると指摘するとき，この判示は具体的規範統制の範囲に限定されるべきである（そこで挙げられている先例である BVerfGE 34, 220 [322 ff.] 参照）。違憲の法規命令および規則の憲法上法上当然に生じる継続的な妥当については，その限りにおいて権限ある一般の裁判所によって（→ Rn. 214 ff.），それぞれの判決対象に関して付随的に自ら判断すべきである（また→ Rn. 652）。なぜなら，無効を認めることは——連邦憲法裁判所の立場からすれば——平等原則違反を排除する際には，規範定立者の憲法上基礎づけられた形成の余地を縮減するかあるいはなお憲法から遠い状況を作り出し，そのことはそれぞれの個別の事件判決に限定する場合にも許されない可能性があるからである。

234

　もっとも，**継続的妥当命令の事例に関して**，連邦憲法裁判所は原則的にたしかに，当該法律の有効性が（命じられた継続的妥当の期間に関して）のちの裁判手続において判決にとって必要な前提問題にもはやなりえないことを認めている。とはいえ，このことは一般的にではなく，継続的妥当命令が判決の文言にしたがって関連する規律連関についてのみ妥当すべきである。

注：BVerfGE 139, 285 Rn. 48 は，BVerfGE 117, 1 f. において命じられた租税法上の評価規定の継続的妥当はそこで判決の対象となった相続税法に限定されているとみな

C. 具体的規範統制 *113*

し，その結果その有効性は不動産取得税法について，判決にとって必要であり続けるのである。

235

一般の裁判所による**仮命令**の発給に関して，いずれにせよ第一に問題となるのは，それぞれの事例について実質的に基準となる法規範ではなく，利益衡量の結果であり，この利益衡量は，いまだ明らかにされていない法的状況にかんがみて排除できない正当でない判決によって結果的に生じる効果を顧慮して行われるべきものである（連邦憲法裁判所自身による仮命令に関しても同様に，→ Rn. 584）。このような理由から，本案手続にとって基準となる規範の有効性の問題は，仮の権利保護の手続きにおいて，原則的に，**判決にとっての必要性があるとは言えない**。もっとも，仮の権利保護の手続きにおいて，終局判決が広範に先取りされるかあるいは本案手続がもはや全く行われない場合，移送は適法なものとみなされる。もちろん，この種の事例において判決にとって，本案を規律する法律規定の有効性の問題もまた，おそらく決定的な意味を持つことになるであろう。

236

ときおり連邦憲法裁判所は，判決にとっての必要性の審査の際に，憲法違反それ自体が原審の**当事者にとって重要である**か否かについても留意している（不平等な取扱いに関して，BVerfGE 66, 100 [105 f.]；67, 239 [243 f.]；再度また，BVerfGE 125, 175 [219]）。このような見解は，憲法異議に典型的な個人の基本権の侵害という問題状況に非常に強く方向づけられたものである。これに対して具体的規範統制の手続きは，ある法律の**客観的な有効性**を一般的に拘束力をもつ効力をもって**明らかにする**という意義をもつ。が同時に，判決にとっての必要性を原審の事件について要求することによって，裁判所がその判決において違憲の規範の法的効力を現実化しないことが確保される。手続関係人が規範の有効性の解明に実質的な利益を有するか否か，場合によってはどのような手続

114 第2部 連邦憲法裁判所の手続類型

関係人が利益を有するかは，このような手続目的にとって全く重要ではない。法律はそれが原審の手続きの当事者の基本権を侵害する，まさにそれゆえに違憲とならざるをえないという想定には，このような見解のさらなる帰結からもまた反対される。憲法違反が手続きの当事者とのこのような特別の関連性を欠くような法律の違憲性を確信した裁判所は，違憲であり場合によっては無効とみなされる規範を，にもかかわらず適用し，そしてこれによってみすみす違法な判決を下すことを余儀なくされてしまうことになる。関係人は基本権侵害がない場合にはこのような欠陥のある判決を憲法異議によって連邦憲法裁判所で争う手がかりがないことになる。既判力をもつ判決の違法な法的効力は，連邦憲法裁判所法 79 条 2 項の基準にしたがえば，連邦憲法裁判所が後の手続きにおいて規範の違憲性と無効を確認する場合ですら存続することになってしまう。

237

ラント法律の憲法上のコントロールの場合には，ある憲法に対する抵触の可能性は，（同時にまた）他の憲法の侵害の判決にとっての必要性を排除しない。むしろ，連邦憲法裁判所とそれぞれ権限あるラントの憲法裁判所は，基本法 100 条 1 項 1 文第 2 肢および基本法 100 条 1 項 1 文第 1 肢によって**同様の権限**を有する（BVerfGE 17, 172 [180]；69, 174 [182 f.]）。両手続は**並行して実施できる**（BVerfGE 17, 172 [179 f.]；また→ Rn. 583）。たとえ，ラントの憲法裁判所がラント法律をラント憲法に適合すると宣言したとしても，連邦憲法裁判所はこの法律を連邦憲法の基準に照らして審査し，場合によっては基本法違反と宣言することができる（BVerfGE 69, 112 [116 ff.]）。同じことは，逆のケースにも妥当する（BVerfGE 69, 112 [117]）。

238

裁判所がある法律を憲法違反であると同時に EU 法違反であるとみなす場合，裁判所は**目的適合的衡量によって**，まず基本法 100 条 1 項による手続きを

行うかあるいは EU 運営条約 267 条による先決裁定手続を行うかを決めること
ができる（BVerfGE 116, 202［214］；vgl. auch EuGH, NVwZ 1993, 461［463 f.］）。こ
れに対して，法律が EU 法に違反していることが確定している場合には，超国
家法の適用優位によって当該法律は適用できない。違憲かそしてそれゆえ（ま
た）無効か否かという問題はこの場合もはや，基本法 100 条 1 項の意味におけ
る判決にとっての必要性を有しない（BVerfGE 116, 202［214］）。

239

EU 法のコンテクストにおいて，BVerfGE 129, 186（200）は，判決にとって
の必要性に審査の対象となる法律の有効性と並んで**第二の基準点**を与えた。申
し立てられた連邦憲法裁判所がそもそも当該憲法問題を決定できる場合にの
み，判決にとっての必要性が存在することになる。特に EU 法がこれを実施す
る法律にいかなる余地も与えていない場合には，これを欠く可能性がある（→
Rn. 137, 538）。この場合には，裁判所は基本法 100 条 1 項による移送の前に，
当該法律について実施裁量があるか否かを，場合によっては EU 運営条約 267
条 1 項による先決裁定手続のための EU 司法裁判所への移送によって，解明す
ることが義務付けられる。

240

ある法律の**一部**の有効性のみが問題となる場合，無効宣言の段階ではなく，
すでに**移送がしかるべく限定され**なければならない。このことは，移送裁判所
自らがそれぞれの事例状況に関連して示さなければならないが，文言上限定で
きない規範の一部についても妥当する（「質的」一部無効について→ Rn. 161）。

5．法律が基準となる規範に違反するという裁判所の確信

241

基本法 100 条 1 項によれば，具体的規範統制の手続きにおける移送が許され

116 第2部 連邦憲法裁判所の手続類型

るのは，移送裁判所が判決にとって必要な法律を基準となる規範に違反すると
みなした場合のみである。裁判所の規範の憲法適合性あるいは連邦法適合性に
関する**単なる疑念**（Zweifel）では**十分ではない**。むしろ裁判所は，法律の基準
となる規範との適合性に関する疑念を究明し，そして自ら明確な結論に至らな
ければならない。その際，裁判所は問題となる規範が基準となる規範に違反す
るという確信に至った場合には，裁判所は移送できるだけではなく，移送しな
ければならない。理由づけの要請について，→ Rn. 250。

> 注：事例問題の起案の際に，以下の点について区別されなければならない。基準とな
> る規範に違反することの裁判所による確信がすでに事案において示されている場合に
> は，確信はしかるべく根拠づけられうる。そうでない場合には，自らの視点から下さ
> れた，当該基準となる規範に対する法律の適合性に関する裁判所の確信を自ら展開し，
> 事例問題の起案の一部として示すことは，起案者の問題である。このような事例にお
> いて，すでにここで実施すべき，基本法ないし連邦法と移送された法律との適合性審
> 査については，移送の適法性の段階でこれを行った場合には意味のあるやり方で実体
> 審査の枠内で参照されるだけでよい。

242

特に重要なのは，すべての裁判所が，その法律の憲法適合性に関する疑念
を，その法律を**憲法適合的方法**で解釈することによって解消するという可能性
を持つことである。移送裁判所が，その限りにおいて存在する可能性を使い尽
くしてはじめて，連邦憲法裁判所は移送を適法なものとみなす。同様のことは
連邦法適合的解釈についても妥当する。他方，裁判所は基準となる規範に適合
する解釈を不適切な方法で行い，そしてそれゆえに，基本法100条1項による
移送を行わない場合には，このような判決は基本法101条1項2文による法律
上の裁判官の裁判を受ける権利という基本権同等の権利を侵害する（BVerfGE
138, 64 Rn. 76 ff.）。

6. 訴訟係属性と確定力の矛盾の解消

243

　一般的に重要な意味を持つ，訴訟係属性（Rechtshängigkeit）ならびに確定力の欠如という消極的訴訟要件（Rn. 104 ff.）は，具体的規範統制の適法性に対して，少なくともここで指摘されるべき**特別な問題**を提起する。

a）訴訟係属性の欠如

244

　ある裁判所がすでに以前に**同じ法律の有効性**の問題を連邦憲法裁判所に提起していた場合に，それによって，訴訟係属性の観点から，さらなる裁判官の移送が不適法とされてはならない。むしろ，基本法 100 条の文言とのより緊密な結び付きから，裁判所にはこうした場合にも連邦憲法裁判所への（付加的な）移送が義務づけられるということが，今日まで支配的に受け入れられてきた。

245

　その他の選択肢，つまり，最初の手続きを考慮して――移送を断念することにより――**それよりも後の手続き**をたんに中止し，連邦憲法裁判所の判決を待つという選択肢については，とりわけ**訴訟経済的根拠**が挙げられる。もっとも，連邦憲法裁判所は，さらなる移送に基づいて，移送裁判所の新たな判断材料と追加的な論拠を利用することができるために，こうした訴訟経済的根拠は**必ずしも説得力あるものではない**。他方で，追加の移送は，連邦憲法裁判所の負担にとって，特に大きな問題とはならない。なぜなら，連邦憲法裁判所は，まず最初の移送について自由に判決を下し，新たな問題が持ち込まれない限り，法律としての効力を持った，つまり一般に妥当する最初の判決（連邦憲法裁判所法 31 条 2 項参照→ Rn. 661 f.）に基づいて，大きな犠牲を払うことなく，短時間で後の移送に対して自由に回答を示すことができるからである。しかし，現在，基本法 100 条 2 項について→ Rn. 267。

118 第2部 連邦憲法裁判所の手続類型

注：この点の基本法100条1項の文言との衝突は，（BGH, NJW 1998, 1957 f. と同様に）〔一般の〕裁判所が法律の違憲性に関する最終的な意見を形成することなく（→Rn. 241 f.），すでに手続きが継続中であることを理由に手続きを中止することによって，回避することができる[8]。

b) 実質的確定力に反しない
246

連邦憲法裁判所がすでに以前の手続きにおいて今新たに移送された法律（ないしはその一部）の違憲性について判断している場合，これは，あらたな本案判決にとって障害となる可能性がある。もっとも，**連邦憲法裁判所が法律の違憲性をすでに正式に確認している場合には**，その限りにおいていかなる問題も生じない。つまりこの場合，移送問題は最初の判決によってすでに対世的効力をもって終局的に回答が下されており（連邦憲法裁判所法31条2項参照；→ Rn. 661 f.），問題となる法律は移送裁判所の判決の基礎とすることはもはやできないのである。移送は判決にとっての必要性を欠いているので不適法となる。

注：このことは，連邦憲法裁判所によって違憲であるとされた法律の違憲性の問題が，前判決の判決対象となった限りにおいて妥当する。判決理由におけるこれに関する先例となる判示のみでは，既判力と法律としての効力の対象とならないのである（→Rn. 662；先例として，BVerfGE 139, 285 Rn. 44 ff.）。

247

逆の場合，つまり法律が連邦憲法裁判所によって合憲とされた場合には，問題が生じる可能性がある。この場合，**あらたな裁判官の移送は既判力ないしは法律としての効力によって（はじめて）排除されるが**，もっとも，規範統制判決についても存在する既判力ないしは法律としての効力の限界内においてのみである（→ただし，Rn. 656 ff.）。

C．具体的規範統制　*119*

248

　このような**限界は客観的な観点**において以下のようなことにある。すなわち，このような消極的な訴訟要件の効果は，以前の手続きにおいて憲法裁判所の判決の対象となったまさにその法律についてのみ及ぶということである。類似の法領域あるいはこれに対応するラント法上の規律複合において法律が**たんに内容的に類似していることあるいは同様である**というだけでは，新たな審査を排除するための効果にとって**十分ではない**。

249

　くわえて，あらゆる判決は常に判決時における事実状況および法状況についてのみ拘束力をもって確認することができるという，既判力および法律としての効力の**時間的限界**も立ちふさがる。それゆえ，**憲法上のあるいは連邦法上の基準となる規範が時間とともに変化した場合**には**新たな移送**が可能となる。このような変化は，特に明示的な改正法律によっても生じうるが――またとりわけ長い時間的な隔たりがある時には――**規定の意味の変遷**によっても可能となるべきである。これと並んで**事実の変化**が一定の役割を果たす可能性がある。すなわち，いずれにせよ，法律の憲法適合性を判断するためには，具体的な個々の事例を離れて，当該法律が関連する重要な一般的な社会的状況に関わる変化が問題となる（BVerfGE 109, 64 [84] 参照）。さらに→ Rn. 251。

７．適法な移送

250

　連邦憲法裁判所法80条2項1文は，同法23条1項2文第2肢による手続開始の申立ての一般的な理由づけの要件を，次のように詳細に規定する。すなわち，その理由には，裁判所の判決がどの範囲で法規定の有効性に依拠しているのか，およびその法規定がどの上位の法規範に不適合なのかが述べられなければならない。このような**裁判所の理由づけの要請**は，連邦憲法裁判所によって

120 第2部 連邦憲法裁判所の手続類型

部分的に非常に拡大して取り扱われている。すなわち，とりわけ，連邦憲法裁判所は，移送裁判所に対して，判決にとっての必要性について（→ Rn. 226 ff.），**判例と学説**において展開された，移送問題にとって重要な見解を**考慮すること**を要求するのである（BVerfGE 136, 127 Rn. 44）。それ以上に，基準となる規範違反の確信（→ Rn. 241）についても，これについて基準となる考慮が後付け可能な形で，そして，再度文献と判例，特に連邦憲法裁判所のそれを考慮して（BVerfGE 136,127 Rn. 45），十分に示されることが要求される。もっとも，憲法適合性の包括的な審査を開始するためには，1つの憲法侵害だけでもこのような形で理由づけられていれば，これで十分である（BVerfG, DStR 2016, 359, Rn. 31）。この領域における瑕疵については，しばしば部会決定が用いられる。この部会決定は，法81条にしたがい，全員一致の決定で申立ての不適法性を確認することができる。以上のような理由づけのほかに，法80条2項はその2文において，さらに原審の訴訟書類を添付することを要請している。

251

　裁判官の移送についての特別の理由づけの要請が妥当するのが，基本法と適合する（ないし連邦法と適合する）とすでに宣言された法律が関わる場合である。**あらたな移送**では，なぜ以前の判決の確定力が新たな事案の審理と抵触しないのかについて詳細に理由づけられなければならない。移送裁判所が新たな事実，すなわち，連邦憲法裁判所の判決が下された後にはじめて生じたか，あるいははじめて認識された事実に依拠する場合には，基本法100条1項に基づく移送は，（連邦憲法裁判所法31条1項に配慮して（→ Rn. 663 ff.））それが以前の判決の理由に基礎をおく場合に限り，適法なものと解される（BVerfGK 3, 285）。

Ⅲ．手続きの進行

252

　その後の手続きの進行に関し，連邦憲法裁判所法 82 条において，若干の関連する規律がある。第一に，法 82 条 1 項が法 77 条を準用することを指示していることから，連邦憲法裁判所はそこで挙げられている**憲法機関に意見表明の機会**を与えなければならないということが導かれる。法 82 条 2 項はこれに加えて，これらの憲法機関が手続きのあらゆる段階において参加することができ，これによって手続きの**訴訟関係人という地位**（→ Rn. 66 ff.）を獲得するという可能性を認めた。法 82 条 1 項による意見陳述権が法 77 条において規律された基準に準拠してのみ存在するように，「第 77 条において挙げられた憲法機関」の参加可能性についてもまた，このような定式化にもかかわらず**法 77 条のさまざまな形に依拠して**区別されなければならない。これによれば，すべての場合に含まれるのは連邦議会，連邦参議院および連邦政府のみで，それに加えて連邦法規範の移送の際には，すべてのラント政府が加わる。さらに基本法 72 条 2 項および改正前の基本法 75 条 2 項の要件を充足しないことが問題となる場合には，すべてのラントの国民代表もまた考慮されることになる。移送がラント法律に関係している場合，3 つの連邦機関と並んで，関係ラントに限られるが，その国民代表および政府に権限が与えられる。

253

　これと並んで，移送裁判所の**原審手続の訴訟関係人にもまた意見陳述の機会**が与えられなければならない（連邦憲法裁判所法 82 条 3 項）。これは，規範統制手続の開始に際してこの関係人が特別な利害をもっていることによって根拠づけられる。しかし，これによって，原審手続の訴訟関係人が規範統制手続の訴訟関係人になるわけではない（→ Rn. 68）。法 82 条 4 項において規定されているように，連邦憲法裁判所は**連邦の最高裁判所および最上級のラントの裁判所**

122 第2部 連邦憲法裁判所の手続類型

に情報および法的判断を求めることができるが，これは，あらゆる裁判所が，その裁判権のヒエラルヒー的構造におけるその地位とは関係なく，直接に移送することができることとの一定のバランスを形作るものである（→ Rn. 204 ff.）。

IV. 判決の内容と効力

1. 判決の内容

254

判決の内容について，連邦憲法裁判所法81条は，連邦憲法裁判所が「**法問題についてのみ**」判断することを明確に示している。想定されるのは，審査される法律が基本法あるいは連邦法と合致しないがゆえに無効あるいは不一致であるか否かという問題である。これに対して，連邦憲法裁判所の判決は，移送裁判所によって開始された原審手続の対象には関連しない。むしろその判断は移送裁判所に留保され，連邦憲法裁判所によって下された規範統制判決に基づいて，その後行われる手続きにおいて自ら下さなければならない。その点で移送裁判所からみれば，連邦憲法裁判所の判決はたんなる中間判決である。

255

他方，判決内容は具体的規範統制手続においても，解明された法問題の**原審手続**に対する意義を**超えて**示す。このことは連邦憲法裁判所法82条1項が法78条の準用を命じ，これによれば判決は抽象的規範統制手続と同様の内容をもつことからも明らかである（→ Rn. 158 ff.）。

2．判決の効力

256

　同様のことは，再び連邦憲法裁判所法 82 条 1 項に基づき，ここでは法 79 条と結びついて，無効であるとされた法律に基づいて下された裁判所および行政庁の**取り消すことのできない判決・決定**についての規範統制判決によって生じる**効力**についても妥当する（→ Rn. 173 ff.）。

257

　加えて，連邦憲法裁判所法 31 条 2 項 1 文によれば，具体的規範統制手続における判決もまた**法律としての効力**をもつ。それゆえ，移送裁判所のみがその係属された原審手続において連邦憲法裁判所の当該判決を基礎に置かなければならないだけではなく，また，同じ規範を適用しなければならないすべての裁判所も，既判力と法律としての効力（→ Rn. 656 ff.）の限界に留保して，移送された規範の有効性に関して連邦憲法裁判所によって下された判決をその後の判決の基礎とすることが義務付けられている。

V．部 会 決 定

258

　1993 年以降，憲法異議だけではなく，具体的規範統制の場合にも部会決定の可能性がある。したがって，連邦憲法裁判所はこのような手続様式においても一層増加した移送を部の判決を経ることなく処理することができるようになった（連邦憲法裁判所法 81a 条 1 文）。この規定によれば，部会は原則として法 80 条による申立ての**不適法を全会一致の決定**によって確認することができる。法 81a 条 2 文は，移送がラント憲法裁判所および連邦の最上級裁判所によって行われた場合には，部会決定の可能性を排除することによって，これらの裁判所の特別の地位に対する敬意を顧慮している。

124 第 2 部　連邦憲法裁判所の手続類型

C．具体的規範統制に関する確認問題

１．基本法 100 条 1 項の意味における裁判所とは何か。

２．行政官庁は，適用すべき法規範を違憲であるとみなした場合にはどのように対応しなければならないか。

３．裁判所は形式的意味の法律に対して廃棄権限をもつか。法律よりも下位にある法規範の場合にはどのように対応すべきか。

４．前憲法的法律は基本法 100 条 1 項の枠内において移送されうるか。

５．EU 法は基本法 100 条 1 項による移送の対象となるか。

６．基本法 100 条 1 項による移送にとって，裁判所がある法律の憲法適合性について疑念をもつことで十分か。

７．基本法 100 条 1 項の枠内において，判決にとっての重要性はどのように理解されるべきか。

８．裁判所は，基本法 100 条 1 項の要件があれば移送しなければならないか。

９．すでに他の裁判所が当該法律を連邦憲法裁判所に移送してはいるが，連邦憲法裁判所の判決がまだ下されていない場合もまた，その法律は移送されなければならないか。

10．すでにその有効性について連邦憲法裁判所の確定力ある判決が下されている場合，その法律はなお移送されるべきか。

解答は 323 頁。

参 考 文 献

Heun, Werner, Normenkontrolle, in: Festschrift 50 Jahre Bundesverfassungsgericht, Erster Bd., Verfassungsgerichtsbarkeit - Verfassungsprozess, 2001, 615; *Uhle, Arnd*, Verwaltungsgerichtliche Kontrolle von Gesetzesrecht?, DVBl. 2004, 1272; *Gärditz, Klaus Ferdinand*, Die bundesstaatliche Zuständigkeitsordnung in landesverfassungsgerichtlichen Normenkontrollverfahren, ZG 2003, 376; *Wernsmann, Rainer*, Konkrete Normenkontrolle (Art. 100 Abs. 1 GG), Jura 2005, 328; *Möller, Kai*, Verfassungsgerichtlicher Grundrechtsschutz gegen Gemeinschaftsrecht, Jura 2006, 91; *Streinz, Rudolf/Herrmann, Christoph*, Der Anwendungsvorrang des Gemeinschaftsrechts und die „Normverwerfung" durch deutsche Behörden, BayV Bl 2008, 1; *Desens, Marc*, Neid als Grundrechtsausübungsmotiv, AöR 133 (2008), 404; *Geis, Max-Emanuel/Schmidt, Oliver*, Grundfälle zur abstrakten und konkreten Normenkontrolle, JuS 2012, 121; *Thiemann, Christian*, Verfassungsbeschwerde und konkrete Normenkontrolle im Lichte des Unionsrechts, Jura 2012, 902; *Michael, Lothar*, Normenkontrollen - Teil 3, Fragen der Zulässigkeit: Konkrete Normenkontrolle, ZJS 2014, 356.

演習問題

Kelm, Torsten, Zu alt als Bürgermeister?, Jura 2001, 611; *Pleyer, Marcus* C. E, Die gesetzesändernde Änderungsverordnung, JA 2001, 226; *Krüger, Heike*, Grundgesetz versus SGB V, Jura 2008, 621; *Barczak, Tristan*, Sexualtäter auf Abstand, JuS 2012, 156; *Thiele, Philipp J.*, Der praktische Fall: Öffentliches Recht: Konkrete Normenkontrolle, Eigentumsgarantie - Nassauskiesung, VR 2013, 164; *Poschenrieder, Anna Sophie*, Sukzessivadoption und Ehegattensplitting - Gleichheit und die Ausgestaltung von Freiheit, Jura, 2015, 638; *Wienbracke, Mike*, Luftverkehrssteuer - Auf- oder Gegenwind aus Karlsruhe?, JA 2015, 604.

訳 注

1)　基本法100条1項：「裁判所が，判決・決定（以下，「判決」）に際してある法律の効力が問題となっている場合にその法律が違憲であると考えるときは，その手続きを中止し，かつ，あるラントの憲法に対する違反が問題となっているときは憲法紛争（Verfassungsstreitigkeiten）について管轄を有するラント裁判所の決定を，また，この基本法に対する違反が問題となっているときは連邦憲法裁判所の決定を求めるものとする」。

2)　当該規定が浸透規範であるとされると，ラント法として転換されることなく，ラントの権力を拘束する。

3)　1919年バイエルン憲法72条：「司法を担当する官庁は，その判決の際に適用すべき法律がドイツ帝国憲法の規定または他の憲法法律と矛盾していないか否かを審査する」。

4)　1946年バイエルン憲法65条：「憲法裁判所（Verfassungsgerichtshof）は法律の合憲性を判断する（92条）」。92条：「裁判官がある法律を違憲であるとみなした場合，裁判官は憲法裁判所の判断を求めなければならない」。

5)　基本法100条2文2肢：「このことは，……又は，ランドの法律と連邦法律との不一致が問題となっている場合にも，同様とする」。

6)　基本法100条1項2文1肢：「このことは，ラントの法によるこの基本法の違反

が……問題となっている場合にも，同様とする」。

7) 基本法100条1項2文：「このことは，ラントの法によるこの基本権の違反，又は，ラントの法律と連邦法律との不一致が問題となっている場合にも，同様とする」。

8) 本文で挙げられている連邦通常裁判所の決定（BGH, NJW 1998, 1957）では，民事訴訟法148条の類推適用により，手続きの中止が可能であるとする。民事訴訟法148条では，継続中の他の法的争訟の対象となる法関係の存否が当該訴訟の裁判を左右するものである場合には，手続きを中断することができるとしている。

D．規範確認手続

Ⅰ．法的根拠，機能および実務上の意義

259

　規範確認手続の**法的根拠**は基本法 100 条 2 項および連邦憲法裁判所法 13 条 12 号，および同 83 条以下に見いだせる。基本法 100 条 2 項の手続法上の規定は，同 25 条を明示的に引用している点で，同条の実体法上の規定と緊密に結びついている。たしかに歴史的な模範は 25 条に関して存在するが（とりわけワイマール憲法 4 条，また若干の初期のラント憲法において），しかし付属する憲法裁判所の決定権限に関しては存在しない。

260

　規範確認手続の意味は，ドイツにおいて効力を有する法の一部として認められた国際法の一般原則の存在の確認を可能にする点にある。一方でこの不文の国際法原則の存続と内容は大いに不安定性の要因となりうる。規範確認手続は，具体的規範統制と同様に（→ Rn. 198）一般の裁判所の原審手続に対する中間手続ではあるが，それが連邦憲法裁判所の裁判における**実務上の意義**をもつことは**ごく稀**である。たとえば，近時ではアルゼンチンの国家破産に関する若干の判決が存在する。

　　例：BVerfGE 118, 124 において連邦憲法裁判所は，私人に対して期日を迎えた私法上の支払請求の履行を，支払不能を理由に宣言された国家緊急事態を引合いに暫定的に拒む権限を国家に付与するという，国際法の一般原則が存在するか否かについて決定しなければならなかった。

Ⅱ. 特別の訴訟要件

261

　規範確認手続における訴訟要件は，直接的にはかなりの部分において基本法100条2項から明らかである。また連邦憲法裁判所法84条の指示に基づいて同法80条2項の規定が補完する。それにしたがって，個々の点については以下の要件が重要な役割を果たしている。

1. 移送裁判所

262

　裁判所は基本法100条2項に基づいて，連邦憲法裁判所の決定を求める権限を有し，かつ義務付けられている。ここにおいて同概念は基本法100条1項（→ Rn. 204 ff.）に基づく具体的規範統制手続における場合と同じ内容をもつ。

2. 裁判状況

263

　基本法100条2項は前段において，「ある法的紛争」の状況と結びついている。この概念はその語義によれば，被申立人に対する申立人の権利が問題となるような（→ Rn. 111）対審的紛争を指示する。しかし，まさにこの性格の裁判手続への限定は，規範確認手続の意味と目的によれば受け入れられない。むしろ「ある法的紛争において」という要件は，まさに基本法100条1項が「裁判において」という一般的な言葉で表現していることを意味せざるを得ないのである。それに従い**裁判権**行使における手続きが問題であることのみが重要となる（→ Rn. 227）。

D. 規範確認手続 *129*

3．疑義の存在

264

しかし基本法 100 条 2 項は，それが特定の法状況に関する裁判所の確信を必要とせず，ある法的紛争において取り扱われるべき問題が「疑わしい」のか否かということに当てはめているにすぎないという点では，具体的規範統制型と異なる。したがって，基本法は疑義の存在で足りるとする。この疑義は連邦憲法裁判所の視点からは，**移送裁判所にさえ存在する必要はない**。むしろ，根拠のある疑義が原審手続の当事者間において存在するだけでも，あるいはまた当該手続にとって重要な法的問題に関する文献において単に抽象的に表明されているだけでも，すでに十分に足りうる（BVerfG〔K〕, NJW 2012, 293〔295〕）。

4．存在する疑義の法的問題

265

この手続きにおいて解明されるべき疑義の内容は，**基本法 25 条に緊密に準拠した** 100 条 2 項で**明確に規定されている**。それらは 25 条で 2 つの別々の文で規定されている，2 つの側面に関連しうる。基本法 100 条 2 項は両者を後段において統合し，かつ外見上は「及び」によって付加的に結びつけているものの，基本法 100 条 2 項に基づいて移送を行うには**両者の側面はそれぞれ専ら単独で十分に足りうる。国際法上のある原則が連邦法の一部であること**，という第 1 肢に関しては，およそ国際法上のある原則の存在，さらにまた基本法 25 条 1 項の意味での「一般原則」としてのその性格が疑わしい可能性がある。国際法のある一般原則が存在するとしても，第 2 肢に関して独立に，この一般原則が自らの内容に照らして**個々人に対して権利と義務を生じさせるに適したものであるかどうか**が疑わしい可能性がある。

注：規範確認手続は，ある法原則の抽象的な確認として用いられるにすぎず，連邦憲

130　第2部　連邦憲法裁判所の手続類型

法裁判所によるそのような諸原則の具体的な事件への適用は，この手続きによっては成しえない（BVerfG［K］, NVwZ 2008, 878 f.）。

5．判決にとっての必要性

266

　連邦憲法裁判所法80条1項に基づく84条の指示がその点ではおよそ明確でないにもかかわらず，依然として連邦憲法裁判所が求めているのは，移送のためのきっかけを提供する疑義が，具体的規範統制で述べられた意味（→ Rn. 228 f.）において判決にとっての必要性をもっていることである（BVerfGE 118, 124 [132 f.]）。そうでなければ，連邦憲法裁判所に向けて提起された確認問題が**原審の対象との密接したいずれの内容的な結びつき**にも欠けることになろう。つまり移送裁判所はいずれも任意に，内容的に基本法100条2項に対応した問題を連邦憲法裁判所に向けることができることになってしまう。このような権限を〔一般の〕裁判所の地位と調和させることはできない。移送された問題について**判決にとっての必要性**が後に事情の変更を理由として**消滅**した場合，移送裁判所は移送決定を取り消すことができる。またそれによって中間手続（→ Rn. 260）として一般の裁判所の本案手続に係属した状態である（BVerfGE 117, 357 [358 f.]）規範確認手続は，終了する。

6．その他の要件

267

　連邦憲法裁判所法80条2項と結びついた84条に基づいて，移送には**理由が付され**（80条2項1文），さらに**記録が添付**されなければならない（2文）。連邦憲法裁判所法80条2項1文に対応した効力が意味するのは，当該理由が申し立てられた疑義の判決にとっての必要性に関連しなければならず，また当該国際法原則およびその存在に対する疑義が，判例および文献に基づく関連資料を

利用して説明されなければならないということである。すでに連邦憲法裁判所において同様の内容の事案が係争中である場合について，——したがって少なくとも通常は受け入れられるべき疑義（→ Rn. 264）であるにもかかわらず——専門訴訟法（民事訴訟法 148 条，行政裁判所法 94 条等）による（単なる）訴訟手続の中止は適法とされるべきであり，また追加移送は不要とされるべきである（BVerfGK 2, 51; しかしながら 基本法 100 条 1 項については→ Rn. 245）。

Ⅲ．手続きの進行

268

手続きの進行に関しては，連邦憲法裁判所の決定の前に連邦議会，連邦参議院及び連邦政府に意見陳述のための期限付きの機会を与えるべきであることが，連邦憲法裁判所法 83 条 2 項 1 文に規定されている。同規定の第 2 文は，これらの機関の**手続上の参加**の可能性を見込んでいる。連邦憲法裁判所法 82 条 3 項と結びついた 84 条に基づいて，**原審手続の当事者**の立場もまた具体的規範統制の場合と同様に形成される（→ Rn. 253）。

Ⅳ．判決の内容と効力

1．判決の内容

269

規範確認手続における判決の内容は，連邦憲法裁判所法 83 条 1 項において規定されている。それは上述した二つの**当該疑義の対象**に及ぶものであり，したがってつまりは国際法上の原則が連邦法の構成部分であるか，およびそれが直接的に個人に対して権利と義務を生じさせるかという点に及ぶのである。移送の内容に応じて当該判決は上述の二つの観点の一方にまで限定されることもありうる。当該**確認**は，まったく一般的に**主張された法的状況が存在している**

か否かに関連付けられるので，場合によっては国際法のある原則が連邦法の構成部分ではない，またはそのような原則が個人に対して直接的に権利および義務を生じさせないという確認もまた可能である。

270

　同数投票の場合の判決内容が判決を行う部でどのようになるのかは，必ずしも明らかでない。いずれにせよ基本法またはそれ以外の連邦法に対する違反は原則的に問題とはならないので，連邦憲法裁判所法15条4項3文の対象とはならない。他方において疑義の明確化に限定された移送の場合には，判決言渡機関において必要な多数に達しないときに棄却される可能性のある申立てを欠いている。事情の変更が常に過半数を必要とするという原則もまた，もはや役に立たない。なぜならばこのことは，ある国際法原則の存在および効力についての肯定的な確認の場合にも，これがたとえばその時まで圧倒的に認められてきたときに否定された場合にも該当しうるからである。他方において連邦憲法裁判所が過半数の欠如により決定を下さないことはほぼ許されない。

２．判決の効力

271

　判決の効力は第一に，連邦憲法裁判所の行った確認が原審手続における移送裁判所によってその裁判の際に基礎とされねばならないことにある。

272

　さらに連邦憲法裁判所法31条2項1文を通じた規範確認判決についてもまた，法律としての効力が（一般的に→ Rn. 661 ff.）問題となる。すなわちこれは，連邦憲法裁判所が確認した当該国際法原則の存在および個別的効力に関する——法律としての効力の一般的限界を留保して——**一般的に拘束力を有する**ということを意味する。

D．規範確認手続に関する確認問題

1．同手続は基本法のどのような実体的規定に関わっているのか。

2．基本法 100 条 2 項の意味の疑義は，移送裁判所自体に存在しなければならないのか。

3．規範確認手続において下される決定はどのような効力をもつのか。

解答は 325 頁。

参 考 文 献

Ruffert, Matthias, Der Entscheidungsmaßstab im Normverifikationsverfahren nach Art. 100 II GG, JZ 2001, 633; *Sachs, Michael,* Rechtsnatur des Verifikationsverfahrens nach Art. 100 II GG, JuS 2008, 1117.

E. 規範の性格付け手続

I. 法的根拠，機能および実務上の意義

273

いわゆる規範の性格付け手続の**法的根拠**は基本法126条，連邦憲法裁判所法13条14号，86条〜89条にある。この手続きの決定的な実体法的基準点は，まずは基本法123条により引き続き効力があるとされる旧法の連邦法またはラント法としての性格を規律する基本法124条，125条である。後述の規制された法の継続的効力の事例に対する妥当性は問題が無いわけではない。（→ Rn. 275）

274

当該手続に**憲法史上**具体的なモデルはない。

275

当該手続の**趣旨**は，継続して効力のある法的規範が連邦法（あるいはラント法）に属するかどうかという問題のすべての面で拘束力ある解決を可能とすることにある。これは特にラントの規制可能性にとって意味がある。当該手続の**実務上の意義**は，とりわけどの範囲で継続的効力のある法が法秩序内で見いだされるかにかかっている。1949年9月の第1回連邦議会招集より前から継続的効力のある法規範の割合は，憲法制定後の立法者の数十年の活動によってどんどん減っている。他方で，1990年以来，統一条約9条，特に4項に基づき継続的効力を持つドイツ民主共和国の法の性格付けについて問題が提起されうるが，これは基本法126条の文言ならびにその目的によってカバーされる全く

E．規範の性格付け手続　*135*

類似の問題である。これに対して，1994 年，2006 年に挿入された基本法 125a,
b 条，ましてや 125c 条にいたっては，継続的効力ある規範が連邦法あるいは
ラント法へ帰属するかの疑義は生じない；したがって，（その限りでまったく「体
系的」ではない）その位置にもかかわらず，基本法 126 条はその限りで介入す
る余地はない。（旧版との相違点；全体として説得力あるといえるのが von Coelln, in:
Maunz u.a.［→ Rn. 11］，§ 86 [2010] Rn. 20 ff. m. w. N)。関連の裁判を連邦憲法裁
判所はわかる限りではこれまで処理していない。

Ⅱ．特別の訴訟要件

276

基本法 126 条は一般的な方法で規定されているため，それ自体は当該訴訟要
件に非常に限られた手がかりしか与えられない。連邦憲法裁判所は「意見の相
違」との広範な結びつきに基づき，1 つは抽象的規範統制，他方は具体的規範
統制を模した同時に **2 つの手続類型**を提供する結論を導き出した。

１．統一的な要件

277

どちらの手続類型にとっても，**「法」**の連邦法としての性格付けが問題でな
ければならないという条件は一貫している。法の概念は，抽象的規範統制の場
合と同様に，どの効力レベルであろうとすべての法規範を意味する。とりわ
け，移送手続においても**形式的な法律に限定されない**。むしろ，法規命令や条
例（Satzung）の性格付けも連邦憲法裁判所に持ち込まれうる。これに対して，
「引き続き効力がある」法との関連ゆえに，**前憲法的法規範のみが**（→ Rn. 133,
217）考慮の対象となる。

278

その他，基本法126条の手続きは，細部は異なるものの連邦憲法裁判所法86条の詳細な定めにより，引き続き効力を有する法の連邦法的性格についての「意見の相違」にのみ基づくことができ，引き続き効力があるかどうか自体の疑いに基づくことはできない。さもなくば，基本法126条により，規範統制の例外的な形式が前憲法的法（権利）に開かれることになり，それは基本法93条1項2号と100条1項の関係同様，基本法124条，125条との関連に適合するものとはいえない。

2．抽象的手続の類型

279

抽象的規範統制にならった申立手続の訴訟要件は，連邦憲法裁判所法86条1項，87条にある。

280

申立権は連邦憲法裁判所法86条1項によると連邦議会，連邦参議院，連邦政府およびラント政府にある。最後の文言は，決して合同でというのではなく，個々のラント政府すべてが申立権を有するとして理解されうる。（連邦憲法裁判所法87条1項「ラント政府の……申立ては」も参照）。

281

問題となるのは，連邦憲法裁判所法87条1項で設定された**必要性**の要件である。「意見の相違」を規定する基本法126条の非常に広い文言にもかかわらず，この憲法上の基準は，純粋に理論的な解釈の相違で十分であると理解することはできない。したがって法律による規律は許される範囲になおとどまっているといえよう。他方で，注目に値するのは，この要件が**連邦議会の申立て**には必要とされていないことである。これに応じて1項で言及された要件を鑑み

E. 規範の性格付け手続　*137*

ると，申立理由に対する連邦憲法裁判所法 87 条 2 項の特別な要件も連邦議会
による申立ての場合には及ばない。

282

　抽象的規範統制について述べたこと（→ Rn. 153 f.）と関連して，最後に，**ラ
ント政府**の申立ての場合には**特別な解明の利益が**ラント政府にとって必要ない
かどうかは検討しなければならない。これは，たとえば連邦法としての性格が
疑問視されている法規範が少なくとも申し立てているラント政府のラントに対
しても決定的な法的効果を命じる場合に現れる。

3．具体的手続の類型

283

　具体的規範統制（→ Rn. 194 ff.）を範とする裁判所による移送手続の訴訟要件
は，連邦憲法裁判所法 80 条と結びついた 86 条 2 項，及び 82 条と結びついた
88 条からもたらされる。連邦憲法裁判所法 86 条 2 項により直接に，連邦憲法
裁判所法は**裁判所のみに移送権限を与えている**。；この〔裁判所の〕概念はこ
こでは具体的規範統制の場合と同様の内容をもつ。〔具体的規範統制の場合と〕
一致した意義を，移送が「裁判手続」から始めなければならないという連邦憲
法裁判所法 86 条 2 項の文言も有している。しかしながら，基本法 126 条で用
いられている「法」という広い概念を鑑みると，「法律」と明文で規定する連
邦憲法裁判所法の文言は，具体的規範統制の手続きとは異なり，**形式的法律に
限定されるべきではない**。

284

　他方，具体的規範統制の場合同様，連邦憲法裁判所法 86 条 2 項の**判決にと
っての必要性**の要件が理解されねばならない。問題が「争われて」いなければ
ならないという基準が追加されているが，これは意見の相違が関係人と原手続

138 第2部 連邦憲法裁判所の手続類型

の当事者との間で存在しなければならないという必要性を示唆するように思われる。しかしながらこれに対して，規範の連邦国家的規範構造への位置づけを拘束力をもって明確にすることにある性格付け手続の意義と目的は，原手続の当事者がその限りでさまざまな法解釈を主張しているかどうかということとは別なのだと反論される。したがって，BVerfGE 4, 358 (369 f.) とともに，移送する裁判所が規範の性格付けに関する真摯な疑いを持っているかどうかが重要だとみなすことができよう。

285

連邦憲法裁判所法 80 条の準用の命令は，それによれば一方では　連邦憲法裁判所の裁判が「直接」その時係属中の裁判所によって求められる（連邦憲法裁判所法 80 条 1 項）こと，他方で連邦憲法裁判所法 80 条 2 項の形式要件（理由及び記録の添付）に及んでいる。

Ⅲ．手続きの進行

286

手続きのその後の進行について，連邦憲法裁判所法 **88 条中の 82 条の参照**は重要である。具体的にいうと，これらは憲法機関の意見表明と手続きへの可能性，原手続の関係人の聴聞および最上級の裁判所の意見の入手の可能性に関係している（→ Rn. 252）。

Ⅳ．判決の内容と効力

287

連邦憲法裁判所法 86 条 2 項により連邦憲法裁判所への移送の対象を形成する問題は，「法律が連邦法として引き続き効力を有するか」という法律上の文言である。このことは——基本法 126 条のように——肯定も否定もされうる連

邦法としての**性格付け**に関連がある。可否同数における裁判の内容には規範確認手続（→ Rn. 270）と同様のことが妥当する。

288

　これに対して，この手続きにおいて**そもそも規範が引き続き効力を有するか****ということについても**裁判できるということを前提としている連邦憲法裁判所の実務は問題がないわけではない。たとえば基本法 124 条以下の規定により連邦法に参入される可能性のある規範の実体的な違憲性の事例において，裁判は結果として問題の規範が連邦法として引き続き効力をもたないと確認しなければならないだろう。それによって規範の性格付け手続は同時に付随的に**規範統制手続の効果**をもつことになる。このことは訴訟経済的には意義のあることかもしれないが，当該手続の特別な目的設定には適っていない。

289

　しかしながら，性格付けの問題における判決にとっての必要性という要件があることにより，基本法との実体的な不適合性ゆえに基本法 123 条 1 項により**引き続きの効力をもたない規範の場合には**，基本法 126 条の手続きで**本案判決が出せない**という結果となる。だが，裁判所やその他の法適用者は，前憲法的規範が基本法違反だと付随的にでも確認された場合には，少なくとも実際には連邦憲法裁判所のこの立場を採用する傾向がある。

290

　引き続き効力を有する規範を連邦法として**性格付けることに関する本案判決**になれば，この判決は連邦憲法裁判所法 31 条 2 項により**法律としての効力を**もち，したがって一般的な拘束力を有する。連邦法かラント法への帰属にとって決定的な要件は判決の時点ですでに完結的に定められているので，この手続きにおいては法律としての効力の時間的限界は存在しない（→ Rn. 657）。移送手続において判決が下された限りで，このことは移送裁判所が連邦憲法裁判所

140 第2部 連邦憲法裁判所の手続類型

による性格付けを自己の裁判の根拠とするという原手続のための特別な効力と一致するのである。

■ E．規範の性格付け手続に関する確認問題

1．基本法のどのような実体的規定がこの手続きに関連しているか。

2．どの種類の憲法上の手続きを規範の性格づけ手続の規定（規律）は範としているか。

3．連邦憲法裁判所は規範の連邦法としての性格付けの問題についてのみ決定するのか，それともそれに加えて規範が引き続き効力を有するかについての決定もするのか？

解答は 325 頁参照。

F．機関争訟手続

I．法的根拠，機能および実務上の意義

291

　機関争訟手続（Organstreitverfahren）の**法的根拠**は，基本法93条1項1号ならびに連邦憲法裁判所法13条5号および63条ないし67条にみられる。

292

　この手続きの**歴史的なモデル**は，既に19世紀初頭において，個々の領邦レベルで存在した。**連邦レベルでは**，この伝統は，**1849年のパウル教会憲法126条b項**の規定に限られ，同様の手続きを知っていたといえるが，当事者がそれに応じた合意をした場合にのみ実施されるものであった。

293

　機関争訟手続の**意味**は，一つには，**憲法紛争の法化**にある。これによって，重要な政治権力間の紛争について，他の方法では避けられない権力手段を用いることなく解決する可能性が生まれる。それぞれより強い側の主張に対する代替策として，機関争訟手続は，同時に，政治的少数派の保護の機能を果たしている。最後に，機関争訟手続は，とりわけ憲法機関相互の権利義務に関する重要な諸規定について，憲法自身を守るものである。

294

　実務において，機関争訟手続の**意義**は，多様に発展してきた。とりわけ**立法手続**との関連で，抽象的規範統制に大きく取って代わられている。これはひと

つには，抽象的規範統制手続の方が訴訟要件（この申立権者については，Rn. 118 ff. を参照）を満たすことが容易であることも一因である。

注：たとえば，個々の州政府は，連邦法制定における連邦参議院の関与権が侵害されていることを理由に，基本法93条1項2号によって連邦憲法裁判所に申し立てることができる。

さらに，抽象的規範統制は，非難されている法律について，あらゆる種類の憲法違反がないかを包括的に再審査することにも開かれており，最終的に，当該法律について法律としての効力をもった決定に至る。

295

連邦議会と連邦政府の間の対立に関する機関争訟手続は，ほとんど意味をもたない。というのは，議院内閣制において，連邦政府は，原則として議会の多数によって支えられており，議会の多数派は，想定される連邦憲法裁判所への申立てについても判断しなければならないからである。

296

機関争訟手続の**実務上の重要性**は，それゆえ，他の場面で明らかになる。まず，**少数派が，自らの地位**を防御する方法を模索する紛争に意味がある。さらに，特に連邦議会については，議会自身が，――とりわけ議院内閣制における多数派の比率の重要性を考慮して――自らの権利を守る準備が整っていない場合，少数派が，連邦議会という機関の一部としてこの機関全体のために，争訟を争う可能性が重要である。最後に，議論の余地がある判例の展開として，**機関争訟手続**は，連邦憲法裁判所に対する**政党の特別の権利救済手続**であることが示唆されている。

Ⅱ. 個別の訴訟要件

297

機関争訟は，**対審手続**（→ Rn. 111）であり，そこで手続当事者は相互に，互いの権利と義務の範囲またはその侵害もしくは危険について争う。この手続きの性質は，個別の訴訟要件の一部に組み込まれている。

1. 当事者能力と訴訟能力

298

機関争訟は，申立人と被申立人との間の対審手続として進められ，両者とも当事者能力がなければならない。連邦憲法裁判所法 63 条は，そこに列挙された特定の機関のみが，申立人と被申立人となりうるようにこれを規定している。したがって，当事者能力は，一般的な要件であり，すなわち**具体的な訴訟物から切り離された要件**であり，それによって原則としてそれぞれの事件内容の詳細とは無関係に審理することができるし，そうでなければならない。

299

連邦憲法裁判所法 63 条は，当事者能力がある機関として，まず連邦機関，すなわち連邦大統領，連邦議会，連邦参議院および連邦政府を挙げている。この**列挙は，この点で限定的であることを意味している**（同条の冒頭の「のみ」とされていることを参照）。

300

これに対して，**基本法 93 条 1 項 1 号**は，その些か複雑な規定にもかかわらず，連邦最高機関間の紛争をすべて含むことを意図していることが分かる。これに対して，連邦憲法裁判所法 63 条の列挙が，**不完全**である限り，すなわち

144 第2部　連邦憲法裁判所の手続類型

他の**連邦最高機関**が規定されていない限りで，連邦憲法裁判所法63条にもかかわらず，同法93条1項1号の根拠に基づいて直接的に**当事者能力**が付与されていることによって，この不完全さが補われている（BVerfGE 136, 277 Rn. 59）。この規定は，連邦最高機関の規則への指示が示しているように，連邦最高機関の一部を他の当事者とみなしている（Rn. 305 参照）。

301

　連邦最高機関の概念は，基本法において，詳細には定義されていない。それでも，この文言は，連邦機関でなければならないこと，また，（最高機関として）他の機関には従属しないことを明らかにしている。同時に，基本法93条1項1号が憲法上の伝統と結びついていることは，連邦の憲法機関でなければならないことを明白にする。したがって，基本法自身に規定されており，憲法によって規律される政治生活の過程にとって本質的な意義がある機関だけが，問題となる。この**要件**は，とりわけ以下の場合に**満たされる**。

—基本法54条3項ないし6項における**連邦会議**（BVerfGE 136, 277 Rn. 59：またその終了後の継続的な当事者能力については同 Rn. 60)。このことは，連邦大統領に関する章において規定され，また，その任務が限定されているため（連邦大統領の選出），見過ごされてきた。
—基本法53a 条による**合同委員会**（Gemeinsame Ausschuss）。この憲法機関は，後からようやく基本法に組み込まれたが，連邦憲法裁判所法63条がそれに合わせられることはなかった。

302

　基本法に規定されている他の連邦機関の場合，憲法機関と同時に，連邦**最高機関**に数えられるかどうかは**疑問がある**。このことは，たとえば，以下のものに当てはまる。
—基本法88条1文による**連邦銀行**。この連邦機関が有する（または，欧州中央

F．機関争訟手続　*145*

銀行が導入されるまでは有していた）広範な権限にかかわらず，連邦銀行の地位は，他の連邦の最高機関，特に連邦政府から，憲法上の機関として必要な独立性を付与する形で，立法者がはじめて形成したものであったため，おそらく憲法機関としての性質は有していないと思われる。しかし，その後，基本法88条2文によって，変更されたとも考えられる。したがって，連邦銀行が，欧州中央銀行システムに組み込まれていることを考慮すると，連邦最高機関に分類されるかは疑問が残る。

―基本法114条2項に基づく**連邦会計検査院**。連邦会計検査院は，特に，連邦議会や連邦参議院に対するのと同様に，連邦政府に対する補助機関に過ぎないという点で，憲法機関としての性質が否定されている（基本法114条2項2文参照）。さらに，連邦会計検査院の権限は限定的であり，この点に関して，監査を実施し，報告する権限を有するだけで，意思決定権はないため，連邦最高機関としての性質には疑問がある（ラント会計検査院の当事者能力については，NRWVerfGH, NVwZ 2012, 631 f.；SAnhLVerfG, NVwZ 2016, 527）。

―基本法95条1項による**連邦の最上級裁判所**。これらの裁判所は，その判決が法律の様々な分野に大きな影響を与えるにもかかわらず，実際の憲法上の範囲の要素に含まれないため，連邦最高機関から除外されている。

―基本法95条2項による**裁判官選考委員会**。これは，連邦最高裁判所の裁判官を選出するだけなので，連邦最高機関の範囲から除外されており，連邦最高裁判所も憲法機関とはみなされていない。

303

しかし，憲法生活における他の当事者は，連邦最高機関とみなすことができるにもかかわらず，**機関争訟から除外された**ままである。このことは，以下のものにあてはまる。

―**連邦憲法裁判所**自身は，公平な裁判所として，自らの権限に関する紛争について決定することができないからである。

―**共和国の国民**。たとえ，選挙において（基本法29条において住民投票も部分的

146 第2部 連邦憲法裁判所の手続類型

に）国家の意思形成に重要な決定を下すとしても，行為能力のある組織的な団体を構成しないため，機関争訟手続にそれ自体は参加することはできない。この国民が除外されていることについては，能動的地位たる政治的基本権に関しても認められる個別の基本権主体の憲法異議の可能性や，選挙審査抗告という特別の手続き（→ Rn. 468 ff.）によっても，少なくとも部分的に補われている（→ Rn. 458 ff.）。

304

連邦最高機関に加えて，基本法93条1項1号は，機関争訟に**「他の関係諸機関」**が訴訟参加することを定めている。基本法または連邦最高機関の規則（Geschäftsordnung）において，それらに独自の権利が賦与されていることが要件である。この憲法上の規定と比較しても，**連邦憲法裁判所法63条**の類推拡張は，二重の意味で不完全なままである。

305

連邦最高機関の規則について言及していることが示すように，基本法93条1項1号も，機関争訟手続の他の当事者を主として**連邦最高機関の一部**とみなしている。連邦憲法裁判所法64条1項は，明らかに，機関の一部とはある機関に「属している」ことを指している。したがって，機関の一部とは，主として，その構成員，下部機関，補助機関を指す。しかし，憲法上の規定がすべての連邦最高機関の一部を対象とするのに対して，連邦憲法裁判所法63条は，（おそらく）連邦議会と連邦参議院の一部だけを対象としている。

　注：連邦議会の一部（詳細は Rn. 308）とは対照的に，**連邦参議院**のそれは，これまで実質的に何の役割も果たしてこなかった。この点で，連邦参議院の個々の議員およびひとつのラントから委任された議員が考慮されるが，ラントそれ自体や，さらに，連邦参議院の議長，委員会，特別少数派（基本法52条2項2文に基づくもの）も考慮に入れられない。

F．機関争訟手続　*147*

306

　さらに，**他の合議機関の一部**，すなわち連邦政府，連邦議会（BVerfGE 136, 277 Rn. 61）および合同委員会の一部は，基本法または規則で規定されている限りで，基本法 93 条 1 項 1 号から直接的に当事者能力があると考えられる。

　　注：この争訟で争われるのは，基本法から導かれる権利のみであるにもかかわらず，単なる規則権限を有する機関の一部を機関争訟手続の当事者として認める**意義**は，このように機関の一部が，連邦憲法裁判所法 64 条 1 項に基づく，いわゆる**訴訟当事者**としての地位によって，その機関全体の権利を主張する機会を与えられることにある（詳細は，Rn. 330 ff.）。とはいえ，最初から機関の一部という概念を，訴訟上の地位を有する者のみを対象とする狭義に理解するのは説得力がなく，問題は個別の事情に応じてより適切に処理されなければならない。これらの結論とは無関係に，当事者能力において唯一の決定的な要因は，ある機関の部分が少なくとも規則制定権の主観化された法的地位にあるか否かである。BVerfGE 136, 277（61 f.）は，連邦会議の一部について，連邦大統領選挙法から導かれる権利について言及しているが，これで足りるかどうかは疑問であり，少なくとも類推が必要である。

307

　連邦政府の場合，**連邦首相**または**連邦大臣**（明確に基本法 62 条において「から成る」と規定する）のように，基本法の下で独自の権利を有する機関の一部は，これらの権利に関わる他の関係人と全く同等な関係人である。この点で，独立した連邦最高機関に分類されるかどうかは，関係ない。しかし，専らこのように扱われた場合，連邦憲法裁判所法 64 条 1 項によって，その機関の一部として連邦政府を代表して訴訟を行う可能性が奪われることになる。このことは，もちろんいずれにしてもこれまで実務上は特に意味をもつものではなかった。

308

　実務上重要とされてきたのは，機関争訟における機関の一部の当事者能力について，とりわけ**連邦議会の機関の一部**を考慮していることである。この点，基本法の規定だけでなく，議院規則も考慮し，個々の連邦議会議員（厳密には，

148　第 2 部　連邦憲法裁判所の手続類型

さらに注と Rn. 328, 333 を参照），議員による会派（「委員会において」とも規定される），（調査）委員会（(Untersuchung-) Ausschuss），その他の議員グループ，連邦議会議長，特定の権利を行使するためにのみ集まる少数派（たとえば，基本法 44 条 1 項 1 文に基づいて調査委員会の設置を義務的に要求することができる連邦議会議員の 4 分の 1，調査委員会の少数派については，Rn. 630）などがある[1]。

　注：**連邦議会議員**は機関の一部ではないとする見解が広く受け入れられてきたが，BVerfGE 117, 359 [367] は同時に，「あらゆる個々の議員は連邦議会の『一部』である」ことを認めている。したがって，このレベルでは，連邦議会議員は，連邦憲法裁判所法 64 条 1 項の訴訟当事者とみなされないことになる（→ Rn. 333）。そして，すべての面で認められる**自己の権利擁護のための機関争訟への参加は**，連邦憲法裁判所法 63 条においては規定されていないが，基本法 93 条 1 項 1 号の意味における（それ以外の）他の関係諸機関として分類されることによって保障されなければならない。しかし，これでは機関の一部という文言の意味に適合しているとはいえない。機関の一部が，連邦議会の「常設の下位部門」に限られるという前提（BVerfGE 2, 143 [160]）は，基本法 44 条 1 項に基づく申立権など特定の個別的権利に関してのみ集まる連邦議会議員のグループを，連邦議会のための訴訟当事者たる地位から排除することしか意味しない。いずれにしても，連邦議会議員の当事者能力は，基本法 93 条 1 項 1 号から直接導かれるとするのが正しい（BVerfGE 137, 185 Rn. 104）。連邦憲法裁判所法 63 条に該当するかどうか，すなわち，連邦議会の一部としての連邦議会議員が当事者能力を有するかどうかは，その限りで無関係である。

309

　基本法 77 条 2 項に基づく**両院協議会**は，たしかに個々の連邦機関の一部ではないが，連邦議会と連邦参議会の共同部分として，立法手続における重要性から，いずれにしても基本法 93 条 1 項 1 号にいう「他の当事者」であり，結果として機関争訟手続において当事者能力を有する（現在も BVerfG, JZ 2016, 88 Rn. 57〔BVerfGE 140, 115〕)。

310

　基本法 93 条 1 項に規定されている「他の関係諸機関」という文言は，連邦

F．機関争訟手続　*149*

憲法裁判所法 63 条の根拠となったように，最初から機関の一部に限定されるものではない。むしろ憲法上の規定は，憲法生活の他の要素も「他の関係諸機関」として考慮する可能性を開いている。連邦憲法裁判所は，設置当初から一貫して，**政党**についてこれを認めてきた[2]。

　注：ただし，政党は国家領域ではなく，社会領域に由来するものであり，ドイツ連邦共和国という法人の活動単位ではないため，連邦最高機関には分類されない。

311

　裁判所は，この場合，基本法 93 条 1 項 1 号の意味における他の関係諸機関は，**連邦の憲法機関と同様の地位**を占めなければならないとしている。したがって，ラントおよびラントの機関ならびにその一部は，この意味で，他の関係諸機関とみなすことはできない（被申立人については，BVerfGE 109, 275 [278]，申立人については，BVerfGE 136, 1 Rn. 17 ff.。また類推も認められない）。連邦機関についても，それが連邦最高機関と認められないのであれば（Rn. 302），他の当事者に分類するためには，これと十分に類似した地位であってもまた欠如しているおそれがあろう。政党の場合，国民の政治的意思形成に参加するという基本法 21 条 1 項 1 文に与えられた**特別な役割**によって，連邦憲法機関と同等性が与えられていると考えられる。

312

　基本法の下で発展してきた憲法体系において，政党の特別な政治的意義は明白であるが，**政党を機関争訟手続に含めることに意味があるかどうかは疑問の余地がある**。政党は，**国家組織の外**に位置付けられ，市民が自由に設立できるため，連邦最高機関との同等性は，当初から非常に限定的である（基本法 21 条 1 項 2 文参照）。

150 第2部 連邦憲法裁判所の手続類型

313

さらに，政党は，まさにその特別な憲法上の任務の中で，**非常に多くの国家当局と対立する可能性があり**，その際，他の私人と同様に，**一般の裁判所でこ**れを解決しなければならないことと少なからぬ**矛盾**が生じることになる。しかし，このような手続きにおいては，基本法21条を根拠に機関争訟の対象も形成する政党の権利がまさに争点となるのである。政党は，機関争訟に加え，自らに不利な行政官庁または裁判所による判断に対しては，権利救済の途を尽くした後に，**憲法異議**を申し立てることができるとするのが首尾一貫している。その際，政党が侵害された法的地位について，たとえ政党が憲法異議において基本法21条自体ではなく，単に基本権（多くは，基本法21条と結びついた3条1項—政党の機会均等）に基づくものであっても（Rn. 541ff.），具体的な事案で**被申立人**が連邦最高機関ではなく，連邦またはあるラントのその他の官庁であることよりも，〔機関争訟と憲法異議の〕違いは格段に小さい（また，Rn. 328）。

注：更なる違いは，政党は，その地位が基本法21条のみに基づくにもかかわらず，ラント憲法のレベルでは同様に憲法機関として，そのラント憲法上の法的地位に関する機関争訟をすることもできるとみなされていることにある。

314

いずれにしても何十年にもわたって一貫して維持されてきた連邦憲法裁判所の判例は，実務上決定的であるが，それによると，政党は機関争訟に「他の関係諸機関」としての当事者能力を有する。

構成に関する注：答案作成の中で当事者能力を検討する場合，いくつかの**出発点の状況**を区別しなければならない。連邦憲法裁判所における**訴訟**が現に**係属中**であり，連邦憲法裁判所の視点から訴訟要件が評価されるとしたら，申立人および申立人がその申立てにおいて指名した被申立人が当事者となりうるかどうかは，容易に検討することができる。しかし，多くの場合，事例問題は，まだ**裁判になる前の状況**に関するものである。この場合，申立人の観点から，事例に登場する者のうち，だれが適切にこ

の役割を担うかを考えなければならない。しかし、とりわけこのような場合、申立てがだれに対してなされるべきかが決定される前に、被申立人の当事者能力を検討することは、いかなる場合であってもできない。正しい被申立人、すなわち訴訟手続で争われている行為に責任を負うべき本案の被申立人が決定されてはじめて、その当事者能力を検討することができる。ただし、予め、複数の被申立人の候補の中から、当事者となりうる被申立人を選ぶ必要がある場合もある。このような場面では、正しい被申立人とその当事者能力の問題は、統一的に検討されなければならない。

315

ほとんどの訴訟手続と同様に（ただし→ Rn. 352, 367, 377)、**訴訟能力** (Prozessfähigkeit) に関する明文の規律はなく、そのため全体的な類推において一般的な手続法に依拠しなければならない (BVerfGE 77, 122 [132 f.]。一般論として、Rn. 57 f.)。一自然人によって機関担当者が担われる当事者においては（連邦大統領や連邦議会議員のように）、問題となるのは、**行為能力**と結びついた訴訟能力である (→ Rn. 520 ff.)。複数人で構成される機関（連邦議会、議会会派など）および政党の場合、問題となるのは**機関の正当な代表**である（政党については、政党法 11 条 3 項 2 文との関連で BVerfGE 135, 259 Rn. 30 f.)。

2．申立適格

316

連邦憲法裁判所法 64 条 1 項は、機関争訟の可能性を、申立人のいわゆる申立適格に結びつけている。この訴訟要件は、基本法 93 条 1 項 1 号の文言に明確な根拠はない。いずれにしても憲法の条文には「紛争」と明文で規定されている。この規定によって、この種の手続きが**伝統的な意味での憲法上の紛争**であることが明確になっている[3]。しかし、この手続きの特徴は、当事者同士が互いの権利義務について争うことにある。したがって、**連邦憲法裁判所法 64 条 1 項**は、憲法上規定された手続きの性格を明確にするものとして**疑いがなく**、また憲法上の要件を不当に狭めるものではない。申立適格は、相互に関連

152 第2部　連邦憲法裁判所の手続類型

するいくつもの要素がある。

a)　主張する
317

　連邦憲法裁判所法64条1項は，申立人がなにかを「**主張する**」こと，すなわち**一定の法的要求を申し立てる**ことを求めている。この要件の目的は，手続きを最初から自らの権利について争う者に限定することにある。この要件は，行政裁判所法42条2項によれば，行政手続において求める訴えにとって原則として求められる申立適格に完全に対応するものである。要件を限定する目的によって，だれでもいつでも実体なく行うことができる**単なる口頭での主張**は，連邦憲法裁判所法64条1項の意味における「主張する」には**足りない**。一方で，申立ては，事実の主張が正しければ，必然的に憲法違反が推定されるほどの十分な根拠がなければならないわけではない。むしろ，行政手続や憲法異議と同様に，申立人によって提起された**法的主張**が少なくとも**正当である可能性があるか**，または，どの観点によっても最初から排除されているわけではない場合に，満たされる（→ Rn. 562）。

　　注：連邦憲法裁判所は，一般的な訴訟法で用いられている用法とは異なり，この目的のために首尾一貫した主張または説明という語を用いている（BVerfGE 134, 141 Rn. 160 f.；135, 259 Rn. 33；BVerfG, NVwZ 2015, 1361 Rn. 58）。また，→ Rn. 562。

b)　申立ての対象
318

　申立人の法的主張は，申立ての対象（Antragsgegenstand）として「**被申立人の措置または不作為**」を明示する必要がある[4]。（被申立人の）あらゆる法的重要性のある行為を**措置**（Maßnahme）と捉えることができる。これには，特に，特定の法的結果をもたらすことを目的とした法律行為が含まれるが，単なる事実行為についても，他者の権利範囲に対する影響がある場合には，法的重要性

をもたらすこともある。

例：連邦政府の構成員の出席を要求する連邦議会の決定について，基本法43条1項。調査委員会を設置する決定について，基本法44条1項。基本法77条1項による**法律の議決**もこれに属する。連邦憲法裁判所は，この根拠に基づいて成立した「措置法律（Gesetz als Maßnahme）」に（おそらく不十分にしか）言及していない（BVerfGE 134, 141 Rn. 184. m. N；たとえば，結果については，Rn. 354 参照）。政府への質問に対する十分でない回答についても法的重要性がある（BVerfGE 137, 185 Rn. 105）。たとえば，連邦議会議長が，連邦議会規則（GOBT）36条2文に基づく正式の規則違反の注意の回数に至らないのに，発言者に対してその表現を控えるように促す場合，法的重要性が欠けるとされる（BVerfGE 60, 374 [380 ff.] 参照）。

319

　不作為（Unterlassen）は，ある行為を行う義務に違反する場合，法的重要性がある。

例：連邦議会議長が，連邦大統領の要求を受けた後に，連邦議会を招集しない（基本法39条3項3文）。連邦議会が，議員の4分の1が要求したにもかかわらず，要求された調査委員会を設置しない（基本法44条1項1文）。連邦政府が連邦議会に対してラントに対する連邦国家争訟を行う義務を負う可能性は，少なくとも連邦とラントの間に争いのある法的関係が存在し得ない場合には否定された（BVerfGE 103, 81 [86 f.]）。連邦憲法裁判所は，立法府による（政党に対する）単なる不作為が，機関争訟手続によって争うことができるかについて，まだ判断していない（BVerfGE 110, 403 [405]）。しかし，いずれにしても，立法機関が内容について提案を処理した場合，立法提案の拒絶は適切な申立ての対象に該当する（BVerfGE 120, 82 [97 ff.]）[5]。

c)　基本法上の権利の侵害または危険

320

　申し立てられた被申立人の行為は，基本法に基づく申立人（または申立人が所属する機関）の主観的権利の侵害または直接の危険に至るものでなければならない[6]。**侵害**は，基本法に違反して当該権利の制約が既に生じている場合に存在し，**直接の危険**は，権利の侵害が将来予想され，これについてさらに被申立

154 第2部 連邦憲法裁判所の手続類型

人または第三者の行為があることを必要としない場合に存在する。

321

被申立人の争われた行為は，客観的に（おそらく）違憲であるだけでなく，**主観的権利**を侵害する可能性がなければならない（一般的な憲法監督に明示的に反対するものとして，BVerfGE 100, 266 [268]；134, 141 Rn. 175)[7]。公法全体にとって重要な意味をもつ**保護規範論**によれば，法規範が客観的に権利主体を優遇し，この優遇を実現することも意図しており，同時に利益を受けた者が，自分に与えられた法的地位を自らのものとして主張できるように設定されている場合には，主観的権利が想定されていることになる。要約すれば，それぞれの法規範は，権利主体に主観的な権利を保障するという目的をもたなければならないという趣旨で定式化されている。法規範のこのような意味は，特に基本権規定においてよくみられるように，その中で基礎付けられた主観的権利を明文で取り上げられている場合には，その文言から直接導かれることがある。客観法的にのみ規定される規範においては，対応する**目的は解釈によって**決定されなければならない。

例：BVerfGE 114, 107（115）は，基本法68条に違反する議会の解散によって連邦議会に代表されない政党の自らの権利が侵害されることを否定している。この規定は，これらの政党の選挙のための十分に長い準備期間を保障するためのものではないからである。BVerfGE 126, 55（74）は，基本法87a条2項からは，連邦議会に有利となる権限保護効果を導いていない。BVerfGE 136, 277（305 f.）は，連邦会議のための選挙審査の体系において，連邦議会議員に組織上の権利はないとみている[8]。

322

機関争訟の文脈では，個人間の法律関係の問題ではなく，ドイツ連邦共和国という**ひとつの同じ法人格の機関**間の問題である以上，**主観的権利**の理解は，最初から**相対化**されなければならない。主観的公権という概念は，その出発点において，異なる法人格間の法的関係を指しているが，本来は，こうした内部

の法的関係には適合しない。しかし，連邦憲法裁判所法64条1項および93条1項が，それにもかかわらず，全く予断なく機関の権利と定めるとき，それは内部の法的規定に基づいて存在する同一法人格の機関の主観的地位を意味している。

323

　基本法93条1項1号，連邦憲法裁判所法64条1項が，権利と並んで，訴えられるべき侵害の対象として考えられる機関の義務にも触れていることについて，機関争訟手続を主観的権利侵害の主張と関連づけることから逸脱しているように思われるが，これは見せかけにすぎない。この文脈で義務も含まれていることは，機関間の紛争で問題となっている内部の主観的権利の特別な性質を表現しているに過ぎない。これらの権利は，私人の真正の主観的権利の場合によくあるように，その行使が専ら権利者の利益のためにあり，完全にその裁量に委ねられるものではなく，むしろ機関の組織の領域における権利は，公共の利益のために行使されるようにそれぞれの権利主体に移譲されており，それゆえ権利行使が同時に義務の履行となるのである。反対にいえば，**機関の義務の**移譲は，この義務を自分の責任で（しばしば）独占的に行使することができる**権利付与の要素**を含む。もし，憲法機関が，自らに与えられた義務の遂行を妨げられた場合，したがって，この義務に関して当該機関に認められる主観的な権利も同時に侵害される。

324

　連邦憲法裁判所の判例によると，たとえば，政党への献金の税額控除に関する法律において，基本法21条1項から生じる組織上の権利が制限される場合，または，連邦政府がミサイル配備に同意することが法律で禁止されている場合など，法令の規定の内容如何によっても**権利侵害**が起こりうる（BVerfGE 68, 1 [78]）。

156 第2部　連邦憲法裁判所の手続類型

注：したがって，制定された法律によって生じる法的効果も，その措置（法律の議決
については，→ Rn. 318）を権利侵害と評価することへと組み込まれることになるが，
しかし，規範そのものが申立対象となるわけではない。これは規範統制手続（→ Rn.
335）との重要な違いである。

このほか，特に**他の機関の諸権限が不当に行使**される場合，権利侵害が生じ
る可能性がある。

例：連邦議会議長の代わりに連邦首相が連邦議会を招集した場合，連邦議会議長の招
集権限が侵害されることになる。連邦内閣が政治の基本方針を決定した場合，連邦首
相の基本方針に関する決定権が侵害されることになる。連邦政府が，法律の留保の下
にある決定を行った場合，立法権限が侵害されることになる。

325

もうひとつの権利侵害の類型は，ある機関がある方法で国家行為に**関与する
権利**が移譲されることを特徴とするものである。

例：連邦議会で可決された法律が，基本法77条2項ないし4項によって必要とされ
る連邦参議院の関与なしに，連邦大統領によって認証・公布される。

326

権利侵害は，さらに特定の行為を請求することが，義務付けられている者に
よって履行されないという事実によって生じることがある。

例：連邦議会議長が連邦大統領の要求に応じて連邦議会を招集しない場合，基本法39
条3項に基づく連邦大統領の権利が侵害される。申立てがあったにもかかわらず連邦
議会が（許容されている）設置を行わない場合，連邦議会議員の申立てを行った4分
の1は，基本法44条1項1文に基づく調査委員会の設置の権利が侵害される。連邦
参議院の構成員が，連邦議会で発言権が与えられない場合，基本法43条2項2文に
基づいて，いつでも聴聞を受ける権利が侵害されることになる。

F．機関争訟手続　*157*

327

　機関争訟にとって重要なのは，**基本法**そのもの**から生じる機関**の主観的**権利**への侵害**のみ**である。その限りでも，連邦憲法裁判所法 64 条 1 項は，基本法 93 条 1 項と比較して明確な規定で，憲法上既に意味するところを適切に表している。したがって，規則の規定による権利侵害は，機関争訟の対象として十分ではなく，同様に，法律にのみ基づく機関の権利侵害も十分ではない[9]。

328

　連邦憲法裁判所法 64 条 1 項の**第 1 肢**（ersten Variante）によれば，申立人は，基本法に基づく**自己の組織上の権利**の侵害を訴えることができる。申立人が，連邦最高機関である場合，その機関自身の権利侵害しか問題とならない。ただし，連邦最高機関の一部が，機関争訟手続を開始する場合についても，この段は考慮している。この点について，唯一の要件は，このような機関の一部が基本法の下で自らの権利を有することである。

　例：最高憲法機関であるドイツ連邦議会の機関の一部として（あるいは，基本法 93 条 1 項 1 号の「他の当事者」としても），機関争訟手続の当事者能力を有する**連邦議会議員**は（→ Rn. 308），基本法 38 条 1 項 2 文により憲法上保護された**自由委任**のための主観的**権利**を有する。これにはたとえば，連邦議会での発言権が含まれる。連邦議会議員は，たとえば，連邦議会やその議長による**発言権**の妨害に対して，機関争訟手続において抗弁することができる。

　注：ただし，**基本法 5 条 1 項 1 文**に基づく意見表明の自由の権利は行使できない。たしかに基本権も主観的権利であるが，基本権が認められるのは基本権主体だけである。連邦議会議員は，人間であり，同時に基本権主体である。しかし，この機能において，機関争訟には関与せず，もっぱら自然人としての性格を剥がされた連邦議会の機関の一部としての立場で機関訴訟に関与する。しかし反対に，連邦議会議員は，政党と同様に（→ Rn. 312 ff.），機関争訟の相手方となりえない行政官庁や裁判所（→ Rn. 298 ff.）による機関構成員としての権利侵害に対して，憲法異議を申し立てることができるはずである（BVerfGE 108, 251 [266 ff.]）。

158 第2部 連邦憲法裁判所の手続類型

329

　　会派（Fraktion）も，基本法から導かれる自らの権利を行使することができ
る。このことは，憲法の条文上，連邦議会議員が，その勢力比に応じて合同委
員会の構成員を決定する際に考慮される権利（基本法53条1項）を認めている
ことからも明らかである。さらに，会派は，連邦議会議員の団体として（連邦
議会規則10条参照），その**構成員の憲法上の権利**主体でもあり，構成員は**まとめ
て権利**を有することが認められる（単なるグループについては，BVerfGE 84, 304
[318 f., 321 ff.]）。したがって，会派は，その会派に属する議員の権利，とりわ
け基本法38条1項2文に基づく権利を，自らも権利を有する団体としてまと
めて主張しうるものである。この判例は，基本法上，連邦議会議員の権利を，
会派あるいはグループの権利に結びつける根拠がほとんど明らかでないため，
疑念がないわけではない。

　　注：これに対して，BVerfGE 134, 141 Rn. 170 は，会派には，全体として連邦議会と
　　同様に，所属する個々の議員の権利を主張することが保障されてはいないことを明確
　　にしている。

330

　　連邦憲法裁判所法64条1項は，**第2肢**において，機関の一部は自らが属す
る**機関全体の権利**を訴訟担当（→ Rn. 306）の立場で主張することができると規
定している。すべての申立機関について包括的に規定されたこの可能性は，**主
に連邦議会の会派**に向けられている。基本法53a条が挿入される以前は，議会
運営にとって中心的な意味を持つ連邦議会のグループである会派は，基本法に
は明示されておらず，連邦議会規則上の権利に明確な法的根拠を見出すことが
できるのみであった。これはまさに，基本法93条1項1号が，規則から導か
れる権利に基づいて，他の当事者を機関争訟手続の当事者として既に認めてい
るが，同時に，この手続きを基本法に基づく権利に関する紛争に限定している
点で，その趣旨に合致しているといえる。このように申立権者の範囲を広げる

ことで，特に会派が必要に応じて連邦議会の権利を行使する機会を提供することを目的としている。

331

このことは，既存の多数派の状況によって，連邦議会全体が同じ政治的志向を持つ連邦政府に対して一貫して憲法上の権利を主張しないという議院内閣制の**典型的なケース**においてとりわけ重要である。このような場合であっても，議会の権利を保護する可能性は，議会の統制機能を確保し，三権分立の原則を維持することに貢献する（BVerfGE 121, 135 [151]；123, 267 [338 f.]）。また，実際に，**少数派の会派**によって何度も利用されてきた。

　例：その例として，緑の党会派は，連邦政府が連邦議会で議決される法律の根拠なしに巡航ミサイルの配備を決定しない権利を連邦議会の権利として主張した（BVerfGE 68, 1）[10]。

332

先鋭化すると，少数派保護という目的は，（連邦政府とそれを支持する連邦議会の多数派と対立する）訴訟担当する会派が，禁止された自己訴訟を構成することなく，**連邦議会自身に対して連邦議会の権利**を主張することができるという効果をもたらす。憲法上の機関は，基本法によって与えられた権限を自由に処分することはできないので，これは妥当である。

　例：したがって，連邦議会の「左翼党（DIE LINKE）」会派は，連邦議会が自ら可決したリスボン条約の承認に関する法律により，（連邦憲法裁判所によって要請された）防衛憲法上の議会留保による権利を侵害されたと主張しうる（BVerfGE 123, 267 [338 f.]；また，BVerfGE 134, 366 Rn. 54 m. N.）。MVVerfG, NVwZ-RR 2016, 82 [LS] は，議会が自らの権限を奪う特別な場合にのみ，この可能性を認めている。

333

　個々の連邦議会議員が訴訟当事者として連邦議会の権利を主張する可能性は，多くは否定されている（たとえば，直近では，BVerfGE 134, 141 Rn. 172 m. N.）。しかし，BVerfGE 129, 108（123）は，「BVerfGE 1, 351（359）以来確立した判例」にミスリードする形で，反対の主張をしている。もし連邦議会議員を，連邦議会の一部として認めない場合，直ちに広く拒絶されることが明らかになるが，これはほとんど説得力がない（→ Rn. 308）。連邦議会議員が連邦憲法裁判所法 63 条の意味において，連邦議会の一部とされるならば，基本法 93 条 1 項 1 号の意図（→ Rn. 330）に基づいて連邦憲法裁判所法 64 条 1 項を目的論的に縮小解釈する方法で，彼らを訴訟担当とする可能性は排除される。それはこの可能性を個々の議員に認めることは，規定の目的を超えてしまうことになるからである。しかし，このような評価は，おそらく説得力がない。

　　注：BVerfGE 117, 359（361）が，たしかに，個々の議員を連邦議会の一部と認めるが，しかし制定史において明らかにされている目的を考慮して，訴訟担当としての地位を認める「機関の一部」とは認めない場合，これは上述の縮小に当たる。これに対して，常設の下位部門に限定することは，議員にとってはそれ以上に至らない（これについて，しかしたとえば BVerfGE 123, 267 [337]）。なぜならこの限定は全く異なった方針を持ち（→ Rn. 308），議員は自ら形成した会派と同様に，「常に」議会に属するからである。

334

　連邦議会の他の機関の一部は，これまでのところ，連邦憲法裁判所法 64 条 1 項に定める機関全体としての権利行使の可能性を利用してはいないようである。そのため，どの程度まで考慮できるのか，結論は出ていない。委員会が法的代表として連邦議会の権利を主張する可能性について「確立した判例」を主張することは（BVerfGE 129 108 [123]），おそらく妥当ではない。**連邦参議院**においては，政党政治に基づいた構成要素を欠き，ひとりひとりの構成員または州から派遣される構成員が一体となって（→ Rn. 305），機関全体のための訴訟

F. 機関争訟手続　*161*

担当として資格があるといえよう。

3．許容性

335

　連邦憲法裁判所法 67 条 1 文に基づいて判決を求めることは，基本法違反を**確認すること**に制限されるため（→ Rn. 344），（処分の取消しなど）法形成や，ある行為に対する処罰を求めることは，機関争訟手続においては認められない（BVerfGE 136, 277 [Rn. 64 ff.]）。

　　注：この根拠づけに基づくと，法規範の無効を宣言することを求める申立ても認められないことになる（BVerfGE 136, 277 Rn. 64）[11]。規範統制手続において，審査基準に違反する規範の法律上当然に無効（→ Rn. 159）のみ，または，審査基準との不一致（→ Rn. 163 ff.）のみが確認されると仮定すれば，この根拠づけは成立しないことになる。ここで許容性を欠く決定的な要因は，むしろ機関争訟においては規範統制手続とは異なり（→ Rn. 131 ff.），規範自体が申立ての対象となるのではなく，それを導く措置のみであることにある（→ Rn. 318, 324）。

4．形式および出訴期間

336

　連邦憲法裁判所法 23 条 1 項の一般に適用される形式的要件（→ Rn. 102 f.）に加えて，**連邦憲法裁判所法 64 条 2 項**は，機関争訟では，侵害されていることが主張されている基本法の規定を申立てにおいて明示しなければならないと定めている。

337

　連邦憲法裁判所法 64 条 3 項に基づいて，機関争訟の申立ては，異議を申し立てられた措置または不作為が申立人に**知られた後に 6 ヵ月以内**に行わなけれ

162 第 2 部　連邦憲法裁判所の手続類型

ばならない。憲法生活の実状に鑑みれば，通常は，措置が公表されることによって知られるということになるであろう。法律の議決が連邦議会で争われる場合，そのことは直ちに，遅くとも本会議の会議録の公示をもって，連邦議会会派と，会派に属する議員が知るところとなる。いずれにしても連邦政府については同様であろうが，また連邦参議は遅くとも基本法 77 条 1 項 2 文に基づく送付をもって知ることとなる。法律の内容により影響を受ける政党が，連邦議会に代表を置いていない場合は，状況が異なる可能性がある。しかし，連邦憲法裁判所は，一般に「措置法律」（→ Rn. 318）に対する申立ての期間を，その公布から開始することを認めている（BVerfGE 134, 141 Rn. 184）。知っていることについて責任が生じることもあり，このことは，たとえば，ある委員会に任命された会派のメンバーがそこで知ることになった場合には，会派に対しても当てはまる（BVerfGE 129, 356 [371]）。

注：連邦憲法裁判所は，少なくとも立法府の措置が争われている場合，一定の条件の下で，期間が新たに進行し始めることがあるとする連邦憲法裁判所法 93 条 3 項に関する判例上の基本原則（→ Rn. 593）を，連邦憲法裁判所法 64 条 3 項に転用した。この原則を転用することについては，期間（Frist）の規定と同様の規範目的によって正当化できる（BVerfGE 111, 382 [322 ff.]）。

338

申立人に対して**措置が届く時点**を決定することは，問題となり得る。各会期の初めに採択される連邦議会規則の規定の，会派に属しない議員への適用に関する紛争において，連邦憲法裁判所は，当該規則の規定が申立人に適用された時点ではじめて出訴期間の進行をはじめている（BVerfGE 80, 188 [209 f.]；118, 277 [320 f.]）。他方，連邦憲法裁判所は，同様の方法で行われた捜査手続に対する議員の免責の放棄を直ちに議員に対して有効として扱っており，個々の議員に対する捜査手続が開始された場合に初めて有効とされるものとはしていない（BVerfGE 104, 310 [322 ff.]）。

339

　被申立人の**不作為**（Unterlassen）の場合，出訴期間の開始の決定的な時点は，簡単に確定することはできない。この点について，連邦憲法裁判所は，遅くとも被申立人が申立人の憲法上の地位から生じる権利を保護するために必要であると考える方法で行為をすることを明確にかつ明白に拒否したときに，出訴期間が進行するとしている（BVerfGE 129, 356 [371] m. w. N.）。連邦憲法裁判所の見解では，そのような拒否と同時に不作為が知らされたとみなされ，連邦憲法裁判所法 63 条 4 項に基づく出訴期間の開始はその時点である（BVerfGE 110, 403 [405]）。

5．権利保護の必要性

340

　対審的な機関争訟（kontradiktorische Organstreitverfahren）に関する不文の手続要件として，訴訟法の一般原則（→ Rn. 107）に従い，申立人が法的保護の必要性を有していなければならないという不文の訴訟要件も遵守されなければならない。自己の権利侵害に対する申立ての場合，原則としてこの要件を前提としなければならない。**例外的に**，申立人が連邦憲法裁判所での手続きを経ずに権利保護という目的を達成することができる場合，権利保護の必要性を**欠く**ことがありうる [12]。

　　例：BVerfGE 68, 1（77 f.）では，憲法裁判所の措置よりも連邦議会の行為が優先されることが要請されるにもかかわらず，権利保護の必要性が認められた。なぜならば，異議が申し立てられた連邦政府の行為に反対する法案を提案する可能性は，多数派の状況からみて成功せずに，したがって紛争を防止することはできなかっただろうからである。連邦議会の関与権が主張された申立てにおいて，議会の審議中に一度も主張されなかったものについては，会派の権利保護の必要性は否定された（BVerfGE 129, 356 [374 ff.]）。権利保護の必要性は，さらに BVerfGE 87, 207（209）でも，申立人が連邦議会議員ではもはやなく，その申立ては「いかなる場合も権利保護に対する利益

164 第2部　連邦憲法裁判所の手続類型

を欠く」という理由で否定されている[13]。

事態が解決したときにも，危険の繰り返しが予見されない場合，または解明する継続的な利益が存在しない場合には，権利保護の必要性が**欠如する**可能性がある。

> 例：ドイツ軍の派遣に対する申立てに関する権利保護の必要性については，派遣が終了した後でも，明確化の利益と繰り返しの危険が存在する（BVerfGE 121, 135 [151 f.]）。BVerfGE 136, 190 Rn. 4 ff. は，自由民主党（FDP）の会派が連邦議会の会派でなくなった後に，会派がする自党のための選挙広告が許されないことに対して向けられたドイツ国家民主党（NPD）の権利保護の必要性を認めなかった[14]。

最後に，不作為のままとされていた行為が，申立てが連邦憲法裁判所に受理される前に実行された場合，**不作為に対する機関争訟**の申立てに対する権利保護の必要性があるかは議論の余地がある（BVerfGE 119, 302 [307 f.]；124, 267 [274 f.]）。

Ⅲ．手続きの進行

341

連邦憲法裁判所法65条1項は，決定が自己の権限にとっても重要である場合に，機関争訟における申立権者が，申立人の側または被申立人の側で，それぞれ選ばれた側を支持するべく手続に参加することができるように，**手続参加の可能性**について規定している。しかし，同種の利害がない場合，政党は，連邦議会の解散に対して，議員がその地位を守る機関争訟手続に参加することはできない（BVerfGE 114, 105 [105 f.]）。

F. 機関争訟手続　*165*

342

　連邦憲法裁判所法 64 条 2 項は，連邦憲法裁判所が手続開始を**最も重要な連邦の最高機関に通知する**ことを定めている。同法 66 条は，係属中の**訴訟を併合または分離する**可能性について規定している。これらの可能性を利用するかどうかは，連邦憲法裁判所の裁量に委ねられている。

343

　連邦憲法裁判所法 66a 条は，その紛争が，**機関争訟手続の特例**として，連邦議会調査委員会設置法（PUAG）2 条 3 項，18 条 3 項および 19 条や 23 条 2 項とも結びついて規定された手続きが問題となっている場合に，一般原則とは異なり，連邦憲法裁判所が機関争訟について口頭弁論なしで決定することを規定している（→ Rn. 630）。同法 2 条 3 項の適用を受けない，設置申立ての完全な拒絶に関する紛争の場合，相互に放棄がない限り，決定は，連邦憲法裁判所法 25 条 1 項に基づく口頭弁論が維持される。

Ⅳ. 判決の内容と効力

344

　連邦憲法裁判所法 67 条 1 文によって，連邦憲法裁判所は，機関争訟手続において確認判決を行う。立法者は，特定の国家行為の中止や，被申立人が一定の措置を講じる義務のような，更なる決定権を与えることをあえて否定している（BVerfGE 120, 82 [124]；また，→ Rn. 335）。このように宣告する主文（Tenorierung）の可能性を制限することによって，機関争訟の当事者が，自らの意思で連邦憲法裁判所の判断に従うという憲法上の期待が強調されるが，これは実際には独立した権限手段の欠如によって，まさに当事者の意思によるものである。

166 第2部　連邦憲法裁判所の手続類型

345

さらに，企図された**宣告する主文**（→ Rn. 86）は，手続きおよび決定の対象に完全に適合しているとはいえない。判決形式が，**基本法の規定の**（客観的な）**侵害**に関連しなければならないのに対して，機関争訟手続の対象は，侵害された規定からそれぞれの申立人またはその属する機関が権利を有すると主張された主観的権利の侵害によって形成されるからである（→ Rn. 318 ff.）。

346

連邦憲法裁判所法67条3文は，連邦憲法裁判所にさらに広げられた決定権の可能性を開いており，**判決形式において**，手続きの対象を超える**法律問題を決定する可能性**があるが，これはいまだ用いられていない。もし，このような宣言に他の内容の決定と同様の拘束力を与えるとするならば，少なくとも，一旦このような形でなされた解釈の問題に関する決定から後に逸脱することは，原則として許されないと考えなければならないであろう。これは，憲法の硬直化という危険性を含みうるものである。特に，連邦憲法裁判所判例によれば，31条1項の拘束力は，判決主文を支える理由にも適用されるはずであるため，解釈問題をこのようにむき出しのかたちで確定する必要性はない（→ Rn. 663 ff.）。

347

連邦憲法裁判所法31条2項によって，**法律としての効力**（→ Rn. 661 ff.）は機関争訟手続における決定については，問題となら**ない**。これは，法律の制定が，機関争訟手続の基準となっている場合にも適用される。この場合も，連邦憲法裁判所は，被申立人が法律を公布することによって（あるいはそれに共同して関わることによって），申立人の憲法上の権利を侵害したと判断することに限定される。通常の場合のように，この侵害によって法律が無効になる限り，──立法者が法的状況を是正しない場合に──形式的意味の法律で，かつ後憲法的法律のときに，当該規範が無効として扱われるには，その前に，おそらく

基本法93条1項2号または基本法100条1項に基づく規範統制手続がなされ
なければならないだろう。

注：もっとも機関争訟が，規範統制手続や憲法異議手続と結びついた場合（→ Rn.
72），無効宣言が考慮される（BVerfGE 135, 259 Rn. 82）。

F．機関争訟手続に関する確認問題

1．当事者能力について，連邦憲法裁判所法63条の規定と基本法93条1項
   1号はどのように関係しているか。
2．政党は機関争訟の当事者となりうるか。
3．基本法64条1項にいう権利侵害の「主張する」とはどのような意味か。
4．基本法に基づく主観的権利を有するかどうかは，何に基づいて決定され
   るか。
5．連邦憲法裁判所法64条1項によって，会派が機関の一部として，連邦
   議会の権利を主張することができることの意味はなにか。
6．申立人は，機関争訟手続において，出訴期間を守らなければならない
   か。
7．連邦憲法裁判所は，その判決において，憲法違反を是正する被申立人の
   義務を宣告することはできるか。

解答は326頁。

参 考 文 献

Erichsen, Hans-Uwe, Das Organstreitverfahren vor dem Bundesverfassungsgericht
nach Art. 93 Abs. 1 Nr. 1 GG, §§ 13 Nr. 5, 63 ff. BVerfGG, Jura 1990, 670; *Ehlers,
Dirk*, Organstreitverfahren vor dem Bundesverfassungsgericht gemäß Art. 93
Abs. 1 Nr. 1 GG, §13 Nr. 5, 63 ff. BVerfGG, Jura 2003, 315; *Cancik, Pascale*,
Entwicklungen des Parlamentsrechts – Die Bedeutung des verfassungsgerichtliche
Organstreitverfahrens, DÖV 2005, 577; *Engels, Andreas*, Die Zulässigkeit im
Organstreitverfahren vor dem Bundesverfassungsgericht, Jura 2010, 421; *Hillgruber*,

168 第2部 連邦憲法裁判所の手続類型

Christian, Voraussetzungen der Antragsbefugnis im Organstreitverfahren -konstitutiver Parlamentsvorbehalt für den militärischen Einsatz von Streitkräften -Verwendung der Bundeswehr im Inneren, JA 2011, 76; *Barczak, Tristan/Görisch, Christoph*, Das Organstreitverfahren als objektives Rechtsschutzverfahren, DVBl 2011, 332; *Geis, Max-Emanuel/Meier, Heidrun*, Grundfälle zum Organstreitverfahren, JuS 2011, 699; *Fuerst, Anna-Maria/Steffahn, Volker*, Die Begründetheit des Organstreits vor dem Bundesverfassungsgericht in der Fallbearbeitung, Jura 2012, 90.

演習問題

Naumann, Anja, Der praktische Fall – Öffentliches Recht: Streit um die Nationalhymne, JuS 2000, 786; *Schmidt-Radefeldt, Roman*, Einsatz und Rückruf von Streitkräften aus dem Ausland, Jura 2003, 201; *Sachs, Michael*, „Abgeordneter unter Druck", NWVBl. 2004, 79; *Binder, Claus/Hofmann, Frank*, Examensklausur ÖR – Der Ausschluss aus der Bundestagsfraktion, Jura 2006, 387; *Sauer, Oliver*, Übungsklausur – Öffentliches Recht: Der Bundespräsident stoppt das Studiengebührenverbot, JuS 2007, 641; *Barthel, David/Janik, Cornelia*, Verfassungsrecht: Die Privatisierung der Deutschen Flugsicherung, JA 2007, 519; *Lange, Pia*, Übungsklausur – Öffentliches Recht: Freiheit des Mandats – Der „gläserne" Abgeordnete, JuS 2008, 518; *Hinz, Christian*, Onlinedurchsuchungen, Jura 2009, 141; *Weiss, Andreas*, Arbeitender Abgeordneter, JA 2010, 349; *Stumpf, Gerrit Hellmuth*, Anfängerklausur – Öffentliches Recht: Wahlrechtgrundsätze auf Abwegen?, JuS 2010, 35; *Frenzel, Eike Michael*, Bewährungsprobe für das parlamentarische Informationsrecht, Jura 2010, 220; *Hänsle, Walter/Lenski, Sophie-Charlotte/Reichold, Rahel*, Fragen über Fragen, Jura 2012, 468; *Ketterer, Lena/Sauer, Oliver*, Anfängerhausarbeit – Öffentliches Recht: Staatsorganisationsrecht – Effizienz zu nachtschlafender Zeit, JuS 2012, 524; *Helm, Thorsten/Platzer, Maximilian*, „Der schneidige Bundespräsident und sein Rücktritt", JA 2013, 284; *Münkler, Laura*, Mehr Transparenz!, Jura 2015, 292; *Schmidt, Birgit/Kögel, Isabelle*, Demokratie hat ihren Preis!, JA 2015, 526 (もっとも連邦議会議員の当事者能力については異説を唱えている。); *Augsberg, Ino/Augsberg, Steffen/Schwabenbauer, Thomas*, Klausurtraining Verfassungsrecht, 2. Aufl. 2016, Fall 4: Selbstauflösung des Bundestags, S. 163.

訳 注

1) いわゆる NSA 調査委員会に関する BVerfGE 143, 101 (129) は，連邦議会調査委員会設置法（PUAG）では，調査委員会における少数派自体は機関争訟手続の申立権限を認められておらず，むしろ基本法 44 条 1 項 1 文で規定されている連邦議会の具体的又は潜在的な委員会設置申立てに関する少数派によって支持された少数派にのみ，機関争訟手続の申立権限が認められているとした。

2) BVerfGE 148, 11 (19) においても，確立した判例として，「政治的競争の平等な参加権侵害を主張し，同時に，政党が基本法 21 条において規定された憲法上の特別な地位に基づく限り」として，制限的に認めている。また，BVerfGE 140, 115 (139) は，基本法や連邦最高機関規則において固有の権限が与えられている「他の関係諸機関」に，連邦議会における仲裁委員会（Vermittlungsausschuss）も含むと判断している。

3) BVerfGE 151, 149 Rn. 30 は，機関争訟手続においては，対立する憲法上の権限領域の画定に向けられたものであって，申立人自身の権利と切り離された客観的な異議申立てが認められる余地はないとしている。

4) BVerfGE 151, 191 は，この「明示」に関連して，憲法裁判所の審査は申立てによって述べられた手続きの対象に限定されるのであって，申立ての形式的な文面ではなく，申立てが追求する訴訟上の要求の実際の意味が重要であるとしている。また，BVerfGE 142, 123 (183) は，申立ての対象となる不作為について，十分に具体化されたものでなければならないとしている。

5) BVerfGE 142, 25 (47 f.) は，実質的な審議を経た後に法律案が否決された場合は，「認められた不作為（qualifizierte Unterlassung）」として，措置と考えうる法律の公布と同等であり，それゆえ機関争訟手続において認められる申立ての対象であると判断した。

6) BVerfGE 152, 8 Rn. 29 は，機関争訟手続の適法性について，連邦憲法裁判所が展開してきた基準を考慮して，申立人が主張する憲法上の権利の侵害または直接的な危害が，明示された事実に従って可能であると思われることが必要であり，それで十分でもあるとしている。

7) BVerfGE 150, 194 Rn. 18 f. は，機関争訟手続の核心は，異議申立人の権利の実現という側面にあるのであって，機関争訟はそれゆえ客観的な異議の申立ての可能性には開かれていないとした。また，BVerfGE 142, 25 (53) によると，通常法律または議院規則によってのみ付与された権利の潜在的な侵害や危殆化では十分ではないとしている。さらに，BVerfGE 143, 101 (128 f.) では，連邦議会の 2 つの会派の 127 名の議員は，連邦議会規則 126a 条 1 項 1 号 1 文に基づいて，第 18 回会期に調査委員会の設置を要求することはできたが，この少数派は，いつでも改正できる議員規則によってのみ保障されており，基本法 44 条を超えた少数者の権利について

170 第2部　連邦憲法裁判所の手続類型

は，機関争訟手続において異議を申し立てることはできなかった。

8）　BVerfGE 151, 191 Rn. 20 f. は，連邦憲法裁判所法64条1項にいう「権利」は，申立人が専ら自ら行使するか，協力するために付与された権利，あるいは，自らの権限を行使し，その行為の妥当性を保障するためにその尊重が必要とされる権利だけを指すとした。

9）　BVerfGE 151, 191 Rn. 30 は，通常法律上の規定の尊重を機関争訟において主張することはできないとしている。

10）　テロ組織イスラム国（IS）によるテロ行為を防止・抑制する任務に，武装したドイツ軍が参加することが，基本法59条2項前段と結びついた24条2項における連邦議会の権利を侵害しているかについて，左翼党が申し立てた例として BVerfGE 152, 8.

11）　たとえば，規範の無効宣言のような法形成を要求する申立てや，形成的効果の確認を求める申立て，さらには政党の地位確認を求める申立ては認められない（BVerfGE 141, 282; 151, 191 Rn. 14）。

12）　BVerfGE 152, 37 は，権利侵害のおそれを回避できる立場にあったにもかかわらず，全くそれに対する行動を取らないままであった場合には，機関争訟手続における法的保護の必要性を欠く場合があるとして，連邦議会議員として行政罰が科されたことについての申立てを退けた。

13）　BVerfGE 147, 31 は，質問に対する連邦政府からの回答に誤りがあるとして申し立てた機関争訟手続において，憲法状況や主張する権利については政治過程において検討する義務が課されており，当事者間で争いのある権利義務の有無を審査する対審手続として構成された機関争訟には馴染まないとして，申立てを退けている。

14）　BVerfGE 147, 50 は，当事者間で同様の紛争が繰り返されるかどうか，または，少なくとも客観的な明確化の利益が認められるかどうかが考慮されなければならないとして，連邦議会の議席がなくなった申立人による連邦政府に対する質問について，権利保護の必要性を認めなかった。他方で，同判決は，機関争訟までの間に政府が新たに組織されたとしても，機関としての同一性は維持されるため，そのことによって申立人の利益が失われるわけではないとしている。

G. 基本法に関する連邦・ラント間争訟

I. 法的根拠, 機能および実務上の意義

348

基本法に関する連邦・ラント間争訟 (grundgesetzbezogener Bund-Länder-Streit) の**法的根拠**は, 基本法93条1項3号および84条4項ならびに連邦憲法裁判所法13条7号, 68条ないし70条である。

349

この種の手続きの**歴史的モデル**は, すでに1849年のパウル教会憲法 (Paulskirchenverfassung) 〔フランクフルト憲法〕126条a号ならびにワイマール憲法 (Weimarer Reichsverfassung) 19条1項3肢, 15条3項および同憲法の特別規定にいくつか見られる。

350

連邦・ラント間争訟の**目的**は, **連邦国家の憲法紛争に法的に秩序づけられた解決**をもたらして, 暴力的な対立を防止するとともに連邦国家秩序を維持することにある。

351

この憲法争訟の**意義**は, これまで, **実務上はどちらかといえば大きくない**。その理由は特に, **立法権限**の範囲に関する特に重要な意見の相違は, 抽象的規範統制の手続きによっても解決され, その方が求められる要件が少なく, 統制可能性と判決の効果がより広く及ぶからである (→ Rn. 114 ff.)。もっ

172　第2部　連邦憲法裁判所の手続類型

とも，この手続きは（BVerfGE 81, 310 以降），基本法83条以下に従い，ラントによる連邦法律の執行に対して行われる**連邦監督の措置**（Maßnahmen der Bundesaufsicht）に関連して，意義を増しつつある。

II．特別の訴訟要件

1．当事者能力および訴訟能力

352

　基本法に関する連邦・ラント間争訟手続の当事者能力（Parteifähigkeit）は，連邦憲法裁判所法第68条に定められているが，**完全に明確というわけではない**。そこでは，連邦の代表としては連邦政府が，ラントの代表としてはラント政府が申立人（Antragsteller）及び被申立人（Antragsgegner）となりうると定めており，文言上は，関係国（連邦とラント）でなく，双方とも上記の憲法機関が手続きの当事者であるかのようである。しかし，この手続きでは連邦とラントの権利及び義務をめぐって争われるので（BVerfGE 129, 108 [115]），これらの機関は，それぞれの国（staatliche Körperschaft）の訴訟担当（Prozessstandschaft）と見なされねばならないであろう。このような複雑な構成に比べると，**連邦とラントそれ自体を当事者**と見なし，それを代表してそれぞれの政府が法定代理機関として手続きを行うとする方が，意味があるように思われる。合わせて問題となるのが，訴訟能力（Prozessfähigkeit）の規律である（→ Rn. 315）。いずれにせよ，こうした代表権が**議会**やその議長に**属しない**ことは明らかである（詳しくは BVerfGE 129, 108 [115 ff.] 参照）。

2．申立権

353

　申立権について，連邦憲法裁判所法69条は同法64条1項を準用するように

G. 基本法に関する連邦・ラント間争訟 *173*

指示している。この場合においても，この点で基本法93条1項3号の規定は明確とはいえないが，このことは憲法がこの手続きを**真正の争訟手続**の性質を持つものと意図していることに対応したものである。その際，機関の一部が訴訟担当となる場合は考えられていない（しかし→Rn. 370)。

354

　それゆえ，連邦・ラント間争訟手続においても，申立人は**自己の権利侵害の可能性**を説明しなければならない。申立人は，被申立人の作為または不作為を攻撃しなければならない。その際，ここでも法律の公布が考慮される。

355

　法律の規律によれば，**侵害された権利**として認められるのは，**基本法から生ずる権利のみ**である。たしかに，基本法93条1項3号の文言には，このような限定が述べられていない。しかし，基本法93条1項4号1肢と体系的に見ることによりそれが基礎づけられる。同条は，基本法93条1項3号と並んで，連邦とラント間のその他の公法的争訟について語っているのである。それによれば，3号による争訟は，いずれにせよ上記の当事者間の公法上の争訟すべてを含むのではなく，より狭い範囲の争訟のみを含むものである。その限りで，連邦憲法裁判所の中心的任務に基づくならば既に容易に理解されることだが，連邦憲法裁判所が専属管轄を有するこの狭い範囲の争訟は，基本法から生ずる紛争に関連づけられるのである（限界確定について，詳しくは→Rn. 369 f.)。

356

　権利侵害の可能性がある場合は，とりわけ，他の権限の簒奪，法律の規律内容によるラントの権利の実質的な削減，連邦監督の範囲内で，一方では連邦による指図の憲法に違反する発出（限定的にはBVerfGE 81, 310参照)，他方ではラントによる有効な指図の不服従（BVerfGE 84, 25)，さらに連邦に親和的でない行為などである。原則として，連邦とラントそれぞれの全機関の行動がそれぞ

れに帰属する。しかし，下級の行政官庁の場合は，違反が生じうるのはおそら
く，政府の承認を得て活動する場合のみである。裁判所の判決は，その独立性
（基本法97条）のゆえに，作為と見なされるべきではない。ラントによる連邦
の権利侵害の可能性は，ラントにおいて――基本法46条2項ないし4項の規
定に基づく連邦議会の介入の下――野党の「ネクスト・ラント司法大臣」であ
った連邦議会議員に対し，検察庁によりおそらく違法である捜査が行われたと
いう事実によって否定された（BVerfGE 103, 81 [86 f.]）。

注：連邦の難民政策を理由に，バイエルン自由国が連邦に対し連邦・ラント間争訟を
提起することが予定されていたが，基本法からは同自由国の主観的権利が欠如してい
るため，おそらく成功の見込みはなかろう（*Ewers/Thienel*, NJW 2016, 376 ff. 参照）。

3．その他の訴訟要件

357

連邦憲法裁判所法69条が**機関争訟手続**に関する規定を一般的に準用するよ
う指示していることを考慮すると，その他の訴訟要件について，そこで述べら
れていること（→ Rn. 336 ff.）を関連づけることができる。

4．瑕疵責問手続

358

ただし，**基本法84条4項に基づく**いわゆる瑕疵責問手続（Mängelrügeverfah-
ren）については，特別な取扱いが必要である。この規定では，ラントによる連
邦法律の執行の枠内における一定の紛争について，特別な職務として，**連邦参
議院が**申立てに基づいて**決定し，この決定に対してさらに連邦憲法裁判所への**
出訴ができることが定められている。

G. 基本法に関する連邦・ラント間争訟　*175*

359

　基本法 84 条 4 項 1 文の要件に該当する場合，まず連邦参議院に付託されね
ばならないか否かは，文言上完全に明らかとはいえない。しかし，連邦忠誠の
要請から，おそらく，連邦政府がラントにおける連邦法律の執行に瑕疵がある
と見なした場合，まずは当該ラントに対してその瑕疵を正式に確認し，直ちに
連邦憲法裁判所に基本法 93 条 1 項 3 号に基づく争訟を開始することはないで
あろう。しかし，連邦政府がまず，あるラントに対して法律執行の瑕疵を確認
したが，それに対してラントがこの瑕疵を除去しないならば，基本法 84 条 4
項 1 文により**連邦参議院に付託しなければならない**ものと思われる。これに対
し，基本法 84 条 4 項 1 文に規定された**以外の状況**では，この種の手続きは考
慮されない。このことはとりわけ，連邦政府の指示をラントが理由のないもの
と考え，その指示に対し自らを防禦しようとする場合に妥当する。

360

　連邦参議院での手続きは，連邦政府によっても，当該ラントすなわちその政
府によっても開始されることができる。その場合，連邦参議院は「ラントが法
に違反したか否か」を決定しなければならない。その際，連邦参議院には，政
治的な決定でなく，あくまで**法的基準に従って行われるべき決定**が委ねられて
いる。確かにそれは裁判所の判決ではないが，それにもかかわらず拘束力ある
方法で紛争を終結させるものである。

361

　もっとも，連邦参議院のこの決定に対しては，さらに連邦憲法裁判所に出訴
することができることを条件としている。この場合について，**連邦憲法裁判所
法 70 条**は，連邦参議院の決定後 1 ヶ月という**出訴期間**を定めている。

176 第2部　連邦憲法裁判所の手続類型

Ⅲ．手続きの経過，判決の内容と効力

362

　連邦憲法裁判所法69条が65条ないし67条を一般的に準用するよう指示している参照しているため，この手続きでも機関争訟について述べたことが準用される（→ Rn. 341 ff. 参照）。

G．基本法に関する連邦・ラント間争訟に関する確認問題

1．憲法に関する連邦・ラント間紛争における当事者は誰か？

2．どのような場合に，いわゆる瑕疵責問手続が適用されるか？

3．ラントによる連邦法律の執行に瑕疵があった場合（特別の職務として），連邦政府は，基本法93条1項3号に基づき直接連邦憲法裁判所に申立てをすることができるか。

解答は327頁。

参考文献

Kunig, Philip, Bund und Länder im Streit vor dem Bundesverfassungsgericht, Jura 1995, 262; *Selmer, Peter*, Bund-Länder-Streit in: Festschrift 50 Jahre Bundesverfassungsgericht, Erster Bd., Verfassungsgerichtsbarkeit - Verfassungsprozess, 2001, S.563; *Lerche, Peter*, Fragen des Bund-Länder-Streits, in: Festschrift für Peter Selmer, 2004, S.197; *Schultzky, Hendrik*, Zulässigkeitsfragen im Bund-Länder-Streit, VerwArch 2009, 552.

演習問題

Lorenz, Dieter/Burgi, Martin, Der praktische Fall - Öffentliches Recht: Der Streit über die Kommunalen Wählervereinigungen, JuS 1990, 822; *Schliesky, Utz*, Die ungeliebte Straße, JA 2001, 777; *Fischer, Kristian*, Zur Übung - Öffentliches Recht: Die Kulturrevolution des Bundes, Jus 2003, 137; *Jochum, Heike*, Der praktische Fall - Öffentliches Recht: Jura 2005, 20; Ernst, Christian, Das teure Naturedenkmal, JA 2006, 38; *Palm, Ulrich*, Referendarexamensklausur - Öffentliches Recht: Plebiszitäre

G．基本法に関する連邦・ラント間争訟　*177*

Abweichung, Jus 2007, 751; *Prehn, Annette,* Anfängerklausur - Öffentliches Recht: Staatsorganisationsrecht - Akademie der Wissenschaften, quo vadis?, Jus 2014, 905; *Augsberg, Ino/Augsberg, Steffen/Schwabenbauer,* Thomas, Klausurtraining Verfassungsrecht, 2.Aufl. 2016, Fall 3: Weisungsbefugnisse, S.151.

H. その他の連邦・ラント間争訟

I. 法的根拠，機能および実務上の意義

363

その他の連邦・ラント間争訟（sonstiger Bund-Länder-Streit）は，基本法93条1項4号1肢，連邦憲法裁判所法13条8号，71条1項1号，2項，72条1項で**規定**されている。

364

歴史的モデルとして，ワイマール憲法（Weimarer Reichsverfassung）19条1項3肢を挙げることができるが，それはライヒとラントの間の非私法的争訟をすべて含むものであった。

365

基本法秩序の枠内におけるこの規定の**機能**は，連邦とラント間の当該争訟について**法的解決手段の備え**を設けることである。

366

この種の手続きの**実務上の意義**は，基本法93条1項4号後段に見られる補充性（Subsidiarität）条項により，**非常に小さなもの**である（とりわけ→ Rn. 372参照）。

Ⅱ．特別の訴訟要件

1．当事者能力および訴訟能力

367

　連邦憲法裁判所法 71 条 1 項 1 号によれば，申立人及び被申立人として連邦政府とラント政府のみが考えられている。このような文言にもかかわらず，この規定も（→ Rn. 352, 377 と同様）訴訟能力（Prozessfähigkeit）と関連しており，前述の憲法機関はそれぞれの国（staatlichen Körperschaften）のための代理機関と見なされるにすぎないと考えられよう。従って，**本来の当事者**であり，それゆえ当事者能力を有するのは，**連邦**と各**ラント**である。

2．申立権

368

　その他の連邦・ラント間争訟の手続きにおいて，申立権という要件があるか否かは，**全く問題がないわけではない**。というのも，連邦憲法裁判所法 69 条が定めるような，機関争訟の規定を一般的に準用するとの指示がないからである。それにもかかわらず，連邦憲法裁判所法 64 条 1 項は，この種の手続きにも類推適用さるべきであろう。なぜなら，すでに基本法 93 条 1 項 4 号および法律において用いられている**争訟という概念**は，関係人自身の権利に関する紛争を意味しているからである。

3．基本法と関係のない争訟

369

　連邦憲法裁判所法 71 条 1 項 1 号の文言により伝えられる第一印象に反して，

180 第2部 連邦憲法裁判所の手続類型

すべての公法上の紛争をこの種の手続きで決定することができるわけ**ではな
い**。むしろ，基本法93条1項4号1肢の憲法上の文言によれば，この種の手
続きは，同規定の**3号にすでに含まれていない**その他の争訟にのみ関わる。こ
れまで長い間，基本法93条1項3号は憲法上の争訟をカバーし，それゆえ4
号1肢は非憲法上の争訟，例えば行政法の法律関係の枠内でのみ考慮される争
訟だけをカバーすべきであるとの区別が行われてきた（BVerfGE 95, 250 [261 ff.]
参照）。

370

連邦憲法裁判所判決（BVerfGE 94, 297 [310]）は，基本法93条1項3号の範
囲をより狭く定め，基本法から生ずる争訟のみを含むべきだとしている。従っ
て，非憲法的争訟と並んで，**基本法に根拠を見出せず**，基本法の外の実質的憲
法にのみ根拠を見出すような**憲法争訟**もまた，**この種の手続きの外**にある。連
邦憲法裁判所は，このような事案を，統一条約44条から生ずる争訟と見なし，
基本法93条1項4号1肢に含まれるものとした。もちろん，基本法に根拠を
もたない連邦・ラント間の憲法争訟は，なお数少ない例外である（→ Rn. 355
も参照せよ）。

注：統一条約44条は，加入領域の各ラントが，統一条約に基づく自らの権利だけで
なく，消滅したドイツ民主共和国またはすべての新ラントに有利に設定された権利を
主張することを認めている。この点で，連邦・ラント間争訟には以前とは異質の**訴訟
当事者としての地位**がある。

4. 期　　間

371

さらなる適法性要件として，連邦憲法裁判所法71条2項は，連邦憲法裁判
所法64条3項の**6か月の期間**に明示的に言及している（詳しくは→ Rn. 337 ff.）。

5. 補充性

372

　実務上重要な訴訟要件は，連邦憲法裁判所法にはなく，基本法93条1項4号末尾にある。そこに根拠を持つ補充性条項が定めているのは，連邦憲法裁判所は「他に裁判で争う途が与えられていない限度において」のみ決定するということである。行政裁判所法40条1項1文の**行政裁判権の一般条項**や，社会裁判所ないし財政裁判所に裁判で争う途を開く規定によって，今日では，非憲法的性質をもつ連邦とラントとの間のすべての公法上の争訟に他に裁判で争う途が与えられたため，**現在の法律状況に従えば，連邦憲法裁判所の管轄権は**その限りでは**空である**。そのため，結果的に，この種の手続きは，実質的にのみ憲法争訟といえるにすぎない数少ない事案に限定されている（→ Rn. 370）。

Ⅲ. 判決の内容

373

　すでに取り上げた2つの対審手続（kontradiktorisches Streitverfahren）（→ Rn. 344, 362）の判決の内容が確認判決に限定されているのに対して，連邦憲法裁判所法72条1項により，この種の手続きでは裁判可能な内容が**大幅に拡張**されている。特に，連邦憲法裁判所は，被申立人に給付を義務づけ（3号）またその他の行為を義務づける（2号）ことができる。理論上は行政行為の取消しという場合も考えられるが，おそらく，行政裁判所法113条1項1文を類推して連邦憲法裁判所に行政行為の取消権を認めることも考慮すべきであろう。

H. その他の連邦・ラント間争訟に関する確認問題

1. 基本法93条1項4号1肢に該当するのは，連邦とラントの間のどのような公法上の紛争か？
2. 現在の法状況の下で，その他の連邦・ラント間争訟はどのような実務上

182　第2部　連邦憲法裁判所の手続類型

の意義を有するか？

3．他の対審手続の場合と比べて，判決内容の特長は何か。

解答は 328 頁。

I．ラント間争訟

I．法的根拠，機能および実務上の意義

374

ラント間争訟（Zwischenländerstreit）の**法的根拠**は，連邦憲法裁判所法 13 条8 号と結びついた基本法 93 条 1 項 4 号の 2 肢，71 条 1 項 2 号および 2 項，72条 1 項に規定されている。

375

この手続きの**歴史上のモデル**は，1849 年のパウル教会憲法（Paulskirchenver-fassung）126 条 c 号に見出される。1871 年のビスマルク憲法のもとでは，そのような争訟事件が起きた場合，その 76 条 1 項に基づき，連邦参議院が，政治的な配慮もしつつ，終局的に確定判決を下さなければならなかった。ワイマール憲法では，裁判所が判決を下すことができる形に回帰した（ワイマール憲法19 条参照）。

376

ラント間争訟の**実務上の意義は小さい**。もともとは，すでに**消滅した諸国家**が，それぞれ個々の問題を提起し，権限をめぐって争うというところに意義があった。

184 第2部 連邦憲法裁判所の手続類型

Ⅱ. 特別の訴訟要件

377

　当事者能力（Parteifähigkeit）は，連邦憲法裁判所法71条1項2号の文言にしたがえばラント政府に与えられている。連邦憲法裁判所法71条1項1号および68条（→ Rn. 352, 367）と同様に，当事者能力はラント自身に帰属するが，そのときどきのラント政府がラントを機関として代表しているのである（**訴訟能力**（Prozessfähigkeit））。

378

　連邦憲法裁判所は，基本法のもとで存在するラントだけを，ここでいうラントとして理解しているわけではなく，むしろ，**基本法以前の憲法の時代**に存在し，現在は消滅した**ラントにまで**，このラント概念に含めている。

　　例：かつて存在したリッペ州とノルトライン＝ヴェストファーレン州の憲法争訟（BVerfGE, 4, 250 ff. を参照），またコーブルク州とバイエルン自由国との間の憲法争訟（BVerfGE 22, 221 ff. を参照）

379

　消滅したラントに憲法訴訟への参加を認めた場合，**だれがそのラントの代表**（Vertretung）**となるかという問題**が生じる。その点について，連邦憲法裁判所は，消滅したラントの領域に現在存在する自治体において選ばれた機関を，機関上の代表として認定している。

380

　手続態様の実質的な性格が争訟であることを考慮すれば，この手続きでも（→ Rn. 368），連邦憲法裁判所法64条1項を類推し，**申立権限**の要件が定立さ

れるということについては，異論の余地はないであろう。

381

　この手続きでは，異なるラント間でどのような公法上の争いが問題となりう
るのかについても，明白に規定されてはいない。条文の文言および意味と合致
させるならば，少なくとも，連邦憲法裁判所は，連邦・ラント間争訟の場合と
同じく，その範囲については，すべてを含めたものと判断するのが最適ではな
いかと思われる。すなわち，これによれば，この条項のもとでは，**基本法に根
拠をもつ公法上のラント間争訟だけでなく，別の公法上のラント間争訟**も考慮
されることになるだろう。

382

　連邦憲法裁判所法71条2項によれば，この手続きにおいても，連邦憲法裁
判所法64条3項にしたがって6か月の出訴期間が遵守されなければならない。

383

　基本法93条1項4号前段に基づく**補充性条項**があることで，実践上は，以
下のような帰結がもたらされる。すなわち，**憲法と関係のないすべての争訟**に
おいては，その争訟について，別の裁判所の裁判で争う途が包括的な形で実際
に開かれているので，連邦憲法裁判所の権限が排除される（→ Rn. 372）。しか
しながら，憲法上の争訟（実質的な憲法争訟，すなわち基本法に根拠のない憲法争訟
も含む）についていえば，他の裁判で争う途がない場合，その限りで，連邦憲
法裁判所の権限が及ぶことになる。

186 第 2 部　連邦憲法裁判所の手続類型

Ⅲ．判 決 内 容

384

　この手続きにおける判決内容は，他の連邦・ラント間の争訟とほぼ同じである（連邦憲法裁判所法 72 条 1 項 1 号ないし 3 号を参照）（→ Rn. 373）。

Ⅰ．ラント間争訟に関する確認問題

1．ラント間争訟は，どのような状況で重要となるか。
2．ラント間争訟の関係人としては，どのようなラントが想定されるか。
解答は 328 頁。

演 習 問 題

Bethge, Herbert/v. Coelln, Christian, Der praktische Fall – Öffentliches Recht: Prozessuale Wiederauferstehung, JuS 2002, 364.

J. ラント内機関争訟

I. 法的根拠, 機能および実務上の意義

385

ラント内機関争訟（Landesorganstreit）の**法的根拠**は, 基本法93条1項4号3肢, 連邦憲法裁判所法13条8号, 71条1項3号および2項, 72条2項に見出される。

386

歴史上のモデルとなりうるのは, 1849年のパウル教会憲法（Paulskirchenverfassung）126条d号およびe号, そしてワイマール憲法（Weimarer Reichsverfassung）19条1項の1肢の列挙事項である。1871年のビスマルク憲法は, 内部に決定メカニズムをもたない連邦構成国内の憲法争訟について, 連邦参議院が平和的に仲介する権限をもち, 仲介に失敗した場合にはライヒ法律によって解決を行うことができるようにしていた。

387

この手続方法の**意義**は次の点にある。すなわち, ラント内の**政治的争い**を, それぞれの憲法規定にしたがって処理し, **対立があれば**, その政治的争いに対して**裁判所による判決がなされうる**ということを保障するよう, まさに連邦憲法が要求しているという点にある。それによって, ラントの単一国家性からすると, 本来はラントのものとなるべき裁判権限が, 連邦憲法裁判所に与えられている。ラントが自身の領域において, どの範囲に憲法裁判権を用意しておくかは, 原則としてラントの問題なので, **基本法93条1項4号3肢は, 連邦国**

家システムの異物として限定的に解釈される（auslegen）べきである。

388

　たとえば，連邦憲法裁判所が取って代わるようなこの権限が**実際に行われ**
たのは，ドイツ民主共和国が基本法に加入した後の時期であるが，その時期
は，新たに加入したラントにおいて，憲法裁判権が機能していなかった（vgl.
BVerfGE 93, 208 ff. : 102, 224）。その以前からあった一部のラントにおいても，し
ばらくの間，機関訴訟が認められていなかった期間があり，その機関訴訟は連
邦憲法裁判所の手続きによって，解決されていた（たとえば BVerfGE 102, 245）。

II．特別の訴訟要件

389

　連邦憲法裁判所法71条1項3号は，この手続きを，**連邦内の機関争訟を手**
本にして形成した。基本法93条1項4号3肢が連邦憲法裁判所に与えている
権限が，このような機関争訟に尽きるのかどうかについては，現在まで明らか
にされていない。ただ，限定的に解釈することの要請（→ Rn. 387）があるにも
かかわらず，憲法が，連邦憲法裁判所法よりも，広範な可能性を要求している
とするならば，直接基本法に根拠がなければならないであろう。たとえば，こ
のようなことは，あるラントに憲法争訟を裁判する権限をもつ裁判所が存在し
ない場合に，ラント憲法違反を理由とした具体的規範統制が行われるという事
例に対して，想定しうる。そのような場合，基本法100条1項1文が，裁判所
による宣言の必要性を基礎づけているということを理由にすれば，基本法93
条1項4号3肢の枠内において連邦憲法裁判所がもつ，ラントに取って代わる
権限の欠缺を埋めることができよう。

390

　いずれにせよ，基本法93条1項4号の3肢が，**ラント内の公法上の争訟全体**と関与するわけではないということは正しい。なぜなら，連邦憲法裁判所が，すべてのラントにとってのリザーブ行政裁判所として，任意の公法上の問題にあたるべきだということを示す証拠は全く存在しないからである。むしろ，その手続きをとる範囲は，その文言に反して，狭く定めるべきであり，**いずれにせよ憲法上の争訟だけ**が問題とされうる。少なくとも，核心において想定されているのは，ラント内の機関争訟であり，連邦憲法裁判所法上の法律の規定もそれを予定している。

391

　このことが，とりわけ認められるのは，連邦憲法裁判所法71条1項3号において，連邦内の機関争訟にほとんど依拠する形で規律されている**当事者能力**（**Parteifähigkeit**）である。この当事者能力は，地域団体[1]，地域団体の機関およびその一部には認められていない（BVerfGE 109, 275 [278]）。手続きの性格にしたがえば，この手続きでも（→ Rn. 368），連邦憲法裁判所法64条1項に準じた申立権が必要とされる。

392

　連邦憲法裁判所法71条2項にしたがって，この手続きにおいても，連邦憲法裁判所法64条3項の**6か月の出訴期間**（**Frist**）が設けられている。

393

　補充性条項は，基本法93条1項4号の3つめの手続きであるこの手続きにおいても，連邦憲法裁判所の権限を結果として，ほぼ**無に等しい**最低限のものにしている。なぜなら，すべてのラントにおいて，ラントの裁判所が関係する権限を有しており，この権限が，ここで問題となる当該規定の意味および目的に照らせば，他の「裁判で争う途」（→ Rn. 97 ff.）とみなされうるようなものだ

190 第 2 部　連邦憲法裁判所の手続類型

からである（関係するものとして vgl. BVerfGE 109, 275 [278 f.]）。この補充性については，事後的に，すなわち連邦憲法裁判所による手続が進行中の間に，ラントの憲法裁判所の権限が拡大された場合にも妥当する（vgl. BVerfGE 102, 245 [251]）。

Ⅲ．判 決 内 容

394

　判決内容は，連邦憲法裁判所法 72 条 2 項において，同法 67 条を参照しつつ，連邦機関争訟と同様に，核心においてラント憲法違反を**確認**すること，すなわち内容としては，申立人のラント憲法上の権限が侵害されていることを確認すること（→ Rn. 344 f.）に限定されている。

J．ラント内機関争訟に関する確認問題

1．基本法 93 条の 1 項 4 号 3 肢の「ラント内部のその他の公法上の争訟」という概念は，なぜ狭く解釈されるべきなのか？

2．基本法 93 条 1 項 4 号 3 肢に基づくラント内機関争訟は，どのような実務上の意義を有するのか？

解答は 329 頁。

訳　注

1）　いわゆる Gemeinde や Kreis がこれにあたる。

K. 指定ラント内憲法争訟

I. 法的根拠, 機能および実務上の意義

395

この手続類型の**法的根拠**は, 基本法99条1肢および連邦憲法裁判所法13条10号, 73条ないし75条に存在する。

396

基本法99条の手続類型にとっての**歴史上のモデル**は, 見出すことができない。

397

基本法99条の意義は, **ラントに対して次のような可能性を開いている**という点にある。それは, **機関を貸借するという方法を用いて**, ラント内の憲法事項について裁判するという**労を連邦憲法裁判所にとらせ**, ラント自身の憲法裁判所を設けないという可能性である。

398

実際のところ, このような可能性を利用できたのは, シュレスヴィッヒ＝ホルシュタイン州だけであった。同ラントは, 当初, シュレスヴィッヒ＝ホルシュタイン州規約（37条）によって, 連邦憲法裁判所に, 機関争訟および抽象的規範統制手続を裁判する権限を与えていた。さらに, 1990年にシュレスヴィッヒ＝ホルシュタイン州の憲法として, 新たに公布された憲法も, 初めは, 44条において, 機関の貸借を維持していた。もっとも, 2006年の44条の改正に

192 第2部 連邦憲法裁判所の手続類型

基づき，いまやシュレスヴィッヒ＝ホルシュタイン州も，2008年5月1日の
施行により，広範な権限をもったラント憲法裁判所を設立した。すなわち，ラ
ント内の憲法争訟に対する連邦憲法裁判所の権限は，この時点より，シュレス
ヴィッヒ＝ホルシュタイン州憲法59c条にしたがって，このラントにおいても
消滅した。2014年より，シュレスヴィッヒ＝ホルシュタイン州憲法51条が，
ラント憲法裁判所について規律している。

II．特別の訴訟要件

399

　連邦憲法裁判所法73条および74条は，基本法99条に基づいて連邦憲法裁
判所に属している裁判権限の可能性について，機関争訟だけを挙げている。そ
のため，訴訟要件については，部分的に明示されているように，**連邦内の機関
争訟**に関する諸規定が参照される（→ Rn. 291 ff.）。

400

　しかしながら，**機関争訟にのみ**限定することは，基本法99条の射程と合致
してはいないだろう。というのも，基本法93条1項4号3肢が限定的に解釈
されうる（→ Rn. 387）のとは異なり，基本法99条は，連邦憲法裁判所に権限
そのものを認めるのではなく，この権限の可能性については，ラントにのみ委
ねられているからである。その意味で，当該規定は，ラントの憲法上の自律性
に干渉するものではなく，むしろラントに，さらなる形成可能性を認めている
ことになるため，基本法99条のいう**ラント内の憲法紛争という概念が広く解
釈される**ことになっても問題がない。そのため，少なくとも，連邦憲法裁判所
が連邦レベルにおいて有する手続類型と類似の手続類型すべてが，その概念に
含まれる。それゆえ，規律されていない訴訟要件（たとえば，抽象的規範統制に
関する訴訟要件）は，連邦憲法裁判所法が，連邦レベルのそれぞれの手続きに
ついて有している諸規定を類推して，展開されなければならない。

Ⅲ．手続きの進行と判決の内容

401

　この手続きについて，連邦憲法裁判所法 75 条は，同法第 2 章の**一般規定**（→ Rn. 57 ff.）を準用するとしている。

402

　判決の内容について，連邦憲法裁判所法 74 条は，第一義的にはラント法の関連規定を参照している。関連する規定が存在しない場合には，同じように機関争訟のための特別な規定である連邦憲法裁判所法 72 条 2 項が参照される。機関争訟手続以外については，同種の連邦憲法裁判所の手続類型の場合と同様の判決内容が，主文として言い渡される。たとえば，規範統制の判決については規範の無効が宣言される。

K．指定ラント内憲法争訟に関する確認問題

1．ドイツ連邦共和国のどのラントにおいて，この手続きが意味をもっているか，あるいは意味をもっていたか。

2．基本法 99 条のいうラント内の憲法紛争という概念は，なぜ広く解釈されうるのか。

解答は 329 頁。

194 第2部 連邦憲法裁判所の手続類型

L．準刑事訴訟手続

403

準刑事訴訟手続（Rn. 111）は，演習や試験の課題ではあまり重要とはされず，連邦憲法裁判所の現実の実務でも極めて少ない。そのため，特に一括して説明することも許されるものと思われる。

I．基本権喪失手続

1．法的根拠，機能および実務上の意義

404

基本権喪失手続（Grundrechtsverwirkungsverfahren）の**規範的根拠**は，基本法18条，連邦憲法裁判所法13条1号，36から41条である。この規定の憲法上の先駆となるものは，第二次世界大戦後のラント憲法の規定においてはじめて登場した。

405

この手続きの**一般的な意義**は，「防衛的民主主義（wehrhafte Demokratie）」の構想の構成部分として，基本権の保護を受けながら基本法を廃棄しようとする試みに対抗する可能性を作り出すことにある。もっとも，**自由で民主的な基本秩序を保護するという目標**は，基本権喪失手続を通じて行われるが，それは**決定権限が連邦憲法裁判所に独占されることで，その実現手段が極めて限定される**。これによって，憲法秩序は，その擁護者により効力を失わないよう保護されるようになる。基本法は，連邦憲法裁判所でなければこの権限を持ちうると

考えられる執行部の当局に比して，連邦憲法裁判所はより一層敏感であるということを基礎にしている。

406

　基本権喪失は，基本法18条1文の文言上，——喪失という概念の一般的な意味に即して——基本権濫用の法的効果として法上当然に生じるように思われる。しかしそのような理解は**基本法18条2文から採る**ことはできない。同文は，**喪失〔という効果〕はそれだけでは決して生じることはありえず**，そのように連邦憲法裁判所が宣言した場合にのみ喪失の効果が生じうることを明らかにしており，これに誤解の余地はない。

407

　この手続きが**これまで実務上の意義を獲得したことはない**。手続きはわずかしか行われておらず，これまで本案判決にまで至ったものは1つもない。もっともこれは，憲法敵対的な基本権の行使から憲法秩序が確と守られていないことを意味するものではない。むしろこの目標は，基本権喪失という手段がなくても，基本権の限定の枠内で，基本権を制約する規律に基づいて十分に実行することができる。それは特に刑法典の憲法擁護規定によって行われる。

2．特別の訴訟要件

408

　連邦憲法裁判所法36条は，基本権喪失手続を次のように具体化している。この手続きは，連邦憲法裁判所自身の主導で開始されるのではなく，外部から**の申立てに基づいてのみ**開始される。この要件について基本法18条には明文上の根拠がないが，訴訟法に関する一般原則に対して沈黙していることからそのような要件は認められないと理解することはできない。むしろ法律による規律は，基本法94条2項1文の規律に対する授権の範囲内にある。

196 第2部　連邦憲法裁判所の手続類型

409

　申立資格（Antragsberechtigung）は，連邦憲法裁判所法36条の規律に基づき，**連邦議会，連邦政府**および**ラント政府**に認められる。ラント政府については，その申立資格がその時々で問題となるラントと特別の関連を有するような基本権濫用の事例に限られるのかどうかが問題となりうる。もっとも，そのような制約は，国家全体の自由で民主的な基本秩序が各ラントの憲法秩序にとっても意味を持つということを適切に評価していないことになろう（しかし→ Rn. 426）。申立資格者がその権限を行使するかどうかは**便宜裁量**（pflichtgemäßes Ermessen）の下にある。したがって，申立資格者が実効的な憲法擁護のために基本権喪失手続を実施するのが適切であると考えるかどうかは，申立資格者の政治的評価に委ねられる。

410

　連邦憲法裁判所法36条以下は，当事者が被申立人として手続きに参加することを定める。**被申立人として当事者能力**（parteifähig）があるのは，原則として，基本法18条1項に基づき濫用することができる**すべての基本権の担い手**である。問題となりうるのは，これにどこまで**法人**も含まれるのかである。法人は結社として，基本法9条2項に基づき，憲法敵対的活動を行った場合には，結社法に基づき管轄当局によって禁止されうる。それにより，結論として，そのような結社に対してさらに厳格な手続きを連邦憲法裁判所に起こす必要性はなくなるかもしれない。とはいえ，このような方法があるからといって，それに基本権喪失を排除する効果があるとは認められない。したがって，基本法19条3項に基づき問題となる基本権が法人に適用可能である限り，基本権喪失手続は原則として法人についても問題となる。このような方法が確定的に排除されうるのは，おそらく庇護権のみである。政党禁止については→ Rn. 420 ff.

411

基本権喪失手続において本案判決が行われるのは，連邦憲法裁判所法 37 条に規定された**予備審査手続**（Vorverfahren）が行われ，審理が行われるべきとの判断に至った場合に限られる。この意味で，申立てが適法であり，十分に理由がある場合に判決が下される。

412

さらに本案判決の妨げとなるのが，同一事項について以前行われた本案に関する裁判の**確定力**（Rechtskraft）である。裁判所の裁判の訴訟要件として一般に認められるものに，確定力があることによる障害がないことがある。この要件は，連邦憲法裁判所法 41 条に特別の定めがおかれており，そこでは同時に時間的限界が表明されている。それによれば，同一の被申立人に対する再申立てが可能なのは，当該申立てが新たな事実に基づく場合に限られる。この規定の意味での**新たな事実とは**，——刑事訴訟法 359 条 5 号[1] に基づく刑事訴訟上の再審の場合のような——過去に存在した生活事実に関する新たに発見された証拠手段または周知となった証拠手段ではない。そうではなく，単に最初の裁判ののちに新たに生じた事実である。

3．手続きの進行

413

手続きの進行については，上述の予備審査手続（→ Rn. 411）と並んで**連邦憲法裁判所法 38 条**が注目に値する。その 1 項は，押収または捜索を命じる可能性を連邦憲法裁判所に認めている。くわえて 2 項により予備捜査も命じることができる。予備捜査の遂行は，もう一方の部の裁判官に委ねられる。

4. 判決の内容と効力

414

　判決の内容は，連邦憲法裁判所法39条1項1文に基づき，申立てに理由がある場合には第一に，連邦憲法裁判所が被申立人の**どの基本権が喪失したのかを確認する**ことにある。その際，この確認〔の対象〕は手続きにおいて濫用が確認された基本権に限られなければならないのか，それともこの確認により，基本法18条1文で挙げられた他の基本権，場合によっては同文で挙げられたすべての基本権を〔基本権喪失の対象に〕含める自由が連邦憲法裁判所にあるのかどうかは，決着がついていない。

415

　連邦憲法裁判所法39条1項2文によれば，連邦憲法裁判所は喪失について，その解消につき短期1年の**期間**（Befristung）を付すことができる。連邦憲法裁判所が期間を設けない，または1年を超える期間を設定した場合，連邦憲法裁判所法40条1文は，先になされた〔基本権喪失手続の〕申立人または被申立人の申立てに基づく特別の手続きにより，**喪失**の全部または一部を**廃止し**，あるいはその期間を短縮する可能性を定めている。

416

　連邦憲法裁判所法39条1項3文による連邦憲法裁判所への**授権**も特に重要である。これは被申立人に態様および期間のうえで**厳格に定めた制約**を課す権限を認めるが，その際には喪失された基本権以外の基本権を制約することはできないとしている。

417

　連邦憲法裁判所法39条2項に定められた方法は，憲法上問題がないとはいえない。〔同項は，〕連邦憲法裁判所は基本権の喪失の期間中，被申立人から**選**

挙権，被選挙権，公務就任権を**奪う**ことができるとしている。列挙されたこれらの基本権同等または基本権類似の権利（基本法33条2項，38条1項1文，2項，28条1項2文）は，基本法18条1文に基づき濫用され，2文に基づき喪失させられるとされる基本権のグループには含まれない。もちろん，基本法94条2項1文の枠内で，手続きに関して補完的に規定する余地も原則として認められており，その規定により，下される判決の内容を厳密に定めることもできよう。しかし，これを手掛かりとしたとしても，これに関連する法律留保がないため，憲法上の保障への不利益を課す法律上の規律がどのようにして正当化されるのかという問題は残る。

418

被申立人の特定の基本権の喪失を連邦憲法裁判所が確認した場合，被申立人について，喪失した基本権からは**基本権保護が生じない**という効果が発生する。もっともこれは，法律の留保，とりわけ自由と財産への一切の介入について妥当する法律の留保が不要であることを意味しない。また，公権力による被申立人の個人的法領域への介入に対し，裁判で争う途をとる可能性は侵されない。

419

基本権喪失を確認することの効果は，本質的にはむしろ，基本権を喪失した者に対し，自由や，基本権によって保護されたその他の法益の**制約に関する法律上の規制を**，喪失した基本権を基準にした評価を受けずに行うことを**可能にする**ことにある。連邦憲法裁判所法39条1項3文は，制約を定めることを連邦憲法裁判所に授権することによってこの手段を用いた。連邦憲法裁判所法39条1項4文は，行政庁に対し，連邦憲法裁判所が課した制約に基づき，それ以上の法律上の根拠なく措置を講じる可能性を定めているが，これは上述の原則を再確認したものである。

L.I. 基本権喪失手続に関する確認問題

1. 基本権喪失手続では，どのような原理が表現されているか？

2. 自由で民主的な基本秩序に戦いを挑んでいる限り，喪失は法上当然に生じるか？

3. 被申立人が特定の基本権を喪失したと連邦憲法裁判所が確認した場合，どのような法的効果が発生するか？

4. 喪失の宣言に実践的に有意な結果をもたらすために，連邦憲法裁判所自身はどのような手段を持つか？

5. 基本権喪失手続の実務上の意義が極めて小さいのはなぜか？

解答は 330 頁。

訳 注

1) 刑事訴訟法 359 条

確定力ある判決によって終了した手続は，次に掲げる場合に，有罪判決を受けた者の利益のために再審にすることが許される。

5. 新たな事実又は証拠手段が提示され，それらがそれだけで又はすでに提出された証拠と結びついて，被告人の無罪を，又はより緩やかな刑罰法規の適用において刑の減軽を，又は改善及び保安の処分に関する本質的に別の裁判を根拠づけるにふさわしい場合。

II. 政党禁止手続

1. 法的根拠，機能および実務上の意義

420

政党禁止手続（Parteienverbotsverfahren）の**規範的根拠**は，基本法 21 条 2 項，連邦憲法裁判所法 13 条 2 号，43 から 47 条である。

421

この手続きには，1946年バイエルン憲法15条の規定を除けば，**歴史に手本がない**。バイエルン憲法15条の規定によれば，憲法敵対的な選挙人グループは，憲法裁判所のしかるべき確認に基づき，選挙と投票に参加することが許されなくなる。

422

政党禁止手続は，基本権喪失手続と同様に，基本法において実現されている**「防衛的民主主義」の構想**の一部である。政党を政治生活から排除できる可能性があるのは，自由で民主的な基本秩序あるいは国家の存続そのものを保護するのに資する。もっとも，政治的意見形成が開かれており，またさまざまな政治的傾向の機会均等に配慮した民主体制の枠内では，政党を禁止することは基本的に極めて問題がある。基本法21条2項2文はこれを顧慮して，政党を違憲と宣言する可能性を連邦憲法裁判所に留保している。このような**連邦憲法裁判所の裁判の独占**に鑑みて，──基本法9条2項の範囲内で行われる行政による禁止の可能性と比較して──「政党特権（Parteiprivileg)」と呼ぶことができる。

423

政党特権の意義は，連邦憲法裁判所が違憲確認するまでは，政党が違憲の目標を設定しているとの疑いがあっても，当該政党に対して**行政的に介入してはならない**というところにある。もっとも，これは間接的な影響を与えることまで排除するものではない。たとえば，政府が行政による憲法擁護の認識に基づいて，政党を憲法敵対的と公に性格づけ，これを宣明することは許されると思われる。ある政党をそのように評価することが当該政党の党員にとって影響があることも排除されない。たとえば公務での活動に関する適性評価に関して，そうである。

424

　実務上，政党禁止手続は**ごくまれにしか**実施されない。とりわけ基本法制定後の初期には，2つの政党が違憲と宣言された。すなわち国民社会主義ドイツ労働者党（NSDAP）の後継組織であるドイツ社会主義ライヒ党（SRP）（BVerfGE 2, 1 ff.）とドイツ共産党（KPD）（BVerfGE 5, 85 ff.）である。その後は長らく，憲法違反と評価される政党に対する政党禁止手続が提起されるには至らなかった。その点で，申立ての資格を持つ憲法機関は，そのような政党を政治的な議論によって克服することを優先してきた。2001年に連邦政府，連邦議会および連邦参議院の申立てに基づきドイツ国家民主党（NPD）に対する政党禁止手続が開始されたが，憲法擁護機関が政党内に入り込んだことに起因する手続上の障害を取り除くことができないことに基づき，2年後に中止を余儀なくされた（BVerfGE 107, 339）。連邦参議院は2013年に集中的な政治的議論ののち，新たにNPDの禁止の申立書を連邦憲法裁判所に提出したが，これについてこれまで（2016年4月時点）判決が下されるに至っていない[1), 2)]。

2．特別の訴訟要件

425

　政党禁止手続の要件は，連邦憲法裁判所法43条によれば，政党が違憲であるかどうかの裁判を求める**申立て**である。この申立要件は──基本権喪失手続の際にすでに触れたように（→ Rn. 408）──基本法94条2項1文の範囲内での具体化として許されるものと考えられる。なぜなら，裁判所は外からの動因がなければ自らのイニシアティブで活動することはできないとの原則に合致するからである（Rn. 71, 77）。

　　注：BVerfGE 133, 100 Rn. 16 ff. は，NPDは違憲でないとの確認を求めるNPDの申立てを不適法として退け，また権利保護が欠如しているとの主張を，NPDには国家機関による違憲の主張に対して別の権利保護手段が利用できることを理由に否定した。

L．準刑事訴訟手続　*203*

426

　連邦憲法裁判所法 43 条 1 項によれば，**申立人**（Antragsteller）として，連邦議会，連邦参議院，連邦政府が個別または共同で提起することが考えられる。連邦憲法裁判所法 43 条 2 項によれば，ラント政府も手続きを提起することができるが，政党の組織が当該ラントの領域に限定される場合に限られる（しかし→ Rn. 409）。

427

　基本権喪失手続と同様に，政党禁止手続も**被申立人**（Antragsgegner）を手続関係人（Verfahrensbeteiligte）として認める。このことは連邦憲法裁判所法 44条の代理に関する規定から帰結するものであり，また連邦憲法裁判所法 47 条，41 条において明文化されている。被申立人として考えられるのは，基本法 21条 2 項に従い，この憲法規定の意味での**政党**のみである。憲法上の政党概念の意味を政党法 2 条の意味で定義しようとする傾向があるが，この規定の詳細のすべてで争いがないわけではない。実務上この要件から，政党について要求される目標設定の真摯性を欠く結社に対する政党禁止手続は不適法として退けられることになる（BVerfGE 91, 262 および 276）。ここから，そのような結社に対しては基本法 9 条 2 項，結社法 3 条以下に基づく結社禁止手続によって〔禁止手続を〕行なうことができるとの結論になる。

428

　連邦憲法裁判所法 44 条の**代理規定**は，政党禁止が代理資格者が明らかでないことで不首尾に終わったり，頓挫したりすることがないことを保障する。

429

　政党禁止手続でもまず**予備手続**が行われ，連邦憲法裁判所法 45 条により，連邦憲法裁判所は審理がそもそも行われるかどうかを決定する（最近では，第2 次 NPD 政党禁止手続において，理由を付さずにごく手短におこなった（BVerfG,

204 第2部　連邦憲法裁判所の手続類型

Beschl. v. 2. 12. 2015, - 2 BvB 1/13 -, juris)）。

430

　連邦憲法裁判所法41条と結びついた47条によれば，ここでも訴訟要件が明文で定められており，**確定力ある判決**はこの手続きの妨げにはならないとする。その際，同時に確定力の時間的限界（→ Rn. 657）が強調され，それゆえ新たに生じた事実に基づいて（→ Rn. 412），以前の本案判決で認められなかった申立ての後にも，さらに手続きをとることが許される。

431

　2003年に第1次NPD禁止手続で生じた特別の状況に基づき，連邦憲法裁判所は，連邦憲法裁判所法15条4項1文の多数決ルール（→ Rn. 35）のためにその限りで裁判を支えることになった少数意見によって，ある政党に対する政党禁止手続が提起され，まだ手続中に政党の重要な幹部が憲法擁護当局と共同して活動する場合，それは**取り除くことのできない手続上の障害**たりうることを認めた（BVerfGE 107, 339）。

3．手続きの進行

432

　連邦憲法裁判所法47条が38条を準用していることに基づき，捜索押収や予備捜査の実施に関する規定は政党禁止手続でも妥当する（→ Rn. 413）。

4．判決の内容と効力

433

　連邦憲法裁判所によって下される判決の内容は，連邦憲法裁判所法46条で規定されている。その内容は，申立ての認容性では，まず申立ての対象である

政党が**違憲であることの確認**である。

434

　連邦憲法裁判所法 46 条 2 項は，法的にまたは組織上独立した**政党の一部に限定**して〔違憲の〕確認を行う可能性を定めており，さらに禁止は政党に組み入れられた一切の下部組織にまで及ぶ。これに対し，政党と弱い結びつきしかない友好組織（Nebenorganisation）にはかかわらない。

435

　判決の義務的内容としてさらに，連邦憲法裁判所法 46 条 3 項 1 文によれば，政党またはその独立した一部の**解散と代替組織創設の禁止**がある。この追加的な判決内容は，基本法 94 条 2 項の具体化に関する授権の範囲内で行われる。すなわち，基本法 21 条 2 項は有効でない違憲確認を目指すものでなく，当該政党を政治生活から抹消することを目指すものであることは明らかである。代替組織の禁止について，政党法 33 条は補完的な内容を規定している。連邦憲法裁判所法 46 条 3 項 1 文に基づく判決内容から，この手続きを政党禁止手続と呼ぶことも正当化される。

436

　宣言の任意的内容として，連邦憲法裁判所法 46 条 3 項 2 文はさらに，政党またはその独立した一部の**財産の没収**を宣告することができると定める。この宣告の結果の詳細は政党法 32 条 5 項から導かれ，同項では，結社がこれと同様の状況になった際に基準となる結社法 10 〜 13 条が準用されている。

437

　政党禁止の判決の効果はそのほか，連邦選挙法 46 条 4 項から導かれる。同項によれば，議員や後順位名簿掲載者が政党禁止手続中に同政党に所属していた場合には，**議員は**連邦憲法裁判所の判決によって**連邦議会の議席を失い**，後

順位名簿掲載者は継承権を失う。その他の選挙法規もこれに即した内容の規定を設けている。

L. Ⅱ. 政党禁止手続に関する確認問題

１．いわゆる「政党特権」は，どのような点に存するか？

２．連邦憲法裁判所が政党の違憲確認した場合，当該政党にはどのような結果が生じるか？

３．当該政党に所属する連邦議会議員にとって，この確認はいかなる効果を持つか？

解答は 330 頁。

参 考 文 献

Morlok, Martin, Das Parteienverbot, Jura 2013, 317; *Stiehr, Friderike,* Das Parteiverbotsverfahren, JuS 2015, 994; 内容的基準については：*Shirvani, Foroud,* Parteienverbot und Verhältnismäßkeitsprinzip, JZ 2014, 1074.

訳　注

1)　その後，NPD の違憲確認について連邦憲法裁判所は判決を下し，NPD の違憲性を否定した（BVerfGE 144, 20）。

2)　NPD 違憲訴訟判決の後，2017 年に基本法が改正され，政党財政援助の適用除外手続が導入された（基本法 21 条 3 項，連邦憲法裁判所法 13 条 1 項 2a 号）。その訴訟要件は，政党禁止手続と基本的に同じである（連邦憲法裁判所法 43 条以下）。そして，連邦憲法裁判所法 46a 条によれば，申立てに理由があるとして認容された場合，政党は 6 年の限度で，政党法 18 条による国家による財政援助の適用を受けることができなくなる。代替政党（Ersatzparteien）が立ち上げられた場合も同様の扱いを受ける。適用除外期間終了の 6 か月前までに申立権者が期間延長を申し立てた場合は，当該申立てに関する裁判が行われるまで引き続き適用除外される。

　　この手続きに従い，「祖国」党（HEIMAT 旧ドイツ国家民主党（NPD））は政党助成の適用除外を受けることになった。BVerfG, Urteil vom 23. Januar 2024 - 2 BvB 1/19 -.

L. 準刑事訴訟手続　*207*

Ⅲ．連邦大統領に対する訴追

1．法的根拠，機能および実務上の意義

438

連邦大統領に対する訴追（Bundespräsidentsanklage）の**規範的根拠**は，基本法61条，連邦憲法裁判所法13条4号，49～57条にみられる。

439

歴史的には，この手続きは，政府の濫用に対する憲法擁護の手段として用いられた**大臣に対する訴追**（Ministeranklage）という先駆と結びついている。この大臣に対する訴追は，立憲君主体制において，君主個人は無答責であるにもかかわらず，政府を指導する大臣個人を通じて**政府が最低限の責任を負うこと**を現実化する可能性を提供するものであった（→ Rn. 17）。

440

国家形態としての君主制が共和制へと転換し，そして政治的に実現されるべき議会に対する政府の責任が議院内閣制において導入された後では，連邦大統領に対してなされる訴追手続は，**さほど理由のあるものではない**。連邦大統領は，一方では元首としてかつての君主の機能を果たすものの，他方で政治的にはむしろ従たる意味しか持たないからである。とくにアメリカ合衆国の大統領弾劾の可能性と比較できるものではない。それでも，この手続きは，たとえば機関争訟手続後も連邦憲法裁判所の判決に従わないような，故意に憲法に違反した連邦大統領を解任させる可能性を提供する。この手続きはまた，そのような過誤があった場合に，善き政治スタイルが求める一切のものに反して辞任の意思のない連邦大統領を，それにもかかわらず交代させられることを確保する。

208 第2部 連邦憲法裁判所の手続類型

441

実務上，この手続きが今日まで意味を持ったことはない。

2．特別の訴訟要件

442

大統領に対する訴追手続は，**訴追**によって始まるが，この訴追は，基本法
61条1項および連邦憲法裁判所法49条に掲げられた要件を満たさなければな
らない。

443

訴追の資格があるのは，基本法61条1項1文に基づき，連邦議会と連邦参
議院である。これについて61条1項2文は，訴追請求の申立ては，連邦議会
では構成員の4分の1，連邦参議院は表決数の4分の1によって行われなけれ
ばならないと定めている。基本法61条1項3文はさらに，各機関における訴
追請求の決定は，構成員または表決数の3分の2の多数が必要であると命じて
いる。

444

訴追の対象は，連邦大統領による故意での基本法または（形式的）連邦法律
の違反に限られる。法違反は連邦大統領の在職時のものでなければならない。
政治的な過誤行為に限定することが認められるかには疑問がある。なぜなら，
連邦大統領というものは全く私的な過誤行為（たとえば性犯罪）によっても「耐
え難いもの」となりうるのであり，連邦大統領に対する訴追のみが離職を確実
に可能にするものだからである。他方，この手続きが例外的な性格のものであ
ることから，少なくとも解任するための適切な事件とみなされるような，**非常
に重大な法律違反**（Gesetzesverstöße von erheblichem Gewicht）の場合に限り認
められうることが必要とされる。比較的軽微な事件の場合には，基本法46条

L．準刑事訴訟手続　*209*

2～4項と結びついた60条4項に基づいて免責特権が廃されることによって，通常の刑事訴追を認める可能性もあることも，その理由となる。もっとも，訴追に必要な形式的要件があることから，まったく事件がないところから手続きに至ることはないことは保障されているといえよう。

445

　訴追請求の決定の結果，立法部の長は，49条2項に基づき**訴追状**（Anklageschrift）を作成する。訴追状の詳細な内容は，連邦憲法裁判所法49条3項において刑事訴訟の例に範をとって定められている。

446

　連邦憲法裁判所法50条は訴追の**期間を3か月**とし，その始期は根拠となった事実を申立権のある機関が知ったときとしている。

３．手続きの進行

447

　連邦憲法裁判所法51から55条は手続きの進行について**詳細な規定**を置いているが，ここで詳細を説明することはできない。特に注目すべきは，連邦憲法裁判所法53条に基づく連邦大統領の職務の執行停止の可能性である。

４．判決の内容と効力

448

　基本法61条2項1文，連邦憲法裁判所法56条1項によれば，連邦憲法裁判所の判決の主内容は，連邦大統領が基本法または特定の連邦法律に故意に違反したことに責任があるどうかの**確認**である。

210 第2部　連邦憲法裁判所の手続類型

449

これ以外に宣言することを**選択できる**ものとして，連邦憲法裁判所法56条2項1文は，連邦憲法裁判所が連邦大統領に対し有罪判決の場合に**職を失うと宣言する**ことができると定める。同項2文によれば，〔その効果は〕失職の判決とともに生じる。

L.Ⅲ.　連邦大統領に対する訴追に関する確認問題

1．連邦大統領に対する訴追の対象は何か？

2．私的な過誤行為でも提起されうるか？

3．失職の法的効果は，連邦大統領が基本法または他の連邦法律の故意による違反に責任があることが確認された場合の必然的帰結であるか？

解答は331頁。

Ⅳ．裁判官に対する訴追

1．法的根拠，機能および実務上の意義

450

裁判官に対する訴追手続（Richteranklage）の**規範的根拠**となるのは，連邦裁判官に対する訴追については基本法98条2項，連邦憲法裁判所法13条9号，58から61条である。ラント裁判官に対する訴追が，ラント法がこれに相当する規定を設け，同じく連邦憲法裁判所に権限があるとしている場合，この訴追については基本法98条5項1文，連邦憲法裁判所法13条，同法58から61条と結びついた62条が妥当する。このとき，基本法98条5項2文に基づき（基本法の施行時すでに）妥当しているラント憲法はこれに抵触しない。

451

裁判官に対する訴追手続の**意義**は，**憲法擁護規定との連関**の中で定められ

る。この手続きは，あるいはナチ期の司法の経験を受けて，憲法敵対的な目的のために濫用されるべきでない基本法97条に基づく裁判官の独立との一定の釣り合いを作り出すものである。もっとも，裁判官がその職務外で責任を負わされるような違反行為も含まれるとすれば，この目標を超える。その点で，万一に備えて，憲法を侵害するつもりのある裁判官を，その職から離れさせることを問題とするものである。

452

　実務的には，裁判官に対する訴追手続は**これまで適用されてこなかった**。一般的な刑法規定と裁判官の職務法とが，当該問題を考慮しうるに十分なものであることは明らかである。

2．特別の訴訟要件

453

　訴訟要件に関して，連邦憲法裁判所法58条1項は，基本的に**連邦大統領に対する訴追の規定を準用する**（→ Rn. 442）。もっとも，基本法98条2項1文の憲法直接的な規準に基づき，連邦裁判官に対する申立てを提起できるのは連邦議会だけである。他方，申立ての提起については——連邦大統領に対する訴追の場合とは異なり——この憲法機関での特別多数は必要ではない。訴追の対象は——これも連邦大統領に対する訴追とは異なるが——裁判官の基本法の基本原則またはラントの憲法秩序に対する違反である。補充的に，連邦憲法裁判所法58条2項は，裁判官の問題ある過誤行為を理由とする他の手続きとの関係を定め，また，このような手続きに基づく申立ての**期間**を定めており，これは連邦憲法裁判所法58条3項の別の期間規定によって補充される。

3．手続きの進行

454

手続きの進行についても，連邦憲法裁判所法58条1項は，手続進行に関する連邦大統領に対する訴追の規定を準用する（→ Rn. 447）。さらに連邦憲法裁判所法60条がこれに触れており，それによれば連邦憲法裁判所での手続中，同一の事実を理由になされている懲戒裁判所（Disziplinargericht）に係属中の裁判官に対する手続きは中止され，場合によってはのちに再開継続される。

4．判決の内容と効力

455

裁判官に対する訴追手続の判決内容は，連邦憲法裁判所法59条1項に基づき，裁判官の**無答責**か基本法98条2項に定められた各種措置のうちの1つである。その措置とは，裁判官の**罷免**が命じられる（これについては連邦憲法裁判所法59条2項参照），あるいは裁判官が**転職または退職**させられる，というものである（連邦憲法裁判所法59条3項）。

456

連邦憲法裁判所法59条2項3項は，2つの宣告形式をそれぞれ可能性として定めているだけであるが，連邦憲法裁判所法59条1項は，連邦憲法裁判所に対し，無答責とならない場合には2つの制裁のうちの一方を課さなければならないことを定めているように思われる。これが基本法98条2項によって認められた連邦憲法裁判所の**決定余地**を狭めるものとして許されないと考えるならば，このようなケースについて，判決宣告の内容は規律されていないことになる。〔その場合，〕連邦憲法裁判所が基本法の基本原則またはラントの憲法秩序に対する裁判官の違反を確認する判決をすることも許されることになろう。

L. 準刑事訴訟手続　*213*

457

連邦憲法裁判所法 61 条に基づく手続きの（有罪判決を受けた者の利益のための）**再審**の可能性が，刑事訴訟に範をとって定められているが，これは憲法訴訟法においてはここ以外では明文で定められておらず，注目に値する。

L. Ⅳ. 裁判官に対する訴追に関する確認問題

1．裁判官に対する訴追の対象となりうるのは，どのような法違反であるか？

2．連邦憲法裁判所は，裁判官に対する訴追手続においてどのような裁判を行うことができるか？

解答は 331 頁。

M. 選挙審査抗告

I. 法的根拠，機能および実務上の意義

458

連邦憲法裁判所に対する選挙審査抗告手続（Wahlprüfungsbeschwerdeverfahren）の**規範的根拠**は，基本法 41 条 2 項，3 項，選挙審査法 18 条[1]，連邦憲法裁判所法 13 条 3 号，48 条である。

459

この規律の**憲法史的な先駆**として，**ヴァイマル憲法 31 条**が挙げられる。同条は，ライヒ議会にライヒ議会の構成員とライヒ行政裁判所の構成員から構成される選挙審査裁判所（Wahlprüfungsgericht）を設けると定めていた。基本法は，議会に設置される特別の選挙審査裁判所というモデルを採用しなかった。基本法 41 条 1 項 1 文では，むしろ出発点において選挙審査（Wahlprüfung）を連邦議会の事項と宣言し，これに関する決定をまずは連邦議会が自ら行わなければならないとした。連邦憲法裁判所は，基本法 41 条 2 項によれば第二審としてはじめて活動し，連邦議会の決定に対する抗告について決定する。

460

選挙審査の目標は，連邦議会が選挙法に適合する形で構成されるのを確保することにあり，2012 年まではこれのみが目標であった。これに対応して，基本的には単なる客観手続であって，たとえばカウントミスによって侵害された有権者の個人的権利の実現は問題ではなかった。もっとも主観的な法的地位は，議員の地位の得喪が問題となる限りで意味を持っていた（基本法 41 条 1 項

M. 選挙審査抗告　*215*

2文，連邦選挙法46条以下）。

> 注：連邦憲法裁判所は，選挙審査抗告の枠内で，管轄権を持つ選挙機関と連邦議会が連邦選挙法の規定を遵守しているかを審査しなければならない。また，連邦選挙法の規定が憲法の基準と一致するかどうかにまで，その審査を及ぼしている（BVerfGE 121, 266 [295]；123, 39 [68]；欧州選挙法については BVerfGE 129, 300 [316]）。

461

　議席審査（Mandatsprüfung）に関する手続きの純客観的性格は2012年に改正され，法律上，現在では連邦議会（選挙審査法1条）そして連邦憲法裁判所法48条1項に基づいて連邦憲法裁判所も，選挙の準備または実施の際の**（主観的）権利の侵害について**もさらに決定しなければならない。

> 注：改正は，政党不認定抗告（→ Rn. 482 ff.）の導入と密接にかかわっており，この不認定抗告と同じく，OECD の勧告で，特に推薦署名（Unterstützungsunterschriften）の要件を審査するよう勧告されたことによる（→ Rn. 464；さらに参照，Bt-Dr. 17/9391, S. 6）。

462

　実務上は，たしかに連邦議会に選挙審査手続が付され，これに関して連邦憲法裁判所に抗告がなされることも少なくない。しかし抗告は，とりわけ**重大性要件**（→ Rn. 473）**のためにこれまで勝訴に至らないことが大半である**。くわえて，選挙の瑕疵が深刻なものであっても，影響を受ける範囲はできるだけ限定される（→ Rn. 475）。

> 注：ラント議会（Bürgerschaft）と管区集会（Bezirksversammlung）の選挙が無効宣言されるに至った手続きとして，ハンブルクにおいて政党による候補者擁立の方式を理由に行われた選挙審査手続がある。参照，HamBVerfG, NVwZ 1993, 1083。

216 第2部 連邦憲法裁判所の手続類型

Ⅱ．特別の訴訟要件

463

　連邦憲法裁判所への選挙審査抗告の訴訟要件は，基本法自体では明示されて
おらず，もっぱら**連邦憲法裁判所法**，特に48条から明らかにされる。

464

　連邦議会の決定に対する抗告の**資格**は，連邦憲法裁判所法48条1項前段に
よれば，まず構成員の資格が争われている**議員**に認められる。手続きが抗告の
性格を持つことに鑑み，この規定は，連邦議会の決定が抗告資格ある議員の不
利益にならなければならないと限定的に解される。これに対応して，連邦議会
選挙の効力に対する不服を申し立てることができる**有権者**は，その不服申立て
が連邦議会によって退けられた場合にのみ抗告資格が認められる。くわえて，
連邦憲法裁判所法48条は手続きの客観的性格の表れとして，そのような有権
者の抗告が可能となるのは，当該有権者に少なくとも**100人の有権者が同意し
ている**場合に限られていた。この規律は，手続対象が権利侵害にまで拡張した
こと（→ Rn. 461）によって削除された。連邦議会の前手続とはかかわりなく，
会派と10％の連邦議会少数派は抗告資格がある。

465

　抗告手続は，その**対象**としてさらに，選挙審査手続において連邦議会の決定
が行われなければならないことを要件とする。

466

　不文の要件として，**明確化の利益**（Klarstellungsinteresse）が要求される。こ
の利益は，問題となる選挙によって選ばれた連邦議会が解散されることによっ
て，原則として失われる。もっとも，連邦憲法裁判所は適法な選挙審査抗告の

枠内で，選挙法規範が違憲であるとの訴えと選挙法に関する重大な疑義について，訴えられた選挙の瑕疵が根本的な重要性を持つことに基づき，本案判決をすることに公共の利益が存在する場合に限り，連邦議会解散後あるいは選挙期の満了後であっても審査することができるとした（BVerfGE 122, 304 [308 f.]）。

467

抗告は，連邦議会の決定後2か月の**期間**内に連邦憲法裁判所に提起しなければならず，この期間内に実質的な理由を付さなければならない（連邦憲法裁判所法48条1項）。

Ⅲ． 手続きの進行

468

連邦憲法裁判所法48条2項の要件の下で，連邦憲法裁判所は口頭弁論を省略することができる。**抗告を取り下げた**としても，連邦憲法裁判所が公共の利益のためになお判決することを妨げない（BVerfGE 89, 291 [299]；→ Rn. 78）。

Ⅳ． 判決の内容と効力

469

判決の内容は，連邦憲法裁判所法48条では明文で規律されていない。手続きが抗告の性格を持つことに基づき，連邦憲法裁判所は抗告に理由がある場合には，まず訴えられている**連邦議会の決定を破棄**しなければならない。

470

さらに連邦憲法裁判所は**選挙の効力**についても判決する。新たに今度は正しい決定をさせるために連邦議会に差し戻すという選択肢も考えられるが，これは実際にはあまり適切ではないだろう。形式的な瑕疵があるということのみを

218　第2部　連邦憲法裁判所の手続類型

理由に連邦議会の決定が破棄される場合にも連邦憲法裁判所が選挙の効力について決定することができるかどうかは問題がある。

471

　連邦憲法裁判所は選挙審査手続において，各選挙の基礎にある**選挙法の規定**が基本法と一致するかどうかも審査し（→ Rn. 460），連邦憲法裁判所法78条1文，95条3項2文を類推して，〔違憲と判断すれば〕原則として当該規定を無効と宣言する。違憲であると認められた場合に効力に影響が及ばないままであってはならないからである（BVerfGE 129, 300 [343]；理由はないが，BVerfGE 132, 39 Rn. 55；これに対して機関争訟については→ Rn. 335, 347）。連邦司法省はこの決定を，連邦憲法裁判所法「31条2項に従って」法律としての効力を持つものとして，同項3文の規定の枠組において連邦官報で公表する（BGBl. 2011 I, S. 2252 bzw. 2012 I, S. 1769）。

472

　連邦議会は，選挙審査手続の枠内で選挙法の合憲性を審査することはできず，また抽象的規範統制手続を経なければならないとされるものでもない（BVerfGE 121, 266 [290 f.]）。もっとも，議会は法律の憲法違反が認められた場合にこれを除去する義務を常に負っている。

473

　手続きの勝訴にとって中心となる重要な要件が，連邦議会の構成にとっての**法違反の重大性**である（すでに→ Rn. 462）。（もともとは（ほぼ）唯一の）手続目標である連邦議会の構成が選挙法に適合していることを保障するものであることに鑑み，選挙審査手続では——連邦議会でも連邦憲法裁判所でも——ある選挙区での議席獲得[2]にも名簿議席の配分にも重要な影響も持ちえないような選挙瑕疵は考慮されなかった。

M. 選挙審査抗告　*219*

474

　選挙審査（抗告）が現在，選挙の準備及び実施の際の**権利侵害**にも依拠しうるようになった後は（→ Rn. 461），連邦憲法裁判所法 48 条 3 項（またこれに対応して選挙審査法 1 条 2 項 2 文）は，そのような権利侵害が**確認される**と定めるが，それは選挙が無効と宣言されない場合に限られる（法案理由書 BT-Dr. 17/9391, S. 11 にそのように明示されている）。その点で，現在では抗告は，議席にとっての重要性のない選挙の瑕疵であっても認容されうる。

475

　議席にとって重要な**選挙法違反**が確認された場合でも，効果は可能な限り限定される。民主制原理に基づく選挙された国民代表の現状保護の要請から，**介入可及的最小化の要請**が導かれる。これによれば，まず選挙の瑕疵の数値の訂正が行われる。これができない場合にのみ，再選挙が考慮に入れられる。再選挙は，瑕疵が及びうる範囲に限定される。そのような限定ができない場合にかぎり，選挙全体の再選挙が考慮される（ハンブルクで 1 回あった。→ Rn. 462）。しかし，判例によれば，再選挙の前提は，選挙の瑕疵の矯正が選挙された国民代表の現状保護と衡量して優位することである。選挙全体の再選挙の場合にこれにあたるのは，選挙された国民代表を継続させることが，選挙の瑕疵の深刻さゆえに堪えがたいような場合に限られる（BVerfGE 123, 39 [86 ff.]；129, 300 [343 ff.]）。

476

　議席の事後的**喪失**の場合，連邦選挙法 48 条 1 項に基づき，退職する議員のラント名簿の次順位の者がその地位に就くか，――選挙区選出議員が退職する場合とラント名簿の次順位の者がいない場合――連邦選挙法 48 条 2 項の基準に基づき，追加選挙が行われる[3]。

477

選挙の瑕疵がある形で構成された**連邦議会がその間に行った決定**の有効性に関しては，関連規定が存在しない。法的安定性と法的明確性のために，そのような決定は原則として有効であることが出発点となる。

Ⅴ．他の手続きとの関係

478

連邦憲法裁判所の判例によれば，基本法41条に**基づく議会の選挙審査手続**は，基本法19条4項の裁判で争う途の保障よりも**優先され**，また基本法93条1項4a号の基本権憲法異議よりも**優先される**。その決定的な理由は，基本法41条に基づく選挙審査手続の目標，つまり連邦議会が選挙法に則して成立したかに関する疑義は，すべて集中的な手続きで包括的に扱い，また場合によってこの疑義を除去し，それによって同時に連邦議会の正統性に関するあらゆる疑義を排除しようとするからである。現在では，この見方の正当性は，他の手続きが連邦議会の構成を修正することを問題とする限りで認められる。

479

これに対し，権利侵害，とりわけ基本権同等の選挙権の侵害を確認することに尽きる手続きをも認めないのは問題があった。権利侵害まで選挙審査（抗告）の対象を拡張することによって（→ Rn. 461, 474），裁判で争う途を開くという要請を満たすことができるであろう。基本権ないし基本権同等の権利が選挙の準備および実施の際に侵害されたと主張されうる限りで，憲法異議に対して本手続が特別法として優先される。

480

また，このような選挙審査手続の優先が，**ラント憲法レベル**でどのように根拠づけられるべきかも問題がある。選挙審査に関するラント憲法の規定は，そ

のランクが〔基本法よりも〕低いために，直ちに基本法19条4項に基づく基本法上の出訴の途の保障よりも優先するものとみなすことができないからである。しかし，ラント議会の選挙審査の規律は，ラントの憲法自治に専ら委ねられる領域の問題であり，これについて基本法の保障は（優先的）妥当を主張しないということから出発することができよう。

481

　政党不認定抗告（→ Rn. 482 ff.）の可能性があることは，連邦選挙法18条4項違反に基づいて行われる，関係する結社が通例有権者の集団として提起することができる連邦議会選挙の有効性に対する不服申立てとこれに続く選挙審査抗告の妨げとはならない。政党不認定抗告を理由なしとして退けることが，選挙審査抗告を伴う連邦選挙法18条4項違反を援用することを排除することになるかどうかは，「有権者の集団」自体について結社との人的同一性が欠けるため，実質的確定力〔既判力〕の主観的限界を考えると問題がある。他の者（また結社の構成員である個々の有権者も含め）への効力は認められない。なぜなら〔政党不認定抗告の〕裁判について，対世的な法的効力としての法律としての効力が定められていないからである。

M．選挙審査抗告に関する確認問題

1．選挙審査抗告手続の目標は何か？
2．連邦憲法裁判所の裁判は，該当する個別の議席の存続についてどのような効果を持つか？
3．選挙の瑕疵の議席にとっての重要性は，選挙審査抗告の認容にとってどのような意味を持つか？
4．介入可及的最小化の要請によれば，議席にとって重要な選挙の瑕疵が確認された結果はどのように形成されるべきか？

解答は332頁。

222 第2部　連邦憲法裁判所の手続類型

参 考 文 献

Kackner, Hendrick, Grundlagen des Wahlprüfungsrechts nach Art. 41 GG, JuS 2010, 307; *Morlok, Martin*, Chancenfleichheit ernstgenommen – Die Entscheidung des Bundesverfassungsgericht zur Fünf-Prozent-Klausel bei der Europawahl, JZ 2012, 76; *Voßkuhle, Andreas/Kaufhold, Ann-Katrin*, Grundwissen – Öffentliches Recht: Die Wwahlrechtsgrundsätze, JuS 2013, 1078.

事 例 問 題

Seiler, Christian, Referendarexamenklausur – Öffentliches Recht: Streit in der Partei, JuS 2005, 1107; *Shirvani, Foroud/Schröder, Meinhard*, „Unregelumäßigkeiten bei der Bundestagswahl", Jura 2007, 143（2012 年改正前）; *Rolfsen, Michael/Pauland*, Daniel, Aktuelle Probleme des Wahl（prüfungs）rechts in der Fallbearbeitung, Jura 2010, 677; *Kircher, Philipp/Nagel, Florian/Thümmler, Christine/Washausen, Juria*, Der frustrierte Wähler, Jura 2014, 436.

訳 注

1)　選挙審査法 18 条
　　連邦憲法裁判所への抗告については，連邦憲法裁判所に関する法律の規定が妥当する。
2)　2023 年の連邦選挙法改正により，選挙区の最多得票者であっても，所属政党の獲得議席数によっては議席が獲得できないことになった。
3)　現行の連邦選挙法では空席とされる。

N. 政党不認定抗告

Ⅰ. 法的根拠，機能および実務上の意義

482

　連邦議会選挙のための政党として認定されないことに対して当該結社が抗告を申し立てる可能性が，**2012 年に初めて 93 条 1 項 4c 号として**基本法に導入された。続いて**連邦憲法裁判所法 13 条 3a 号，96a から 96d 条**が定められた。

　　注：この改正によって，2009 年の連邦議会選挙を監視した欧州安全保障協力機構／民主制度・人権事務所の選挙評価ミッションの 2009 年 12 月 14 日勧告に従うことになった（参照，BT-Dr. 17/9392, S. 4）。

483

　政党不認定抗告（Nichtanerkennungsbeschwerde）の導入によって，同時にその後に続く選挙審査手続が補完され，連邦議会選挙の脈絡で選挙提案資格ある政党としての認定の拒否に関して存在した**権利保護の欠缺**が埋められた。

　　注：手続きの背景にあるのは，連邦選挙法 18 条 4 項である。同項によれば，連邦選挙管理委員会が各連邦議会選挙の前に，あらかじめどの政党が十分議会で代表されるか，あるいは選挙に参加することを適式に公示したことに基づいて政党として認定されるのかを，すべての選挙機関に対し拘束的に確認する。この認定に，その後の選挙手続への参加可能性が左右される。
　　連邦憲法裁判所法 96a 条以下は，選挙の前段階で連邦選挙管理委員会の拒否決定に対する権利保護を保障するものではあるが，ただそれは選挙参加を可能にするためのものである。そのため，とくに連邦憲法裁判所による迅速な決定が確保されることを

224 第 2 部　連邦憲法裁判所の手続類型

要する。

484

　連邦憲法裁判所は，2013 年の第 18 期ドイツ連邦議会の選挙の前段階で，一**連の政党不認定抗告について決定した**。11 件の抗告は，多くはそもそも適法性が欠けるとして退けられたが，ドイツ国民議会（DNV）という結社の抗告は認容された（BVerfGE 134, 124 ff.）。将来の選挙にあたり，同様に多くの抗告が提起されるかどうかは，結果をみなければわからない。現在，連邦憲法裁判所法 34 条は，政党不認定抗告手続について濫用料は定めていない（→ Rn. 89）。

Ⅱ．訴 訟 要 件

485

　抗告申立資格があるのは，連邦憲法裁判所法 96a 条 1 項によれば，連邦選挙法 18 条 4 項に基づく名簿提出資格ある政党としての認定を拒否された結社および政党である。基本法 93 条 1 項 4c 号もかかわる政党としての認定について触れるのは連邦選挙法 18 条 4 項 1 文 2 号だけであるにもかかわらず，（憲法改正立法者を含む）立法者の意思によれば，連邦選挙法 18 条 4 項 1 文 1 号に基づく議会での十分な数の長期的な代表の確認も含まれる（BT-Dr. 17/9392, S. 4 bww. BT-Dr. 17/9391, S. 6, 8）。それはともかく，結社は権限ある機関によって**適法に代表**されなければならない。

486

　連邦憲法裁判所法 96a 条 2 項によれば，抗告は緊急の必要性ゆえに，連邦選挙管理委員会の当該決定の公示後 **4 日の短期の期間**内に文書で（連邦憲法裁判所法 23 条 1 項 1 文）提起しなければならず，当該期間内に理由を付さなければならない。くわえて，連邦憲法裁判所法 23 条 1 項 2 文後段によれば，必要な証明手段が提示されなければならない。選挙への参加が別の理由から，たとえ

ば必要署名数を欠くことからいずれにせよもはや考えられない場合には，権利保護の利益が欠ける（BVerfGE 134, 121 Rn. 6）。

注：2013年の政党不認定抗告のいくつかが不適法であったのは，上記の形式要件を満たさなかったためであった。

Ⅲ．手続きの進行

487

手続進行に関する特殊性としてまず挙げられるのは，**連邦選挙管理委員会**が意見陳述の機会を与えられることである（連邦憲法裁判所法96b条）。くわえて，連邦憲法裁判所は**口頭弁論を経ずに**裁判をすることができ（連邦憲法裁判所法96c条），理由を付さずに判決を公表することができる。その場合，抗告申立人と連邦選挙管理委員会には理由が別々に送達される（連邦憲法裁判所法96d条）。最後に挙げた2つの方式は，迅速な裁判という目的によるものである。

Ⅳ．判決の内容と効力

488

判決の内容は，規範的には詳細な定めがない。一般原則を類推適用して（→ Rn. 86），不適法な抗告は却下され，理由のない抗告は棄却される。唯一理由があるとして認容された初めての抗告で，BVerfGE 134, 124 は抗告申立人を直近の連邦議会選挙の選挙提案資格ある政党として認定した。それ以上の言明は判決対象には含まれない（→ Rn. 490）。判決は，連邦憲法裁判所法31条1項に基づき，全国家機関を拘束する（→ Rn. 666）。判決の拘束力を憲法に関する主文を支える理由にのみ関係づける論者は（→ Rn. 663 ff.），連邦選挙法18条4項1文を類推適用しうるとする。同文によれば，連邦選挙管理委員会による認定は，すべての選挙機関を拘束する。

226 第2部 連邦憲法裁判所の手続類型

V. 他の手続きとの関係

489

連邦憲法裁判所法32条に基づく**仮命令**は，連邦憲法裁判所法96a条3項に基づき明文により排除される。これは本案手続自体が暫定的性格を有しており，これを背景に仮の権利保護を与える必要性が存在しないということによって説明することができる。選挙審査手続との関係については，→ Rn. 481をみよ。

490

政党禁止手続とは接点がない。とりわけある結社を次回選挙の政党として認定されることは，それが基本法21条2項の意味で違憲であるかどうかに関わりはない。後者については専ら政党禁止手続で決定される。連邦憲法裁判所の認定決定は，──政党禁止手続の適法性についての先例となるような──政党としての特性を法的拘束力をもって決定するものではない。それは政党不認定抗告についての裁判にとって前提問題に過ぎない（BVerfGE 134, 124 Rn. 19は全く誤解がないとは言えない）。

N. 政党不認定抗告に関する確認問題
政党不認定抗告手続の迅速化はどこに現れているか，またその目的は何か。
解答は333頁。

参考文献

Klein, Pascal, Rechtsschutz gegen die Nichtanerkennung als Partei bei Bundestagswahlen, DÖV 2013, 584; *Bechler, Lars/Neidhardt, Stephan*, Verfassungsgerichtlicher Rechtsschutz für Parteien vor der Bundestagswahl: Die Nichtanerkennungsbeschwerde zum BVerfG, NVwZ 2013, 1438.

O．異なる解釈の移送

Ⅰ．法的根拠，機能および実務上の意義

491

異なる解釈の移送の**規範的根拠**は基本法 100 条 3 項，連邦憲法裁判所法 13 条 13 号，85 条である。

492

当該手続の**歴史的先駆**は基本法以前の憲法には存在**しない**。しかしながら，一般の裁判権には相当する手続きが以前から知られている。

493

異なる解釈の移送手続の**目的設定**は，基本法の解釈という観点における**連邦とラントの憲法裁判所の判例の統一性**に対する配慮にある。連邦憲法裁判所法 31 条 1 項による連邦憲法裁判所の拘束力は常に連邦憲法裁判所自身によって主文を支える理由中判断にまで拡大されるが，このような拘束力との関係において，異なる解釈の移送手続はラントの憲法裁判所に対して，疑義のある基本法解釈について連邦憲法裁判所を通じてもう一度検討する可能性を基礎づける。

494

当該手続の**実際的意味は少ない**。**手続件数はわずかであり**，その一部は不適法となっている。

228 第 2 部　連邦憲法裁判所の手続類型

Ⅱ．特別の訴訟要件

495

　基本法 100 条 3 項，連邦憲法裁判所法 85 条 1 項によると，**ラントの憲法裁判所のみが移送の権限を有する**。裁判所の名称（たとえば国事裁判所（Staatsgerichtshof））は関係ない。

496

　異なる解釈による移送の**最初の状況**は基本法 100 条 3 項において「基本法の解釈に際して」という文言によって規定されている。この表現はラント憲法裁判所が**基本法自体の解釈**に従事する場合にのみ移送を考慮に入れるよう，文言通りに解釈されねばならない。これに対して，ラント憲法裁判所がラント憲法の枠内で，その文言または本質的な内容が基本法に合致する規定に対処しなければならないというだけでは十分ではない。基本法 100 条 3 項の文言に限定したこの解釈は，一方で連邦国家における判例の統一の必要性を顧慮しているが，他方でラント憲法の公布のために存在するだけではなく実務におけるその適用およびその有権的解釈も含むラントの憲法領域の自主性を尊重している。

497

　移送するラント憲法裁判所は連邦憲法裁判所や他のラントの憲法裁判所と異なる裁判をしようとするものでなければならない。その際，「裁判（Entscheidungen）」の概念は他の裁判権における異なる解釈の移送の先駆によれば，過去の憲法裁判所の裁判の**主文を支える理由中判断**に関わる。異なる解釈の移送の一般原則に関連して，異なる裁判をしようとする憲法裁判所は，過去の裁判で自身が主張した解釈を放棄する場合には移送は除外されるということを念頭に置かねばならない。連邦憲法裁判所においてこのための明文的な規律が欠けているにもかかわらず，実務においてはこの意味においても機能して

いる。

498

　異なって判断する法的問題が**移送裁判所にとって裁判するために必要でなければならない**という要求は，法律において明文上の言及がない。このことが意味するのは，移送裁判所が下す裁判が基本法の解釈についての判断に依存しており（該当するのが Rn. 226 ff., 41 も），その結果，これに関して採用する解釈が，判決を下す際の主文を支える理由中判断に含まれることになるということである。

Ⅲ． 手続きの進行

499

　連邦憲法裁判所は，連邦憲法裁判所法 85 条 2 項によると，連邦参議院および連邦政府，さらには移送裁判所が異なる判断をしようとする〔元の〕裁判を下したラント憲法裁判所に対して意見陳述の機会を与えている。条件を定めた部分のこの理解は，最初のしかしながら言語表現としては失敗に終わった法文（「ラント憲法裁判所の裁判と異なる裁判をしようとするときは」）に由来する。1971年以来連邦官報で新たに公表され，通常の法令集に入った条文は，連邦憲法裁判所の異なった判断を行おうとする意思に着目しているが，それが文言の矛盾を段の変更により除去する連邦司法省の権限によっては補正されていないためほとんど意味がなく，基準とはならない。

Ⅳ． 判決の内容と効力

500

　異なる解釈の移送手続における判決の内容は，連邦憲法裁判所法 85 条 3 項により規定されている。それによれば，連邦憲法裁判所は**法問題**，したがって

異なる法的見解が存在する**基本法の解釈**についてのみ裁判する。その際，連邦憲法裁判所は裁判する法問題について法的統一性および法的安定性という目的を考慮して，あまり狭く規定していない。とりわけ，移送する問題は判決にとっての必要性の枠内でとにかく可能な限りに狭く設定されねばならないというのではなく，他の事件群にとっても重要な解釈問題を明らかにし得るようなところまで広く説示することが認められている。連邦憲法裁判所はまた，移送された解釈の問題をより広い意味で解釈すること，特に提示された事案の問題性にとって決定的な場合は，移送する裁判所が言及した基本法の規定以外を評価に含めることについて権限があると自らを見なしている。

501

連邦憲法裁判所の判決の**効力**は，裁判で提示された法問題の解釈が移送したラント憲法裁判所にとって**原手続**において基礎に置かれるということにある。それを超えて解釈問題についての裁判は，すべてのラント憲法裁判所の将来の手続きに対して連邦憲法裁判所法 31 条 1 項の拘束力に与っているが，基本法 100 条 3 項による再移送については検討の余地があるだろう。

V. 他の手続きとの関係

502

基本法 100 条 3 項の手続きと**基本法 100 条 1 項**の具体的規範統制手続との関係は問題を提起する。このことは，とりわけ基本法の解釈に関する異なる解釈が（ラント憲法裁判所の解釈によれば）ラント憲法裁判所が適用する法律によって侵害される基本法の規定に関する場合に問題となる。そのような事例において 100 条 1 項及び 3 項両方の移送の要件が同時にそろっている場合，ラント憲法裁判所は両方の移送か，どちらかの移送か，自らの選択により行う権限を有する。なぜなら，すでにそれによって一方の移送事件が処理されるかもしれないからである。

O．異なる解釈の移送　*231*

503

　ラント憲法裁判所が基本法 100 条 3 項の移送義務を履行しない場合，当該手続において下されるラント憲法裁判所の判決に対して，訴訟関係人によって，手続的基本権（Innerprozessuale Grundrechte → Rn. 518）における基本権享有主体性の拡大に応じて，**憲法異議**が基本法 101 条 1 項 2 文の法律上の裁判官を求める基本権同様の権利の侵害を理由に提起されうる。

504

　密接に基本法 100 条 3 項と結びついているのが，すでに論じた**連邦憲法裁判所の部間の解釈相違**の回避のための**連邦憲法裁判所法 16 条**の内部移送手続（→ Rn. 41 ff.）である。本質的な差異は，連邦憲法裁判所法 16 条 1 項の場合における相違はかならずしも基本法の解釈に関することでなければならないわけではなく，すべての種類の規範に関するものでありうる点にある。

◼ O．解釈が異なる場合の移送に関する確認問題

1．ラント憲法裁判所が裁判を行うにあたり，ラント憲法の規定を，同じ内容の基本法の規定が連邦憲法裁判所によって解釈されたのとは異なって解釈したい場合，基本法 100 条 3 項に基づく移送は考慮に値するか。

2．基本法 100 条 3 項の移送義務違反に際して，ラント憲法裁判所の手続きにおける関係人にはどのような可能性があるか。

解答は 333 頁。

参 考 文 献

Hufen, Friedhelm, Bundesverfassungsgericht und Landesver fassungsgerichte nach der Föderalismusreform - Zwischen Einheit und Eigenstän digkeit der Verfassungsräume, NdsVBl. 2010, 122; *Kluth, Winfried*, Vorlagepflichten der Landesverfassungsgerichte nach Art. 100 Abs. 3 GG bei der Anwendung von Landesgrundrechten, NdsVBL 2010, 130.

P. 基本権憲法異議

I. 法的根拠，機能および実務上の意義

505

基本権憲法異議の**規範的根拠**は，1951 年以来，連邦憲法裁判所法 90 条，92条〜95 条にある。1969 年に，この手続様式は，基本法 93 条 1 項 4a 号として明文でも基本法に加えられた。

506

憲法異議の**憲法上のモデル**としては，すでに 1849 年のパウル教会憲法の126 条 g を挙げることができる。しかしながら，後のライヒの諸憲法はこの手続きを知らなかった。その後，1945 年以降，バイエルン共和国憲法の中に――すでに 1919 年の同様の手続きがあったが――この手続きが（ヘッセン州憲法 131 条 1 項も参照せよ。）加えられた。

507

憲法異議の**機能**は，その他の点ではすでに一般的な裁判権の枠内で行われている**基本権保護をさらに確保すること**にある。その際，個々の基本権侵害と戦うことのみが，または，それが第一の，機能なのではなく，むしろ国家の活動における基本権侵害が可能な限り回避されるようにするという予防的努力が重要な位置を占めている。これによって，他の国家機関の活動について，後に連邦憲法裁判所の審査が行われる可能性があるということが持っている，いわゆる**教育効果**以上のものが達成される。さらに，連邦憲法裁判所は，異議申立人個人の基本権を貫徹することのみならず，客観的憲法を維持し，解釈し，

そして，継続的に形成することもまた，憲法異議の機能であると考えている（BVerfGE 124, 300 [318]）。

508

　憲法異議は**立法に対するコントロール**ということを考慮した場合に固有の意義を持つ。というのも，立法権に対して（少なくとも形式的意味の立法の場合）は，基本法 19 条 4 項を通じた，他の裁判権による直接の権利保護〔手段〕を利用することができないからである。〔また〕憲法異議は，法律規定の適用について，裁判になっていない場合，または，——裁判になってはいても——裁判所が法律の合憲性に何ら疑念を持っていない場合にも連邦憲法裁判所によるコントロールを可能にする。

509

　もっとも，憲法異議の機能は，連邦憲法裁判所を一般的な管轄権を持つ，全ての裁判所の「**超上告審**」にすること，あるいは，コントロールを事実の評価にまで及ぼすことにあるのではない。そのようなことを防ぐために，判決憲法異議に際して，**審査基準がいわゆる「憲法固有の部分」**（spezifisches verfassungsrecht）**に限定されている。**この見解によれば，連邦憲法裁判所が審査するのは，判決が憲法適合的な法律に基づいて下されているかということ，および，この法律を適用する際に基本権及び〔審査に際して〕間接的に重要な意味を持つ他の憲法規定の意味が根本的に誤認されなかったかということのみである。これに対して，基本法と特別な関係にあるというわけではない，単なる法適用の誤りは，そのような誤りに基づく誤った判決もまた，基本権によって保護されている法益を縮減する場合には，基本権を侵害しているということは確かであるが，コントロールの対象とはならない。行われるコントロールの範囲は当事者適格が肯定されるために必要な主張（→ Rn. 560）の範囲に対応しているのである。

234 第 2 部　連邦憲法裁判所の手続類型

510

〔しかし〕専門裁判所が憲法規定またはこれと同じ内容の法律を直接適用する場合には，事実の評価についても**広範に審査**が行われる（庇護権の場合 BVerfGE 54, 341 [355 f.]；より限定的な審査ではあるが BVerfGE 76, 143 [162 f.] も参照；基本法 21 条および政党法の適用については BVerfGE 111, 54 [84 f.]）。法律上の裁判官による裁判を受ける権利の憲法上の保障が問題となる場合にも広範な審査が行われる（BVerfGE 139, 245 Rn. 66）。また，基本法 103 条 2 項による刑法についての諸原則についても憲法裁判所による審査密度は高められる（BVerfGE 126, 170 [199]）。芸術の自由が強く侵害されている場合には，BVerfGE 119, 1 (22) は当該事件の具体的事実についても自らが評価するとしている。当事者の意思に反するにもかかわらず世話人を付すことが一般的行為の自由への介入になるとされた事案においても，BVerfG (K), NJW 2015, 1666 Rn. 27 は，基本権への介入の程度が強いことを理由として，認定された事実が判決の根拠たりうるか，事実認定に際して手続法に対する本質的といえるほどの重大な違反がなかったかという点にまで審査範囲を拡張した。

511

さらに連邦憲法裁判所は，（ほとんどの場合は）基本法 3 条 1 項に位置づけられている恣意の禁止違反の事例なのであるが，**法適用のあまりにもひどい誤り**が問題になる場合にも〔広範に〕他の裁判所の裁判を審査している（最近の例として，たとえば BVerfG [K], EuGRZ 2014, 691；NStZ 2014, 592 [593]；FamRZ 2016, 21 Rn. 10；NStZ-RR 2016,159 f. 等々）。**基本法 101 条 1 項 2 文の**〔法律上の裁判官の裁判を受ける権利についての〕差別的**取扱い**が問題になる場合も同様である。（参照，BVerfGE138, 64 Rn. 71；ヨーロッパ司法裁判所への移送義務違反についての BVerfGE 126, 286 [315 f.]；128, 157 [187]，基本法 100 条 2 項による移送義務違反についての BVerfGE 109, 13 [23 f.]）。

512

いずれにせよ，実務において，基本権の憲法異議は，他の全ての手続様式を**数の上ではるかに上回る重要性**を持っている。憲法異議は，現在では，多数（最近では 2015 年に連邦憲法裁判所に申し立てられた年間 5891 件の内，5739 件の憲法異議）提起されているので，2 つの部を持つ連邦憲法裁判所は，これらの憲法異議全てについて全員で判断することができない状態にある。そこで，憲法異議の大部分を部によらずに処理することを可能にする様々なメカニズムが法律において規定されてきた。そのようなメカニズムとして，以前は，不適法または明らかに理由のない憲法異議を除外するという消極的権限のみを持つ，いわゆる**予備審査委員会**（Vorprüfungsausschüsse）が存在していた。

513

現在では，部によって，連邦憲法裁判所の各 3 人の裁判官から成る複数の**部会**が構成されており（→ Rn. 38），この部会は，予備審査委員会とは異なり，一定の事例において憲法異議を認容することができる（→ Rn. 603 f.）。それにもかかわらず，今日まで，大部分の憲法異議（2015 年には 98.11%）は不成功に終わっている。その原因は，多くの訴訟要件（とりわけ，裁判で争う途を尽くしていること，補充性，そして異議申立期間）が，実務において，いずれにせよ本書ではその細部まで説明することはできないが，展開されたことにある。

Ⅱ．特別の訴訟要件

514

憲法異議の訴訟要件の枠内において，**一般的な基本権ドグマーティク**（Grundrechtsdogmatik）に関する数多くの問題が間接的にではあるが，重要になる。しかし原則として，本書の訴訟法上の説明の枠内では，それらについて詳細に論じることはできない。それらについては，基本権に関するそれぞれの説明に譲らざるをえない。

1. 憲法異議の当事者能力

515

　基本法93条1項4a号および連邦憲法裁判所法90条1項によれば何人も憲法異議を申し立てることができる。この要件によって把握される訴訟要件は，きわめて多様な言葉で表されている（たとえば，関係人能力，当事者能力，異議申立能力など）。〔しかし〕憲法異議の当事者能力（prozessualen Grundrechtsfähigkeit）という言葉を用いることによって内容がより明確に把握される。憲法異議の当事者能力は——民法の権利能力に対応する民事訴訟法の当事者能力のように（民事訴訟法50条参照）——**基本権ドグマーティクの（実体法上の）基本権享有能力**（Grundrechtsfähigkeit）（または，基本権主体性（Grundrechtsträgerschaft））の**訴訟法上の裏面である**。憲法異議の当事者能力は，その時々の個々の憲法異議手続からは切り離された抽象的な要件である。この要件は，異議申立人がそもそも基本権の主体であれば，それだけで満たされる。

　　注：広義の基本権として，ここでは，基本法93条1項4a号において広く列挙されている基本法の諸規定に由来する，基本権と同等の諸権利も含まれる。

516

　とりわけ，**自然人**は訴訟上，憲法異議の当事者能力を有する。**出生前及び死亡後**の人間の基本権享有能力に関する，基本権ドグマーティクの著名な問題は，憲法異議の当事者能力にも影響を与える。それゆえ，憲法異議が胎児または既に死亡した人のために申し立てられるならば，この異議申立人の基本権主体性に関する問題は，すでにこの訴訟要件の枠内で——もちろん抽象的に——明らかにされなければならない（→ Rn. 519）。

517

異議申立人が基本法116条1項の意味におけるドイツ人であるか否かは，憲法異議の当事者能力にとって重要ではない。いずれにせよ，**外国籍または無国籍の人間**もまた，基本権の一部について実体法上の基本権享有能力を持っているので，彼らは，ただそれだけで憲法異議の当事者能力を有すると見なされるべきである。どの程度まで彼らがドイツ人の基本権（Deutschengrundrecht）の適用領域で，適法に憲法異議を申し立てることができるかという問題は，当事者適格においてはじめて扱われる（→ Rn. 552）。

518

憲法異議の場合も当事者能力は抽象的に理解しなければならないのであるから，**全ての法人**もまた，個々の事例において主張される基本権をより詳細に精査することなく，憲法異議の当事者能力を有する者と位置づけられなければならない。なぜなら，私法上の外国法人及び公法上の法人も含めて全ての法人には，少なくとも基本法101条1項2文，103条1項の，国内の訴訟において効力を持つ基本権と同等の権利が帰属するからである。

注：BVerfGE 138, 64 Rn. 54 ff. は，その限りで，官庁自身にまで異議申立能力（Beschwerdefähigkeit）を拡大した。

基本法19条3項の解釈のカギとなる法人という概念，この概念は連邦憲法裁判所によって，憲法異議の効果を高めるために非常に拡張されているのであるが，この概念の解明も個々の事案において問題となっている基本権とは関係なく行うことができる。

519

それゆえ，憲法異議の当事者能力〔という要件〕の**実務上の意義は非常に限定的**である。この要件により排除されるのは，自然人によるものでも，基本法

238　第 2 部　連邦憲法裁判所の手続類型

19 条 3 項の意味における法人によるものでもない憲法異議に限られる。しかし，このことは憲法異議の当事者能力という概念を，当事者能力，関係人能力という，通常の，抽象的に規定されている訴訟法上のカテゴリー（民事訴訟法50 条，行政裁判所法 61 条）と異なり，その時々に主張される権利と関連づけて規定しなければならないとする根拠にはならない。この概念が〔基本権〕ドグマーティク上どう分類されようと結論が変わるわけではないのであるからなおのことである。侵害されたと主張される個々の基本権について〔申立人に〕基本権享有主体性が認められるかという問題は，依然として，それぞれの基本権について当事者適格（Beschwerdebefugnis）が認められるかという問題の中の一つの問題であり続ける（→ Rn. 549 ff.）。

注：それゆえ，憲法異議の当事者能力は**抽象的に取り扱われる**べきであるというここでの主張とは異なり，侵害されたと主張されている基本権について，異議申立人の実体法上の基本権享有主体性が明らかに欠けている場合や極めて疑わしい場合には，問題をこの第一の訴訟要件〔憲法異議の当事者能力〕の枠内で取り扱うことは擁護可能であると思われる。たとえば，このことは，故人，胎児の場合（→ Rn. 516）または私法上の外国法人が基本法 19 条 3 項によればこの法人には与えられてはいないことが明白な実体的基本権を主張する場合（→ Rn. 562）に妥当する。BVerfGE 138, 64 Rn. 59 は，基本法 101 条，103 条 3 項について当事者能力があるとされた官庁の場合であったにもかかわらず，裁判所による許されざる法の継続形成との主張については，この官庁の当事者能力を否定した。

2．訴訟能力

520

　異議申立人の訴訟能力（Prozessfähigkeit）とは，〔申立人が〕**自ら訴訟行為を行う能力**を意味する。それゆえ訴訟能力は，実体的な法律行為を自分自身で有効に行うことができる能力に訴訟法上対応するものである。この訴訟要件は，憲法異議手続について明文では規定されていない。この要件は，さまざまな訴訟法（たとえば行政裁判所法 62 条，民事訴訟法 51 条以下を参照）において，訴訟能

力を原則として行為能力に依存させているということからの類推により明らか
となる。

521

　これに関連して，憲法訴訟法における自然人の訴訟能力については**原則とし
て**民法104条以下によればその**実体的な行為能力**が必要とされるべきである
が，それは，通常は成年（民法2条）を前提条件とする。行為能力が法律上拡
張される場合（たとえば，民法112条以下）あるいは一般的な行為能力を超えて
訴訟能力が訴訟法上拡大される場合には，成年という必要条件からの逸脱が生
じる可能性がある。特別な法律上の規定が欠けている場合に，基本権保持の実
効性を保つために，未成年者の行為能力ないし訴訟能力を拡張することは場合
によっては，基本法上受け入れることができる。そして，このことは当然のこ
とながら，他の裁判手続から憲法異議へと波及していく。

　例：当時の法では未成年であった軍人について，軍の異議申立制度（Wehr-
　beschwerdeordnung）および兵役義務に関する裁判手続において，明文規定がないに
　もかかわらず訴訟能力ありと認められた（BVerfGE 28, 243 [255]）。

522

　これらの原則によれば，たとえば，15歳の自然人が自らの**宗教的自由**の制
限に異を唱える場合，憲法異議について訴訟能力が認められる。なぜなら，
1921年7月15日の子どもの宗教教育に関する法律5条（RGBl. S. 939）によれ
ば，すでに満15歳に達した者は，宗教に関連して重要な決定をすること，と
りわけ，これと関連する法的行為を有効に行うこと，および場合によっては，
専門裁判所において当該裁判手続を行う権限を有しているからである。同じこ
とは，成人年齢が21歳から18歳に引き下げられる前の，成人に達する前に行
われた軍役編入を阻止しようとした**兵役拒否者**に対しても妥当する。

240　第2部　連邦憲法裁判所の手続類型

523

　（実体的）基本権ドグマーティクにおいて主張されている，いわゆる**基本権上の成年**（Grundrechtsmündigkeit）という概念は，訴訟能力を決めるための**有益な根拠ではない**。明文規定のどこにも根拠がないこの概念によって論者が示そうとしているのは，基本権という宝を享受するための，もちろんそれは訴訟という場に限ってのものであるが，前提要件である，基本権的自由を自己の責任において行使する能力である。法律上の規定がある場合（前述の宗教上の成年）は別として，基本権上の成年という概念を立てることは困難である。

524

　基本権上の成年（Grundrechtsmündigkeit）は，そもそも基本権により保護される行動の自由の場合にしか問題とならないのであるから，〔憲法異議の〕訴訟能力のための**一般化可能な基準点**を提供**しない**。他の基本権法益，たとえば，身体，生命，（すでに獲得された）財産その他これに類するもの，さらには平等も，これらの法益の基本権による保護は，そもそも積極的に行使されるか否かにかかわりなく，それどころか，むしろ，個々の基本権主体の能力には全く関係なく，国家権力により尊重されなければならない。しかし，行動の自由が問題となる場合であっても，行動の自由を自己の責任において行使できる自然的能力は，憲法異議手続の枠内における独立した訴訟上の行為能力のための有益な基準点ではない。なぜなら，実体法上の基本権行使と訴訟遂行は全く異なる能力を前提とすることができるからである。

　　例：それゆえ，幼児に，砂場遊びのために必要な基本権上の成年を基本法2条1項を
　　考慮して認めることや，8歳の生徒に，学校新聞に参加する（基本法5条1項1文）
　　能力を認めることは可能であるが，このことは，これらの子どもたちが自ら憲法異議
　　を提起することを許す理由となるというわけではない。

525

　しかしながら，「**基本権上の成年**」と認められた未成年者も，原則として（し

たがって，すでに紹介した特別な場合を除いて→ Rn. 521 ff.)，法律行為や訴訟行為においては，**法定代理人**，やむを得ない場合にはそのために選任された特別代理人（Ergänzungspfleger）**による**未成年者の（基本権上の）利益についての配慮を，依然として必要としている。

526

法人の場合，訴訟能力は，法人が法律により規定されている当該法人の**機関によって**，規定に従って，**代表されている**かにより異なる。

3．当事者適格

527

当事者適格（Beschwerdebefugnis）という訴訟要件は，集合概念（Gesamtbegriff）として，基本法 93 条 1 項 4a 号および連邦憲法裁判所法 90 条 1 項により〔申立てに際して〕提示することが義務づけられている主張の中にまとめられている，**一連の諸要素を含んでいる**。それゆえ，当事者適格という要件の枠内では，多くの部分的要件が審査されなければならないが，これらの部分的要件の審査を，当事者適格という要件の一部についてこの要件に代わるものとして，この要件と別に行なうことも可能である。

a）　異議の対象

528

独立した訴訟要件としても扱われる部分的要件の代表は，いわゆる異議の対象という要件であるが，この要件は**「公権力により」**という言葉を用いた（基本）法の定式化において，権利侵害の主張〔という要件の〕の一部として言及されている。この観点において，いずれの場合であっても審査されなければならないのは，憲法異議が公権力の行為に対して向けられているかということである。その際には一般的な基本権ドグマーティクと強く結びついた多様な問題

242　第2部　連邦憲法裁判所の手続類型

が生じうる。

注：対象となる国家行為の射程は古典的な介入概念を超えるが，このことは，次のような問題を提起する可能性がある。すなわち判決の言い渡しにおいてその法的効果によって申立人に利益を与える判決が判決理由における説示によって，申立人にとって例外的に基本権侵害となる可能性があるかという問題である。（参照，BVerfG, NJW 2016, 229 Rn. 55 ff., 65 ff.）

529

　とりわけ重要なのは，憲法異議の枠内における「公権力」という概念には**分立された国家権力のすべての領域**が含まれているということである。このことは，基本法19条4項の枠内においては，「公権力」という概念は伝統的に支配的な見解に従って狭く定義され，特に執行にのみ関係づけられてきたため，特に強調しておかなければならない。裁判で争う途の保障の枠内における，この概念の正しい理解がどのようなものであれ，憲法異議にとって決定的なことは，この法的救済手段は公権力に対して基本権を防御するための制度であるが，この公権力は基本法1条3項により明示的に3つの部門すべてが基本権に拘束されている，ということである。〔さらに〕連邦憲法裁判所法93条の異議申立期間の規定および同95条の判決内容についての規定も補充的に根拠となる。すなわち，これらの規定では，明示的に法律に対する憲法異議および，全く一般的に，それゆえ裁判所による決定も含む「決定」に対する憲法異議について語られている。

注：この概念の内容について詳しく論じることは，憲法異議については意見の違いはないのであるから，答案作成においては原則として必要ではない。それでも，基本法19条4項との関係では，この概念の内容について異なる理解があるので，特に法律に対する憲法異議の場合には，これも基本法93条1項4a号の意味における公権力に含まれるということについて簡潔な理由を付しておくことが望ましいであろう。

530

私法の行為形式や機関の形式を用いた執行権の活動については，公的任務が遂行された場合にのみ基本権による拘束が問題とされるべきであるということは，長い間広く受け入れられてきた。〔そこで〕基本権による拘束は特に調達行政や行政の私経済活動については否定されてきた（これについては旧版の Rn. 493 も参照）。

　　注：BVerfGE 116, 135（151, 153 f.）は，公共調達のための委託発注が基本法 12 条 1 項の基本権の拘束対象となる活動かについて明らかな疑念があったにもかかわらず，申立人の職業の自由は侵害されてないと考えたため判断を示さなかった。もっとも，基本法 1 条 3 項に言及することもせずに基本法 3 条 1 項は適用したのであるが。

531

フラポート判決（BVerfGE 128, 226 [244 f.]）は，伝統的見解に，おそらくは最終的なものとなるであろう別れを告げた。その結果，今や，私法的に組織された**公的法主体**の私法形式における活動は**どれも皆基本権に拘束される**。なぜなら，私法形式の活動も公共の利益のための活動である（〔この文は〕もはや，私法形式の活動がそのようなものである場合に限って基本権に拘束されるということを意味する文ではない）からである。このことは，さらに公権力により支配されている半官半民企業にまで拡張された。したがって，この判決の考えの下では，基本権に拘束されないという例外を見つけることは困難であろう。

532

　憲法異議の対象については，**上述の判例の展開**は，そこで問題になったような行政の行為は，そもそも，裁判で争う途を果たしているという要件を満たしておらず（→ Rn. 570 ff.），独立した審査の対象となりえないのであるから，**決定的な意義を持っていない**。そのため，フラポート事件における憲法異議は空港の所有者としてのフラポート株式会社によって宣告された私法上の立入禁止

を有効と認めた３つの審級における民事裁判所の諸判決に対してのみ向けられたものであり，立入禁止それ自体に向けられたものではなかったのである。しかしながら，先行する行政処分は基本権に拘束されているのであるから，この行政処分は，他の場合と同じく，憲法異議の対象に含まれうるとすべきであった。もっとも，〔事件の解決には〕おそらくこのようにすることは，必要不可欠ではなかったであろう。

注：グリコールが混入されたワインのリストを連邦政府が公表したことについての判決に加えて，公表自体が憲法異議の対象にされた（BVerfGE 105, 252［253］）一方で，オショー運動に対する連邦政府の警告についての憲法異議は，警告に対して提起された行政裁判所の３つの審級の諸判決のみに向けられ，警告自体は対象とされなかった（BVerfGE 105, 279［280］）。

533

　憲法異議を公権力による侵害に限定することにより，憲法異議の**正しい対象から除外されることになる**のは，**形式面でも実質面でも私人と言える者の活動**に限られる。例外的に——基本法９条３項の場合のように——基本権の私人間への直接適用を出発点としなければならない場合であってもそうである。このような場合においては，私人の行為が基本権の侵害となりうるにもかかわらず，〔私人の行為を対象として〕基本権の主体が行えることは，私人間の紛争について管轄権をもつ裁判所（とりわけ通常裁判権では民事裁判所及び〔専門裁判権では〕労働裁判所）に訴えを提起することにより基本権侵害と戦うことに限られている。

注：BVerfGE 131, 66（78 f.）は，公法上の（公務員の年金，恩給受給）機構の規則が，私法上一般的な〔団体保険契約の〕保険条件を定めるものと位置づけることができる場合にも，憲法異議の正しい対象となることを認めている（しかしながら，→ Rn. 134）。

P. 基本権憲法異議　*245*

534

　基本法93条1項4a号，連邦憲法裁判所法90条1項の意味における公権力
は，出発点において**ドイツの公権力**のみに関係している。これに属するのは，
連邦およびラント，ならびにそれぞれの間接的な国家的法主体であり，これら
は，ラント憲法の基本権の拘束が考えられるか否か（詳しくは→ Rn. 583）は別
として，いずれにせよ基本法の基本権に全て拘束される。この拘束は，これら
の法主体の機関及び官庁，そしてそれらによって設立された，〔あるいは〕少
なくとも，支配されている私法人（Privatrechtspersonen）すべてに及ぶ。

535

　これに対して，外国の公権力の行為に対する憲法異議は不可能である（たと
えば，国際通貨基金の行為に対する BVerfGK 8, 61）。逆に，その条約が直接個々人
の法領域に介入する規則を含む場合には，**国際条約に関する（ドイツの）同意
法**は憲法異議の適切な対象となりうる（BVerfGE 123, 148 [170]）。

　注：この問題は，その他の訴訟法においても存在している「ドイツの裁判権」という
　独立した訴訟要件の枠内においても審査されうる。

536

　憲法異議をドイツの公権力に限定することは，もともとは**ヨーロッパ共同体
の行為**の場合にも受け入れられていた。それゆえ，ヨーロッパ共同体の行為を
憲法異議によって攻撃することはできなかった。もっとも，原則として，ヨー
ロッパ法の指示（Vorgabe）を実現するためにドイツの国家機関が行う行為が
行われるのを待って，この執行行為自体を攻撃することは可能であった。連邦
憲法裁判所は，マーストリヒト判決（BVerfGE 89, 155 [175]）においてヨーロッ
パ共同体の現在の統合状況を考慮するならば，ヨーロッパ共同体の，ドイツ国
内における，権力行使は，それ自体が基本法の基本権を基準として審査されな
ければならないと述べた。そうであるならば，ドイツ国内においては，EC な

いし EU の行為も，ドイツの当局によるその執行や適用とともに，直接に，連邦憲法裁判所の面前において攻撃することが可能であるとすることが論理的には首尾一貫している。しかし，実際には，そのような帰結は引き出されなかった。

注：BVerfG (K), NJW 2014, 375 Rn. 11 は，欧州委員会によって課された制裁金に対する憲法異議の適法性に疑念を抱いた。何故なら，（銀行保証について供託がなされたことにより）ドイツの国家機関によるそれ以上の処分または執行を全く必要としないからである。

537

いずれの場合においても，連邦憲法裁判所は，**ヨーロッパ司法裁判所とのいわゆる協働関係**の枠内において EC や EU の行為に対するコントロール活動を，間接的コントロールにおいても直接的なコントロールにおいても弱めているということは考慮しておかなければならない。それによれば，連邦憲法裁判所は，「ヨーロッパ連合が基本法を基準とした場合に絶対に欠かすことができない基本権の保障と，内容においても効力においても本質的に等しい基本権の妥当性を保障しているかぎり」コントロール権限をもはや行使しない。それどころか，BVerfG, NJW 2016, 1149, Rn. 36 ff. m. w. N. では，「連合法の適用の優位に鑑みて」連合の高権行為およびこれらの高権行為に覊束されている，ドイツの公権力の行為は，原則として，基本法の基本権に照らして審査されることはないということを受け入れた。〔しかし〕連邦憲法裁判所は，同時に，この連合法の優先的適用の限界を，「基本法 79 条 3 項と結合した基本法 23 条 1 項 3 文により欧州連合によってもゆるがせにすることはできない旨宣言されている憲法諸原則に」見い出している。〔もっとも〕基本法 1 条 1 項の侵害が問題になる場合に徹底的に行われるアイデンティティ・コントロールについては，〔基本権〕侵害という主張を実質のあるものにするために課されている憲法異議の高度の適法性要件（後出 Rn. 560 ff.）を満たさなければならない（引用した決定の Rn. 34, および 49 f.）。

538

ヨーロッパ共同体ないしヨーロッパ連合の法を国内法に変換した国内法規定であっても，連邦憲法裁判所は，超国家的法が，国内法への変換について裁量を認めない強制的な指示（Vorgabe）の如きものである場合は，当該国内法が基本法の基本権に反しているかを審査することは行わない（BVerfGE 118, 79 [95 ff.]）。これに対して，当該指示が，立法者が自己の規律権限において指示の具体的内容を定め，あるいは，それをこえる規律を行うことも認められる指針的なものである場合は，国内変換法を憲法異議により攻撃することが認められる（BVerfGE 121, 1 [15]）（→ Rn. 137, 239）。もっとも EU 法の指示が強制的なものであっても，問題となっている基本権侵害が，EU 法はそのようなことを命じておらず，むしろ，EU 法に（も）反している場合には，ドイツの国家機関による EU 法の適用や国内法への変換をドイツの基本権に照らして審査することは否定されていない。EU 法と憲法が衝突しない分野では，その限りにおいて EU 法の適用の優位は問題にならない。

例：BVerfG, NJW 2016, 1149, Rn. 84 は EU の拘禁命令に基づく引き渡しを適法と認めたが，その際に，人間の尊厳の保障によって要求されている被疑者の権利についての最低限の保障をないがしろにした裁判所の判決の審査について，EU 法自体がこれら最低限の保障を命じている場合には EU 法の適用の優位という原則を破るアイデンティティ・コントロールによる理由づけは不要であることを認めている。

539

最後に，憲法異議の対象（「公権力による」）に関して検討しなければならないのは，**その全ての現象形態における公権力**の作用（Wirken）が対象に含まれるのかということである。

注：基本権侵害という効果を全く持たない公権力の活動という例外を認めるべきかについては疑問に思われる。というのも，この場合に問題とされている基本権侵害の可能性は当事者適格の一つの局面であるからである（→ Rn. 560 ff.）。BVerfGE 112, 363

248　第2部　連邦憲法裁判所の手続類型

（366 f.）は法律の可決成立日の確定についての連邦議会議員運営委員会の決定について「異議申立人の権利に触れることはないのであり，〔基本権侵害が〕可能な公権力の行為を欠いている」とした。

540

　特に〔留意すべきであるが〕，公権力の作為だけではなく，**不作為**もまた憲法異議の対象である。基本法の基本権が原理上防御権を指向しているということからすれば，不作為に対する憲法異議が成功する見込みがあるのは，公権力が基本権的作為義務を無視したという例外的な場合に限られる。このようなことは，真正な給付請求権という特殊な場合をこえて，今日では広く認められている基本権保護義務という次元においても起こりうることである。しかし，特に立法者の不作為に関しては，基本権により内容が十分に特定された作為義務が課されているということはきわめてまれなことなのであるから，自制が求められる。もっとも，当事者適格の審査に際しては，〔内容明確な作為義務の有無という〕この問題も十分に審査されなければならないが，当事者適格を認めるためには，侵害の可能性を主張するのみで十分である（→ Rn. 562）。

　　注：「立法義務の内容および範囲を主要な点において画定する［……］基本法の明示的な委託」という古典的な要求，BVerfGE 129, 124（176）でもそう述べられているが，この要求をこの判決で引用されている先例である BVerfGE 56, 54（70 f.）は，保護義務を念頭に置いて，「今すぐに」放棄する必要はないと判断して，こう述べただけである。

b)　審査基準

541

　基本法93条1項4a号，連邦憲法裁判所法90条1項によれば，憲法異議において問題とされうるのは，詳細に**規定された基準となる規範**から明らかとなる**権利**の侵害である。基準となる規範として第一に問題となるのは，基本法の「第1章　基本権」，つまり**基本法1条〜19条**に含まれる**基本権規定**である。

単なるラント憲法の基本権の侵害のみを問題とする訴えは排除される。そのような訴えは，それぞれの訴えについて権限を有するラント憲法裁判所の手続きにおいて審査される（詳しくは→ Rn. 583）。他の同種の保障，特にヨーロッパ人権条約あるいは1966年の2つの人権規約に規定されている人権やEU基本権憲章の人権保障も連邦憲法裁判所における憲法異議の審査基準ではない。

542

　基本法1条から19条の基本権と並んで，基本法93条1項4a号と連邦憲法裁判所法90条1項に**限定列挙されている基本法の規定**もまた，憲法異議の基準となりうる。もっとも，このことが妥当するのは，基本権の場合と同じように，これらの規定から基本権享有主体の個々人の**権利**（Berechtigung）（**基本権と同等の権利**）が導かれうる場合のみである。それゆえ，たとえば基本法33条4項に関しては，憲法異議は，そこで規律されている，いわゆる作用の留保にはいかなる主観法的意義も認められないのであるから問題にならない。

543

　同様に，基本法38条1項2文に基づく憲法異議も原則として認められない。この規定からは確かに**連邦議会議員の主観的権利**（Berechtigung）が生じるが，しかし，基本権主体の自然人としてではなく，最上級の連邦機関である連邦議会の一部としてなので，その結果その限りにおいて原則的にはもっぱら機関訴訟のみが問題になる。

　　例：連邦議会における議員の発言権を連邦議会の議長または連邦法による制約に対して憲法裁判において防御しようとする場合，議員は発言権が基本法38条1項2文による代議士という資格に帰属するものであるがゆえに，機関訴訟手続を開始しなければならない。その場合には，憲法異議は不適法である。同様に，基本法19条4項もまた「国家組織法の範囲内」における権利保護には適用できない。

544

　もっとも，連邦議会議員の基本権侵害が最上級の連邦機関の行為により引き起こされたものでない限り，連邦憲法裁判所は，最近では，基本法38条1項2文に基づくその権利の侵害に対する**連邦議会議員の憲法異議**を許容している（基本法47条と結合したものについては，BVerfGE 108, 251〔266 ff.〕；直接38条1項2文を扱ったものとして BVerfGE 134, 141 Rn. 83 ff.；基本法46条2項と結合したものについては，BVerfG〔K〕，NJW 2014, 3085 Rn. 26）。連邦憲法裁判所は，これらの規定の中に，基本権及び基本権同等の権利と同様の個人の権利の憲法上の保障を見い出し，そして，これらの権利を擁護する際に，（関連する個別の基本権や2条1項の基本権に関する）個人の法的地位を守るために広く開かれている憲法異議によって，裁判で争う途において下された裁判を審査することは認めるべきではないという見解に反論している。

545

　実際に，基本法48条および38条1項2文自体からと同様に，基本法46条，47条からも，**当該機関の法領域の外**に位置する公権力の当局（または私人，基本法48条2項を見よ）による侵害に対する**主観的権利**が引き出される。これらの権利は人間としての議員に与えられているのであり，機関の一部としての議員にではない。したがって，これらの権利は，それぞれの事案において管轄権を持つ刑事裁判所，行政裁判所あるいは労働裁判所といった一般の裁判所の手続きにおいて守られ，それゆえ基本法19条4項の一般的な裁判で争う途の枠の内に位置づけられる。それゆえ，これらの権利は基本権的保護も享受するが，このことはより厳密にいえば，個別の基本権によって保護されていない個人権的法的地位のすべてについて存在している，**基本法2条1項**により保障されている（同条項全体について詳しくは Sachs, Verfassungsrecht Ⅱ. Grundrechte, 3, Aufl. 2016, Kap. 14 Rn. 15 ff. 参照）介入からの一般的自由（allgemeine Eingriffsfreiheit）を通しての保障である。ここで問題となっている〔議員の権利についての〕憲法異議の根拠はこの基本権なのであって，基本法93条1項4a号において列挙

されている（同条に 38 条が列挙されていることは，これまで述べてきたことからすれば偶然ということができる）基本法 38 条なのではない。

注：このことは，たとえば警察のように当該機関の法領域の外にある当局によって，連邦議会において発言することを妨げられないというような，基本法 5 条 1 項 1 文によっては把握できない権利にも妥当するかもしれない（境界確定については→ Rn. 543）。

546

　これに対して，そのような事例において連邦憲法裁判所が基本法 38 条 1 項 2 文を根拠とすることがいかに**問題である**かは，**ラント議会議員**の類似した状況を見れば明らかである。すなわち，〔ラント議会議員らの〕機関としての権利は基本法 38 条の対象ではないが，問題の性質上，憲法異議について異なる取扱いをすることはほとんど考えることができない。基本法 2 条 1 項を根拠とすれば，ラント（憲）法に根拠を持つ法的地位の保障も，いとも簡単に同条項に含ませることができるが，連邦憲法裁判所は基本法 38 条 1 項 2 文を通じた憲法異議によって強化された保障という骨格を維持するために，この規定を「基本法 28 条 1 項をも重ねて根拠として」あるいは「基本法 28 条 1 項を媒介として」ラント議会議員のためにも援用する（BVerfGE 134, 141 Rn. 91, 103）という，説得力に乏しい理論構成を行うしかなかった。

547

　間接的には，全く当然のことなのではあるが，その他の憲法規範も，法規範に対する憲法異議の枠内において（事案によっては決定的な）審査基準になりうる。このことは，**基本権を制限することが許されるためには**，基本権を制限する法律はいかなる点においても憲法適合的でなければならない（基本法 2 条 1 項については BVerfGE 6, 32 [37 ff.]；基本法 12 条 1 項及び 14 条についてはたとえば，BVerfGE 110, 141 [170 ff.]．しかし，この部分で述べられていることは，他の基本権についても妥当する）ということから明らかになり，そうである限り，基本権の侵

害も別の意味を獲得するということになる（BVerfGE 85, 191 [206]；109, 64 [89]）。〔すなわち〕ある規範が基本法25条の意味における国際法に反している場合，この違反もまた，当該規範は憲法適合的な法秩序の一部ではなく（BVerfGE 112, 1 [22]；Rn. 147も参照），それゆえ，基本権を憲法適合的に制限することができないという帰結に導く。

注：BVerfG（K），NJW 2012, 293（294）は，基本法25条の国際法の一般原則に反する裁判が，基本法2条1項の意味における憲法適合的な法秩序には含まれないと主張する憲法異議を可能と認めたが，同裁判所（部会）は，〔この〕憲法適合的法秩序に含まれるのは法規範のみであり裁判は含まれないということを誤認している。裁判を国際法の準則やあるいはこれに加えて基本法25条に照らして審査することは，審査基準の限定をこえているが，同じことは行政の個々の決定にもいうことができる（BVerfGE 66, 39 [64]は国際法違反を主張する憲法異議を可能としたが，それはその国際法の準則が個人の権利を保障するものである場合には，その限りにおいて，認められるとしたものであろう）。

548

それ以外に，連邦憲法裁判所が適法な憲法異議に基づき，**職権により**，法律の客観法としての憲法規定との適合性の問題（これについて，たとえばBVerfGE 76, 1 [74]）あるいは基本法140条の権利のようなそれ自体憲法異議によっては問題とされない権利の侵害の問題を検討する権限をもつか否かは（これについては，ワイマール憲法138条2項についてはBVerfGE 99, 100 [119]，ワイマール憲法137条5項2文についてはBVerfGE 102, 370 [384]），当事者適格にとっては重要ではない。

c) 主張されている基本権についての基本権享有主体性

549

憲法異議の基準点となりうるのは，**その時々の異議申立人**に帰属する基本権および基本権同等の権利に限られる（「自己の基本権」）。そのため，（原則として，最初にここにおいて）異議申立人が憲法異議により主張している基本権の担い手であるかどうかが検討されなければならない。その際に，場合によっては憲法

異議の当事者能力についてこれまで述べてきたこと（→ Rn. 515 ff.）に依拠することが可能となる。この文脈において，**一般的（実体的）基本権ドグマーティク**の様々な問題が重要な意味を持ちうる。それゆえ，これらの問題は事案の解決においては，しばしば既に憲法異議の適法性審査の段階で検討されなければならない。

550

　自然人に関してこのことが特に妥当するのは，自然人がすでに出産前や死亡後にどの程度まで特定の基本権の担い手であるかという問題である。胎児については，いずれにせよ，少なくとも生命に対する基本権と身体を害されない基本権についてはこのことを肯定することができる。平等の諸権利もまた適用についてはすでに出生前であっても考慮される。

551

　〔訴訟〕係属中に**異議申立人が死亡した場合**，一身専属的権利の実現を求める憲法異議は原則として終了する（BVerGE 109, 279 [304]；BVerfG [K], NJW 2009, 979）。しかし判決を下すことに基本的な基本法上の意義がある場合および多くの〔同種の〕事件を解明するために判決が必要である場合は別である（BVerfGE 124, 300 [318]）。

552

　この関係においてさらに**外国人**または無国籍者が**ドイツ人の基本権**を引きあいに出す場合には，これらの者にはドイツ人としての地位（Deutscheneigenschaften）が欠けているということが考慮されなければならない。もっとも，基本法2条1項が，ドイツ人の基本権の領域において外国人に有利に作用する可能性（この可能性は，場合によっては，この文脈においても検討されなければならない）があるのであるから，当事者適格の要素である基本権享有主体性をドイツ人の基本権の領域において外国人に認める可能性が全くないと

いうことはできないであろう。他方で，広く支持されている見解によれば，ド
イツ人が外国人にしか認められない権利である基本法169条1項の政治的庇護
権の侵害（のみ）を主張している場合には，ドイツ人にはこの基本権の享有主
体性が否定されるということは考えうる。

553

法人の基本権享有主体性については，さらに幅広い多様な問題が生じる。と
りわけ侵害されたと主張される個々の基本権の規定が，憲法異議を申し立てて
いる法人に対してその本質上適用可能であるかどうかという問題が基本法19
条3項の枠内において一定の役割を演じる。

554

公法上の法人による憲法異議の場合，原則として国家作用は基本権による保
護の対象とはならないということ，そしてこのことは，当該基本権についての
典型的な危機的状況が存在している，それゆえに，私人の場合と同様に公法上
の法人が打撃を受けているという場合であっても異ならないということが出発
点にされなければならない。

555

しかしながら，この原則には，長い間認められてきた三位一体的例外があ
る。とりわけこのことは，公法上組織された宗教団体，すなわち主要な**教会**に
ついてあてはまる。これらはその公法上の法形式にもかかわらず，その性質
上，私法上組織された宗教団体と同様に本来的な基本権享有主体性を示す。公
法上の宗教団体は，そもそもその本質上，法人に適用することが考慮される全
ての基本権の基本権享有主体と認められうる（BVerfGE 125, 39は宗教団体が信教
の自由をこえて基本権享有主体性を持つことを否定していない）。

556

これに対して，長い間，**公法上の放送局**と**公法上の大学**は，原則として本来その保護と保障のために当該法人が作られた基本権が問題となる場合に限り，その基本権享有主体性が認められてきた。このことは，公法上の放送局の場合は，もっぱら放送の自由が，公法上の大学の場合はもっぱら学問の自由が，依拠することができる基本権であり，他の基本権ではないということを意味する。

557

これらの基本権の枠内で，**その他の基本権保障**の下に（も）属する地位も考慮されうる。たとえば，家宅捜索には，他のケースでは基本法 13 条が適用されるが，放送局の場合には，放送の自由の保護を主張することができる。大学では，学問研究活動の遂行に必要な大学が所有する土地が没収された場合には，大学は学問の自由を引き合いに出すことができる。

注：しかし，連邦憲法裁判所はその判決において，情報収集および編集作業の内密性が問題となる限りにおいて，公法上の放送局の基本権享有主体性を基本法 10 条にも拡大した（BVerfGE 107, 299 [310]）。基本法 5 条 1 項 2 文もこのような保障の根拠となることが同時に認められていることを考慮すると，基本法 10 条を根拠としたことが実務にどのような帰結をもたらすかは（現段階では）明らかではない。

558

公法上の法人が，実質的にもっぱら基本法上保護される**当該法人の構成員の利益を守る**という**機能のみを有している**限り，整形外科技術に関する連邦憲法裁判所の判決（BVerfGE 70, 1 [15 ff.]）を考慮するならば，上記の 3 つの例外以外にも基本権享有主体性を認める可能性はある。もっとも，このことはこれまで抑制的にしか行われていない。全ての法主体に帰属する基本法 101 条 1 項 2 文および 103 条 1 項の基本権と同等の手続的基本権の場合については→ Rn. 518。

256　第2部　連邦憲法裁判所の手続類型

559

　私法上の法形式をとる場合であっても，たとえば，生存配慮という国家の任
務を行うために100％公的出資を受けて設立された株式会社のように私法上の
形式をとって**公権力の機能**が行使される場合には，基本権享有主体性は認めら
れない（BVerfGE 45, 63［78 ff.］）。このことに関連して，**半官半民企業**の基本権
享有主体性の問題点も明らかになる（BVerfGE 115, 205；BVerfG［K］, NJW1990,
1783）。さらに真性の私法上の法人が公権力の機能の行使を委託されている場
合に，この法人が，当該機能が害されたことを理由として憲法異議を提起する
場合にも，この限りにおいてこの私法人には基本権享有主体性は認められない
（BVerfG［K］, NJW 1987, 2501 f.）。

d）　権利侵害の主張

560

　憲法異議によって提示される主張は，異議申立人の**基本権または基本権と同
等の権利**の侵害に関係するものでなければならない。

　　注：その際に，考慮されるのは連邦憲法裁判所のコントロール権が及ぶ基本権侵害す
　　なわち憲法固有の部分に対する違反に限られる。それゆえ単なる法適用の瑕疵は，そ
　　れが基本権侵害という結果を引き起こしていてもコントロールの対象とはならない
　　（詳しくは→ Rn. 509 ff.）。

561

　主張という概念が，この関係において意味しているのは，基本権侵害が存在
したという法的評価の表明のみではない。場合によっては単なる言葉の上だけ
のものでしかない主張が提起されることがあるが，そのような何の実体も伴
わない主張は，現実に侵害を受けた者（wirklich Betroffene）のみに憲法異議を
提起する適格が認められるべきであり，**あらゆる任意の人**（"quivis ex populo"）
ではないという，当事者適格という要件の目的を満足させるものではないであ
ろう。

P．基本権憲法異議　　**257**

562

　むしろ依然として当事者適格は，申立てで主張されている事実に照らせば，少なくとも当該基本権を侵害されている**可能性がある**者に限定されなければならない。もっとも民衆憲法異議に転化してしまう可能性をなくすために過度に厳しい要件が課されるべきではない。どのような見方をしてみても，事実の面においても，法的根拠の面においても，当該権利侵害が，そもそもはじめからありえない，というのでなければそれで十分である。このことが特に妥当するのは，主張されている基本権が，申立人には基本権享有主体性が欠けているために，そもそも，申立人には帰属しないという場合である。ちなみにそれゆえに，基本権享有主体性というこの要件（→ Rn. 549 ff., また Rn. 519）の審査は，権利侵害という主張が申立人により十分に根拠づけられているという要件の審査の中に統合されうる。連邦憲法裁判所は，基本権侵害の主張が同裁判所の先例に照らして直ちに否定できるものである場合には，当事者適格は始めから排除されているとみなしている（BVerfGE 125, 39 [73]）。しかし，この見解には同意できない。むしろ，新しい，重要な（substantiell）論拠が挙げられている場合には，従来の先例にとらわれずに，基本権侵害の可能性が認められなければならない。

　　注：BVerfG, NJW 2016, 1505, Rn. 8 は理由づけという要件の枠内において基本権侵害の可能性は論理的に（schlüssig）明示されなければならないとしている。しかし理由づけの諸要件にこのような要件を付加することは，たとえば機関訴訟手続において（→ Rn. 317）申立適格を認めるために，権限侵害という主張の論理性について，独特の言い回しを用いて述べたこととの整合性を欠いている。

563

　権利侵害の主張において重要なのが，異議申立人の**三つの形における侵害**（Betroffenheit）である。もっとも，これらが実際に問題になるのは，ほとんどの場合は法規範に対する憲法異議の場合である（BVerfG, NJW 2016, 299 Rn. 55 f.）。その限りにおいてではあるが，以下のことが求められる。すなわち，異議

258 第2部 連邦憲法裁判所の手続類型

申立人は公権力の行為によってその基本権または基本権と同等の権利が，「**自分自身，現在かつ直接に**」侵害されていることを主張しなければならないということである。一部の文言を変えて，異議申立人は自分自身が，現在かつ直接に侵害されていなければならないといわれることもある。

564

　裁判所および官庁の決定の場合，**自分自身が侵害されている**という要件を満たすのは，措置（Maßnahme）が向けられる**名宛人**である。規範の場合には，規範の名宛人の範囲に含まれる者がこの要件を満たす。自分自身の侵害要件の例外を法律によって認めることは可能である。たとえば，訴訟担当（遺言執行人，破産管財人など）の場合が，その代表例である。それどころか，個々の決定の場合には自分自身が侵害されているという要件についての上述の基準にあてはまらないものの，他者に向けられた決定が，その者にとっても基本権を侵害する法的効果を持つ場合には，**名宛人以外の者**も，**例外的に**自分自身が侵害されているということが認められうる。たとえば，夫に対して退去命令，または同様の裁判が下されたが，妻は手続きに参加しておらず，それゆえ形式上はその決定の法的効果が及ぶ者にならない場合がそうである。法規範の場合，他の人々に向けられた法規範がその者にとっても**間接的に基本権侵害**となる場合には，名宛人ではない者も自分自身が侵害されたということが認められうる。このように，既にこのような手続上の文脈において，基本権侵害についての総論的ドグマーティクの諸原則に言及することも必要になりうるのである。

　　注：BVerfGE 123, 267（320 ff.）は，リスボン条約に対する同意法についての選挙権者の当事者適格を，この法律が民主政原理，ドイツ連邦共和国の〔連邦〕国家性および社会国家原理を侵害する可能性があることを理由として認めた。また，通貨同盟，財政安定法による連邦議会の予算自律権の空洞化に関して，BVerfGE 129, 124（167 ff.）は申立人の当事者適格を認めている。異議申立人の〔選挙権の〕侵害について語ることは，ここでは選挙権の意味を途方もなく拡大することによって初めて可能となった。

P. 基本権憲法異議　*259*

565

　現在の侵害という要件は純粋な時間上のものと解されるべきではなく，現実的なもの，すなわち既に現実化し実際に重要な意味を持つに至っている基本権侵害と，単に仮想的なもの，つまり単に生じる可能性がある基本権侵害の区別に起因するものである。従って，公布前の法律に対する憲法異議を提起することは原則として許されない。

　　注：憲法異議を認めないと実効的な基本権保護を保障できないので，条約に対する同
　　意法律の場合には，仮命令の申立て（→ Rn. 631 ff.）の場合も含め，この原則から離
　　れることが可能となる（BVerfGE 131, 47 [52 f.]）。

566

　将来起こりうることについて，実際には不確実性を拭いさることができない場合，結論として後の時点になってはじめて発生する法的効力は，原則として，いまだ**現実**とはなっていない，すなわち，「現在の」という要件を満たしてはいないということになる。〔これに対して〕将来現実に効力が発生することが確実である場合には，既にこのことのみで，「現実の」という要件を満たすことが可能となる。その他，国家行為の法的効力が発生する前の時点において，すでに，異議申立人の基本権領域への現在の作用が肯定されるのは，法的行為が既に，先立って，名宛人の動機という前の段階へ作用し，その行動を基本権を侵害する形でコントロールする場合である。たとえば，強制賦課金を課すことを予告して威嚇することは，既に，当事者にとっては現在の侵害にあたる（BVerfGE 121, 69 [88]）。終局判決の前段階の行為も，また，裁判において実際に基本権が縮減されることが予期される場合，たとえば，破産管財人の指名のための候補者名簿への登載拒否（BVerfG, NJW 2016, 930, Rn. 28 ff.）のような場合には現在の侵害を引き起こす。現在の侵害という要件についての他の問題の一部，とりわけ国家行為の効力が消滅した後であっても「なお，未だに，侵害が存在している」かという問題は，権利保護の必要性という訴訟要件（→ Rn.

260 第 2 部 連邦憲法裁判所の手続類型

598 f.）の枠内においても取り扱われる。

567

　直接の侵害，この要件は実際には法規範を直接の対象とする憲法異議の場合にのみ一定の役割を果たすのであるが，この要件はさらなる**執行行為**を必要とすること**なく**，基本権を侵害する法的効力が生じる場合にのみ満たされる。規範がこのような直接の効果を持つのは，それ自身が命令または禁止を言い渡しあるいは法形成的な規律を行っている場合である。

　　注：直接の禁止効果は，なお個々の場合に刑罰または過料を科すことによって実行しうる制裁から区別しなければならない。禁止された行為に制裁を科すことは，禁止する規範との関係で，ここにおいて問題となっている言葉の意味においては，いかなる執行行為も意味しない。なぜなら，禁止は自由を制限する法的効力を制裁の賦課とは完全に独立して展開するからである。

568

　これに対して，規範が公権力による介入のために，あらかじめ権限を与えている場合には，規範による直接の侵害があるということはできない。このことは，授権が，その名宛人に介入を行うかどうかの決定を委ねている場合だけでなく，介入を必ず行われなければならないものと規定している場合でも異ならない。もっとも，考えうる執行行為に異議申立人が備えることができない場合や，期待可能な方法で備えることができない場合には，連邦憲法裁判所は直接の侵害を認めている（BVerfGE 115, 118 [139]；122, 342 [355 f.]）。規範によって引き起こされる間接的な基本権侵害，たとえば〔規範の〕制御力によって引き起こされたということができる第三者の行為も，第三者の侵害行為を予測して対処することができないという場合には，いずれにせよ，直接の侵害を根拠づけることができる。直接の侵害という要件は裁判で争う途を果たすこと（→ Rn. 570 ff.）および憲法異議の補充性（→ Rn. 584 ff.）という**他の訴訟要件と最も密接な関係**にある。これらの訴訟要件を組み合わせることによって，連邦憲法

裁判所が，一般の裁判権における裁判による事前の審査を経ることなく，規範による基本権侵害を取り扱わなければならないわけではないということが，十分に達成されている。

569

　法的規範が，憲法異議によって攻撃可能な，直接侵害する作用を持つ規律の内容を含むのは，原則的にはそれが明らかに確定している場合のみである。これに反して，主張される基本権侵害が**規範の**確かに可能ではあるが必然的なものではない**解釈**に決定的に依拠している場合は，規範の直接的な規律内容はそれ自体は異議の適切な対象ではなく，法の適用行為が対象になる。憲法異議の補充性の原則の意味において，この場合にはまず一般の裁判所によって規制の内容の解明が行われることが適切なことにある（BVerfGK 12, 1 [11]）。

４．裁判で争う途を果たしていること

570

　基本法94条2項2文を受けた**連邦憲法裁判所法90条2項1文**によれば，権利侵害に対して裁判で争う途が認められている場合には，憲法異議は裁判で争う途を果たした後にはじめて提起することができる。このような場合に該当するか否かは各訴訟法の関連する規定，やむを得ない場合には基本法19条4項に従って判断される（→ Rn. 572 ff.）。

　注：連邦憲法裁判所法90条2項1文が一つの**条件文**をもって始まるということは，「wenn」という文言が欠けているので初学者はともすれば見逃しがちである。しかし，論理的に明らかなことであるが，裁判で争う途を果たすことを要求できるのは，そもそもこの途を通ることができる場合に限られる。

262 第 2 部　連邦憲法裁判所の手続類型

571

　この原則的要求は，**連邦憲法裁判所法 90 条 2 項 2 文**により破られる。同条によれば，憲法異議に一般的な意義がある場合，または裁判で争う途を果たすように指示することにより申立人に重大かつ不可避の損害が生じる場合には，裁判で争う途を果たすという要件を満たしていなくても，連邦憲法裁判所は自らの裁量により，憲法異議について裁判を行うことができる。

　　注：これらの例外要件は，**答案作成**のための検討という枠内においては，**原則として**，役に**立たない**。裁判で争う途を果たしているという要件を満たしていないと受験者が判断した場合には，憲法異議に一般的意義があるかということや異議申立人に重大かつ不可避の損害が生じるかについて詳しく検討してみるよりも，むしろ，例外規定に該当するかの検討は短時間で済ませて，〔憲法異議を〕不適法とし，なお念のために理由の有無についても付加的に簡単に検討しておく方がよいであろう。連邦憲法裁判所法 90 条 2 項 2 文にこだわるあまりに，裁判で争う途を果していることという要件の問題を未解決のままにしておくということは決してあってはならない。

572

　裁判で争う途を果たしていることという要件は，とりわけ，**執行権および裁判権**に対する憲法異議において重要である（立法について→ Rn. 580 以下）。執行権の行為に対して，裁判で争う途は，原則として公法上の裁判権の一般条項を通して，または個別の規定に基づいて開かれている。やむを得ない場合には，他の管轄権を有する裁判所は存在しないので基本法 19 条 4 項によって憲法上直接に，通常の裁判で争う途が開かれることになる。

573

　裁判所の裁判の場合には，それが裁判権の行為として示されているのであるかぎり，異議申立人はひたすらこの途を尽くさなければならない。裁判所の判断が執行権の行使である場合は，その判断に対して別に，裁判で争う途を踏まなければならない。そのための法的救済が法律によって規定されていない場合

には，その限りにおいてここでも，基本法19条4項の権利保護の保障が登場する（BVerfGE 107, 395 [405 f.]）。

574

執行権の決定に対して裁判で争う途を踏む場合，その時々において利用しうる法的救済制度の審級を最後まで進み，その際に，期待可能な**全ての法的救済手段**を求めたということが，この要件を満たすために求められる。個々の場合において，最後まで，全てとはどのような場合なのかは，個々の訴訟法および事案の内容によって異なる。

注：職務監督者への不服申立ては，成功した場合であっても，既判力のある裁判所の判決を排除するものではないので，この不服申立てを提起しておくことは不要である（BVerfGK 3, 234）。刑事訴訟法33a条による聴聞異議の訴えを提起しておく必要があるかについては，たとえば，BVerfG（K），NJW 2009, 3570，これに対して，行政裁判所法152a条についてはBVerfGE 134, 106 Rn. 22 ff.，裁判所構成法198条，201条により許された手続期間が不適切であることを理由とする損害賠償の訴えを提起しておくことが必要としたものとして，BVerfGE 19, 424（426 f.），法廷警察権に基づく命令に対する権利保護については→ Rn. 575。

575

法的救済手段の期待可能性は，特に，当該一般の裁判所の先例によれば，その法的救済手段が**明らかに不適法**であると思われる場合には存在しない，

例：BVerfG（K），NJW 2015, 2175 Rn. 10 ff. は，連邦憲法裁判所自身が，そのほんの数年前に，（そのような法状況の合憲性について審査を行うこともなく）裁判所構成法176条に基づく法廷警察権の行使としての命令を裁判で争う途は全く存在しておらず，また，他の理由からも成功の見込みはないということを容認していたにも関わらず，その間の一般の裁判所の判決や学説を考慮して，この命令の取消しについて，刑事訴訟法304条1項による異議申立てを，明らかに不適法な申立てとは（もはや）しなかった。

264　第2部　連邦憲法裁判所の手続類型

あるいは，他の理由により明らかに成功の見込みがないと思われるであろう場合には，存在しないということができる。

> 注：BVerfGE 134, 242 Rn. 151 は，攻撃されている土地収用決定に先行し，かつ，その存続の根拠である大綱的事業計画を法律上の手段によって争うことについて期待可能性はなかったとした。というのも，この判決の時点では既に放棄されていたのであるが，連邦行政裁判所の確立した先例によれば，それは成功の見込みがないものであったからである。

576

　〔裁判で争う途が認められるか否かが〕**不確定であること**に正当な理由がある場合であっても，それが**基本権主体の負担**になるようなことがあってはならない（たとえば，BVerfGE 107, 299）。しかし，これらの要件について不明確な点が生じることは避けがたい。そこでそのような場合には，問題となる一般の裁判所での法的救済とともに，申立て期間の徒過を避けるため（→ Rn. 590 ff.）に，これまで争っていた判決に対する憲法異議を念のため提起しておくことが望ましい。一般の裁判所への法的救済が適法とされた場合は裁判に対する憲法異議は，裁判で争う途を果たすという要件を満たしていないということになり，当然，不適法となる。〔しかし〕場合によっては，法的救済の途において敗れた後に，あらためて憲法異議を提起することも可能である。上記のような状況の場合，異議申立人に連邦憲法裁判所法34条2項による濫用についての手数料は，決して課されることはなく，申立人に不利益が生じることはない。他方で，申し立てられた一般の裁判所の法的救済が最初から成功の見込みがないものであることが証明された場合には，状況によっては，攻撃されている判決が下されたことにより進行した申立期間の経過は，これに備えて提起しておいた憲法異議によって止められる。

577

　一般の裁判所での仮の法的救済手続は本案手続に対して独立したものであ

る。したがって，最上級審において仮の権利保護の拒絶が決定されたなら，その拒絶決定は直ちに憲法異議の独立した対象となりうる（BVerfGE 93, 1 [12]；104, 65 [70]）。BVerfGK 11, 93 (97) によれば，たとえば，金銭上の理由により訴訟費用の援助が受けられなかったため裁判で争う途を尽くすことができなかった場合のように，裁判で争う途を尽くすことについて期待可能性がない場合には，例外的に裁判で争う途を果たすことは必要ない（BVerfGE 22, 349 [358] 参照）。他方〔上記の場合であっても〕，憲法異議の補充性の原則があるのであるから，仮の救済手続とともに，本案についての裁判で争う途を果たしていなければならないということは，当然のことである（→ Rn. 536）。

578

　一定の場合に，判例は，訴訟法において**明文規定のない法的救済**を，直接的にも基本法から導き出しているが，基本法 103 条 1 項の法的聴聞を受ける権利の侵害の場合は，特にそうである。〔もっとも〕この権利の侵害については，連邦憲法裁判所が連邦憲法裁判所法 16 条による合同部決定——この決定が下されることは極めてまれなのであるが（→ Rn. 41 ff.）——において，法的明確性を保つために法律に明文規定を設けることが必要であると述べたため，後に明文規定が設けられた（たとえば，民事訴訟法 321a 条，行政裁判所法 152a 条）[1]。

579

　裁判で争う途を果たしたが，それが不成功に終わったという外観上の要求を超えて，内容面における要求もこの命令に結びつけられている。**内容面においても裁判で争う途が果たされた**ということができるのは，後の憲法異議において主張される基本権侵害という主張自体が，その前の専門裁判所の面前において，既に，成り立たないとして退けられている場合である（たとえば，BVerfGE 77, 275 [283]；84, 203 [208] → Rn. 586）。

266 第2部　連邦憲法裁判所の手続類型

580

　（形式的または実質的な）**法律**に対する憲法異議の場合には，裁判で争う途を使い果たしているという観点から，そもそも，そのような途が一般的に開かれているのかどうかということが問題となる。裁判で争う途を，問題のある国家行為の審査に直接向けられた裁判手続，それ故に，この審査を対象とする裁判手続を開始する可能性であると理解するならば，関連する訴訟法によって規範定立行為に対して裁判で争う途はいずれにせよ一般的に開かれてはいないことになる。

581

　この欠缺を**基本法19条4項**を適用することにより埋めることができるかについては見解が対立している。〔しかし〕いずれにせよ，形式的意味の立法，それゆえ，とりわけ議会制定法についてこのことを肯定することは，19条4項について決定的と思われている，裁判で争う途の保障の，伝統的見解によって定められた射程を超える。とりわけ基本法100条1項から導き出される論拠，すなわち，基本法は，**規範の有効性**という問題を，第三者の手続きにおいては，いずれにせよ，**原理上先行問題としてのみ**提起することができるとしているという論拠は，実質的意味の法律，すなわち，法規命令や規則のような下位の法規範の場合にも，同じく妥当する。それゆえ，連邦憲法裁判所法93条3項とともに，**法律に対する裁判で争う途は原則として開かれていない**，ということが出発点とされなければならない。

582

　もっとも，とりわけ**行政裁判所法47条による規範統制手続**の場合のように，法律が法規範に対して向けられる裁判手続を始める可能性を認めている限り，このことは裁判で争う途が開かれていることを意味し，したがって，憲法異議を提起する前に，この予定されている手続きを，それに付属している，使用しうる法的救済手段を含めて，履践しておかなければならないということにな

る。その他，連邦憲法裁判所は，基本法19条4項によれば裁判で争う途は法律より下の法規範に対しては開かれていなければならないが，それは規範の有効性が先行問題としてのみ付随的に審査される手続きであれば十分であるとしている（BVerfGE 115,81 [92 ff.]）。このことがあてはまる場合に限っては，〔上記のような〕法律が無い場合であっても，規範の無効を確認する訴えが可能であり，その訴えを提起しておかなければならないということになるであろう。

583

　ラントの国家権力の，攻撃されている行為について，ラント憲法の基本権との適合性を**ラントの憲法裁判所**において審査させることが可能であるということは，果たすべき，裁判で争う途には含まれない。憲法異議と呼ばれる手続きのみならず，このことはたとえば，ヘッセン憲法121条1項，ヘッセン刑事裁判所法43条以下による基本権訴訟およびバイエルン憲法98条4項，バイエルン憲法裁判所法55条によるバイエルンの民衆訴訟にも当てはまる。連邦憲法裁判所への憲法異議がそうであるように，ラントレベルにおける憲法異議その他これに類する法的救済手段もまた，連邦憲法裁判所法90条2項において意図されている一般の裁判所の裁判で争う途には含まれない。連邦憲法裁判所法90条3項はこのことをきわめて不十分にしか表していない。基本権侵害に対する憲法裁判所という法的救済手段は，連邦の憲法空間とラントの憲法空間に関して，それぞれが併存しており，それぞれに対する申立てを同時に行うことも可能であるし，（申立て期間を遵守している限り→ Rn. 590 ff.）続けて申立てを提起することも可能である（→ Rn. 237）。〔両者には〕補充的関係は——ラント法に異なる規定が存在しないかぎり——ない（BVerfGE 122,190 [200 f.]）。しかし，ラント憲法裁判所の裁判も公権力の行為なのであるから，これに対して憲法異議を提起することは可能である。

268 第2部 連邦憲法裁判所の手続類型

5. 憲法異議の補充性

584

憲法異議の補充性は，連邦憲法裁判所法90条2項による，裁判で争う途を果たすことという訴訟要件（→ Rn. 570 ff.）においては不完全にしか表現されていないが，条文で表現されている以上の効果を持つ，憲法訴訟法**全体に広がる原則**である。補充性原則という意味において，既述の，異議申立人への直接の侵害の必要性という要件は，さらに作用する（→ Rn. 567 ff.）。

585

狭義において憲法異議の補充性が意味するのは，連邦憲法裁判所法90条2項1文の技術的意味における裁判で争う途が開かれていない場合には，憲法違反を阻止または除去するために役立ちうる**他のあらゆる可能性**を利用することが要求されるということである（参照，BVerfGE 71, 305 [336]；BVerfG [K], LKV 2004, 75 [75 f.]）。そこで，行政手続法51条1項による行政手続の再開を義務づける場合に該当しない場合であっても，存続効（Bestandskraft）を有している行政行為の場合には，職権による撤回を申し立てることが必要となる（BbgVerfG, NVwZ 2011, 997）。

586

〔しかし〕なによりも，原則として，（一般の）**裁判所による権利救済**の考えうるあらゆる手段をとることが求められる。したがって，たとえば，当該救済制度が，確かに，ある特定の基本権規定の違反に対する防御のためにのみ認められている（たとえば，基本法101条1項2文の法律上の裁判官の裁判を受ける権利を根拠とする忌避申立て）のではあるが，その救済の申立てが成功した場合には，他の基本権規定違反の矯正にも役立ちうるという場合には，憲法異議を提起する前に，その制度を利用しておくことが必要となる（BVerfG [K], NJW 2010, 666）。〔したがって〕申立人が基本法103条1項の侵害を主張していない

P. 基本権憲法異議　*269*

場合であっても，当該事件の事実から，聴聞を受ける権利の侵害が容易に想定され，理性的な当事者であれば，聴聞異議の訴えを利用するのが普通であるという場合に限っては，異議申立人は聴聞異議の訴えをあらかじめ提起しておかなければならない（BVerfGE 134, 106 Rn. 26 ff.）。

注：連邦憲法裁判所法 90 条 2 項 1 文の技術的意味における裁判で争う途が開かれている場合に憲法異議の補充性がまず意味するのは，主張されている憲法違反を矯正し，または，基本権侵害を阻止するために利用しうる訴訟上の可能性を利用せよ，ということである。さらに，連邦憲法裁判所によれば，異議申立人は，すでに原手続において事件の事実関係を連邦憲法裁判所による憲法問題の審査が可能となる程度にまで示しておかなければならない。ただし，それに対応する法的見解を述べる義務は，原則として存在していない（BVerfGE 129, 78 [92 f.]）（いわゆる**実質的補充性**）。さらに，単なる中間判決に対する憲法異議は，原則として不適法であり（BVerfG [K]，NJW 2004, 501；BVerfGE 119, 292 [294]；132, 99 Rn. 47 は，中間判決自体がそれだけで既に，後々まで残る法的不利益の原因である場合については，異なる判断を示している），また，仮処分の申立ての裁判に対する憲法異議の場合にはこの関係において一定の制約がある。〔すなわち〕**一般の裁判所の仮処分の裁判**に対する憲法異議は，そこにおいて主張されている基本権規定違反の性質からすれば，主張されている憲法上の問題を解決するための機会であるということができる場合であっても，当該の仮処分の裁判自体による基本権侵害が主張されているのでない限り，本案手続における裁判で争う途を果たした後でなければ，提起することはできない（BVerfGE 101, 65 [70]）。同様のことは**中間判決**にも妥当する。中間判決を憲法異議により直接争うことができるのは，中間判決が，終局判決を待っていたのでは（完全には）除去することができない不利益を異議申立人に生じさせるという場合に限られる。

587

不文の原則である補充性原則の最も重要な**論拠**は，**連邦憲法裁判所の負担軽減**である。もっとも，形式的な後憲法的法律の憲法適合性の審査が問題となる場合には，このことのみが，他の裁判所への提訴を経ることを求める理由なのではない。というのも，この場合には，訴えを提起された裁判所は基本法 100 条 1 項により連邦憲法裁判所の判断を導き出すことになるし，また，裁判で敗訴した場合には，それによる訴訟遅延を理由として憲法異議を提起することに

270 第2部 連邦憲法裁判所の手続類型

なるからである。連邦憲法裁判所の負担をこのような場合に確実に減らす唯一
の方法は，異議申立人が裁判で争う途の（いうまでもないことであるが経済面での）
負担を考慮して，憲法異議を申し立てることを断念することであるが，そのよ
うなことは〔憲法異議という〕特別の法的救済が憲法により開かれていること
の意味に適合しない。

588

　連邦憲法裁判所が取りあげる前に，まず一般の裁判所という段階をさしはさ
むことが必要であることの，さらなる論拠は各裁判所によって**あらかじめ各専
門分野〔の問題〕について解明されているということ**は〔連邦憲法裁判所が〕
提起された憲法問題を適切に取り扱うために非常に重要な意義を持つというこ
とである（BVerfGE 120, 274 [300]）。このような面を考慮にいれるならば，基本
法制定後に制定された形式的意味における法律に対する憲法異議の場合にも補
充性原則が必要であることを正当化できる（BVerfG [K], NJW 2015, 2242 Rn. 11
ff. は **EU法の問題の解明**についても一般の裁判所による解明が優先することを認めてい
る）。

589

　補充性の名において異議申立人に求めることができることの**限界**を画するの
は**期待可能性**である（→ Rn. 574 ff.）。期待可能性は，特に異議申立人が，憲法
異議を提起する前に，まず刑罰または懲戒処分を受けてから，その後に，権限
を有する裁判所において，これらの刑罰または懲戒処分を攻撃するように無理
強いされた場合には認められない。また法的救済の申立てが〔上訴制限などに
より〕明らかに成功の見込みがない場合にも期待可能性は認められない。

6．異議申立期間

590

　連邦憲法裁判所法 93 条 1 項 1 文によれば，憲法異議は 1 ヶ月以内に提起され，理由が付されなければならない。この規定は，同法 93 条 3 項が法律〔に対する憲法異議〕についての特別規定であるのに対して，**判決に対する**憲法異議にのみ適用されるが，その際，期間の進行にとって決定的な意味を持つのは，裁判で争う途を進むことができる場合は最終審の裁判であり，そうでない場合は行政官庁による，決定的な意味を持つ最終段階の決定である。憲法異議を提起する前に，刑事訴訟法 33a 条による聴聞異議を申し立てておくことが義務づけられる場合は，この申立てに対して下された裁判が期間の始期の基準となる（BVerfG [K], NJW 2009, 3570)。期間の始期と終期について詳細は連邦憲法裁判所法 93 条 1 項 2 文から 4 文において規定されている。同法 93 条 2 項は申立人の責に帰すことができない理由により期間内に提起できなかった場合，追完が可能であることを認め，その詳細について規定している。連邦憲法裁判所が期間が懈怠されたと誤って認定した場合は，不服申立てに基づきその決定を改めることができる（BVerfG [K], NJW 2012, 1065)。

> 注：憲法異議により攻撃されている裁判に対する上訴を退ける判決は，期間の始期の基準とすることはできない。すなわち，基本権の担い手が上訴の不適法性について確信を持つことができなかったというのでない場合には，憲法異議で攻撃されている裁判が下されたときから期間が経過するのである。〔もっとも〕すべての裁判所が上訴は不適法と異口同音に認めている場合であっても，学説において反対説がある場合には，そのことのみによって確信を持つことができなかったと認められうる（BVerfGE 107, 299 [307 f.]；裁判で争う途を果たすことという要件との協働関係についても（同判決の同じ箇所をみよ。→ Rn. 576)。

591

　法律に対する憲法異議については，連邦憲法裁判所法 93 条 3 項が，**法律の施行後 1 年**を出訴期間としている。

272 第2部 連邦憲法裁判所の手続類型

注：施行とは，基本法82条2項において規定されているように，規範が形式上有効になることを意味しているのであり，このことは，既に過去のこととなった事実のためにも，また，将来生じる出来事のためにも，あらかじめ定めておくことが可能である法的効果が〔現実に〕生じることとは区別しなければならない。（形式的意味における）施行が過去の一定の時点となっている場合には，規範の公布によりはじめて期間の進行がはじまる（BVerfGE 62, 374 [382]）。不利益となる法的効果が当の異議申立人について発生したということは重要ではない。

592

法律概念は，この場合には，形式的意味における法律に限らず，**すべての法規範**とりわけ法規命令や規則も含まれる。このことは，一方では，連邦憲法裁判所法93条3項において補充的に言及されている，裁判で争う途が開かれていないその他の高権行為が生じるという事態は実際には存在しないということを意味する。他方では，しかし，実質的意味における法律に対しては，とりわけ行政裁判所法47条によって裁判で争う途が開かれる（→ Rn. 582）という可能性も存在している。この場合には，憲法異議は，直接には，法規範の有効性について当該裁判手続において下された判決を対象とするものであり，法規範自体は間接的な対象にとどまるので，申立期間についての規定は連邦憲法裁判所法93条1項1文が適用される。

593

法律に対する憲法異議を提起するための**1年という期間**が経過していた場合には，申立人がその憲法異議を，その期間内に提起することが可能であったかどうかは考慮されることなく，**憲法異議はそれだけで排除される**。この場合，その法律を直接の対象とする憲法異議を提起することは，もはやできなくなるが，権利保障のこのような欠缺は，この規範の適用において発せられる行政官庁の決定または裁判所の裁判に対して異議を主張し，それに関する裁判で争う途を果たした後に，問題の規範を間接的対象とする憲法異議を提起することが可能であることによって埋められる。法律が改正された場合，それが従来の規範内容を立法者意思に沿うように明確にするための改正にとどまる場合には，

改正から新たに期間が進行するのではない。これに対して，法律の文言は変わっていないものの，攻撃されている規範の違憲性が，法改正によりはじめて根拠づけられた，または，強められた場合（BVerfGE 78, 350 [356]；120, 274 [298 f.]；122, 63 [74]：），あるいは，異議申立人の主張が実証された場合（BVerfGE 135, 317 Rn. 138, その他，BVerfGE 136, 338 Rn. 42 実験的に，一時的なものとして制定された法規命令が永続的な効力を持つ法律へと改められた事例についての判例）には，法改正のときから新たに期間が進行する。

7．対立する確定力ある判決が存在しないこと

594

　憲法異議の固有の対象，つまり，同一の異議申立人の同一の基本権侵害について，既に先行する連邦憲法裁判所の手続きの中で確定力のある判決が下されている憲法異議の排除ということは，実際にはほとんど問題にならない。これに対して攻撃された法規範について連邦憲法裁判所が既に連邦憲法裁判所法31条2項による**既判力および法律としての効力**（→ Rn. 658）をもって判断を下した場合に，憲法異議が排除されるかは問題となる。

595

　憲法異議手続は個々の事案における基本権侵害を対象とする手続きであるにもかかわらず，上述のことは肯定されうる。なぜなら，法律としての効力を持って**法律の憲法適合性**が確認された場合には，この法律により引き起こされうる基本権侵害の可能性全般も同時に否定されたということになるからである。法律としての効力は，同時に既判力の主観的限界を，先行手続の関係人を超えて，**判決により不利益を受ける者であれ，利益を受ける者であれあらゆる者**にまで拡張する（→ Rn. 662）ので，このような場合には，新たに提起された憲法異議は先の裁判の既判力ないし法律としての効力により排除される。

注：ある規範が**無効と宣言された後に**，同じ内容の規範が公布された場合，既判力および法律としての効力は，新たに憲法異議を申し立てる妨げとなるわけではなく，事案についての結論の先例となる可能性があるというにとどまる（しかしながら，→ Rn. 659 f.）。

596

　憲法異議は個々の事案のために設けられた手続きであることを考慮して，このような理由づけを否定する場合であっても，**既判力および法律としての効力の先例的効力**（→ Rn. 654）という理由づけにより，やはり同様に憲法異議は排除される。なぜなら，攻撃されている法律の憲法適合性が法律としての効力を持ってすでに確認されている場合には，法律による基本権侵害の可能性は——そして，それを申し立てる当事者適格も——存続しなくなったからである。

　　注；法律としての効力を持って有効と宣言された**法律**が，適用行為を争う憲法異議により**間接的に**攻撃されている場合，既判力は直接の妨げにはなりえない。これらの事案においても，法的根拠の違憲性を主張するのみであって，攻撃されている個別行為自体には，何ら基本権侵害〔という問題〕が含まれていない場合には，場合によっては，当事者適格を欠く〔とされる〕場合がありうる。

597

　もっとも，これまで述べたことは，既判力および法律としての効力の**時間的限界**にのみ妥当することであり，この限界はある法規範について法律としての効力を持つ判断が下された後であっても，主張された基本権侵害について，その間に事実関係または法的状況の重大な変化が生じた場合には，新たな憲法異議を提起することを可能にする（→ Rn. 657）。

8．権利保護の必要性

598

　権利保護の必要性という不文の訴訟要件は，訴訟法一般に共通する要件の一

部として憲法異議にも取り入れることができる（総論的には→ Rn. 107）。もっとも，この要件の役割は大部分が他の要件とりわけ当事者適格の一部および憲法異議の補充性という要件と重なっている。しかし，権利保護の必要性という要件は，**基本権侵害がすでに消滅している**場合には重要な意味を持ちうる。この場合，訴訟上の一般原則によれば，反復の危険性が存在している場合または被侵害者の復権（Rehabilitierung des Betroffenen）のために必要である場合には，権利侵害が消滅した後であっても権利保護の必要性が肯定される。

599

　上記の場合に該当するかどうかにかかわらず，憲法異議が提起されない限り，基本権侵害が攻撃されないままになってしまう場合には，**基本権の重要性**および，実務においてもそれが遵守されることを確実なものにするための必要性のみによって権利保護の必要性が肯定される。〔しかし〕実際には，このことは，それほど大きな意味を持ってはいない。何故なら，各一般の裁判所についての各訴訟法ないしは基本法19条4項の枠内における同様の考慮に基づいて，すでに裁判で争う途を果たしておくことという〔権利保護の必要性の〕前段階に位置づけられる要件の枠内において，上記のような場合には，侵害が既に消滅している場合であっても**一般の裁判所により弊害が除去されうる**ということが〔現在では〕確実になっているからである。

　　注：異議が取り下げられた場合の憲法異議の適法性について，BVerfGE 119, 309 [317 f.]；既に完了した捜索に対する憲法異議の適法性について，BVerfG [K], NVwZ 2009, 1281；異議申立人が死亡した場合について，→ Rn. 551。

Ⅲ．裁判のための受理と部会の裁判

600

　憲法異議の適法性との関連で必ず審査される固有の訴訟要件とは別に，連邦

276 第2部　連邦憲法裁判所の手続類型

憲法裁判所法 93a 条から 93d 条の規定がある。これらの規定は，過去の解決策と同じく，憲法異議による連邦憲法裁判所の**過重負担**に対処するために規定された。

> 注：また，連邦憲法裁判所規則 63 条以下にのみ規定されている，ある別の仕組みによっても，同じ目的が達成される。それによれば，憲法異議を，さしあたり，**一般登録簿**にのみ登録しておくことができる。ちなみに，この登録簿には，連邦憲法裁判所法の規定により許されている請願は登録されない。連邦憲法裁判所規則 93 条 2 項によれば，憲法異議のこうした登録は特に，憲法異議が明らかに不適法か，連邦憲法裁判所の判例を考慮に入れれば，明らかに成功しない場合に可能である。一般登録簿に登録された場合，憲法異議申立人にこのことが通知される。もっとも，この通知にもかかわらず申立人が裁判官による判断を求めた場合には，当該申立ては憲法異議登録簿に登録され，更なる手続きが進行する。

601

　連邦憲法裁判所法 93a 条 1 項において，憲法異議は裁判のための受理を要するという原則が規定されている。同条 2 項は，**裁判のための受理**について，受理義務を課し，そして，おそらく限定列挙と理解されている諸基準を規定している。これらの基準によれば，裁判のための受理は，憲法異議に基本的な憲法上の意義が存在する場合，または，異議申立人に特に重大な損害が発生する場合は特にそうなのであるが，基本権および基本権と同等の権利を実現するために望ましい場合に限り，行われなければならない。

602

　これらの基準に基づき，まず**権限を有する**連邦憲法裁判所の**部会**が憲法異議の受理審査を行う。受理要件が満たされていないと判断する場合，部会は憲法異議の受理を**拒否しなければならない**（連邦憲法裁判所法 93b 条 1 文）。受理審査は，連邦憲法裁判所法 93b 条 1 項 1 文から 3 文までで規定されているように，口頭弁論を経ることなく行われ，異議を申し立てることは許されず，理由を付す必要もない。

603

　部会が受理要件が満たされていると判断した場合に自ら受理という決定を下す権限を有するのは，連邦憲法裁判所法 93b 条 1 文によれば，同法 93c 条の場合に限られる。その要件は以下の通りである。すなわち，受理することが基本権または基本権と同等の権利を実現するために望ましい場合であり，かつ，憲法異議を判断するための基準となる憲法問題が既に連邦憲法裁判所により裁判されていることである。最後に，部会が憲法異議に明らかに理由があると考えることも不可欠である，連邦憲法裁判所法 93c 条 1 項 1 文参照。これらの要件がそろった場合，部会の**認容決定**は，連邦憲法裁判所法 93b 条 3 項 1 文により，全員一致の決定によってのみ可能となる。そのような決定が下された場合，この決定は連邦憲法裁判所法 93c 条 1 項 2 文によれば部の裁判と同等であり，それゆえ，同法 31 条 1 項により規定されている拘束力を持つ。

604

　もっとも，連邦憲法裁判所法 93c 条 1 項 3 文によれば，同法 31 条 2 項の法律としての効力を持って，法律が基本法もしくは他の連邦法律に適合しないもしくは，無効であると宣言する裁判は**除外される**。そのような裁判は部に留保されている。この留保は，**法律としての効力を持って規範を廃棄するすべての裁判**に妥当する。連邦憲法裁判所法 31 条 2 項においても，また，憲法異議についての他の規定においても法律という概念は，常に，実質的な意味においてしか法律ということができない規範をも含むものとして用いられているからである。もっとも，部会は，ときおり，法律の下位の法令について自ら無効を宣言し，この宣言が連邦官報に掲載される。BVerfG［K］, NVwZ 2007, 1172 ＝ BGBl, 1, S. 1781 が，おそらく最近の例であろう。このような実務についてより詳しくは，*Sachs*, NVwZ 2003, 442 ff. m.w.N. 参照。

605

　部会が，〔受理を〕拒否することも，または，認容決定を下すために受理す

278 第2部 連邦憲法裁判所の手続類型

ることもしない場合，連邦憲法裁判所法93b条2文によれば，**部自らが受理についての裁判を行う**。そのためには部の3名の裁判官の同意で十分である。このことは，部の多数の裁判官が反対している場合であっても，受理決定が成立することを意味している。同時にこの数は，連邦憲法裁判所法93c条の〔認容決定の〕要件が満たされない場合には，（もちろん部によるものである）裁判のための受理には，部会の裁判官の人数に相当する3名の同意で十分であるということも意味している。

IV. 手続きの進行

606

　手続きの進行については，受理手続及び部の裁判以外に，いくつかの規定が連邦憲法裁判所法94条に含まれている。連邦憲法裁判所94条1項から4項は，事案に関係する連邦またはラントの憲法機関のために，ならびに，攻撃された判決によって利益を得た者のために，一連の**意見陳述**の機会（Äußerungsmöglichkeiten）を規定している。補足的に，連邦憲法裁判所法94条5項1文は，前述の憲法機関に手続きへの**参加**の可能性を開いている。〔さらに〕連邦憲法裁判所法94条5項2文は，**口頭弁論を経ない**裁判の可能性を，連邦憲法裁判所法25条1項と比べて，異議申立人による放棄は必要ではなく，手続きに参加し意見を陳述する権利を認められている憲法機関が放棄意思を表示していればよいとしている点で拡大している。

V. 判決の内容と効力

607

　判決の内容は，連邦憲法裁判所法95条に規律されている。全ての成功した憲法異議にとって中心となるのは，連邦憲法裁判所法95条1項1文によれば，基本法のいかなる規定がいかなる作為または不作為によって侵害されたかとい

P. 基本権憲法異議 *279*

うことの確認である。このような定式化によって，連邦憲法裁判所法 95 条 1
項 1 文は，異議申立人の個別の基本権侵害という手続きの対象から離れること
になる。

608

　連邦憲法裁判所法 95 条 1 項 2 文は，**異議を申し立てられた措置の反復**はい
ずれも基本法に反すると宣告することができるとしているが，射程および意義
において疑わしいこの宣告の可能性は，判例において——私の知る限りでは
——一度だけ適用された。その決定（BVerfGE 7, 99［100 f., 109 f.］）は，以下の
ような形でこの取扱いを理由づけた。すなわち，その理由は，当該事件が持つ
根本的な重要性ゆえに，この可能性を用いることが適切と思われる，というこ
とであった。それ以降は，連邦憲法裁判所は，判決主文において一般的な意義
を持つ解釈問題について判断を示し，それによって，当該問題に決着をつけて
おくことが望ましいとは考えなくなっているが，いずれにせよ，このことは連
邦憲法裁判所法 31 条 1 項による裁判の拘束力の射程がどの程度であるべきか
についての一般的な考えとも関係している（→ Rn. 663 ff.）。ちなみに，連邦憲
法裁判所の判決はそのような付加的な文言を判決に書き加えなくても，実務に
おいて十分確実に尊重されている。

609

　判決内容について，1 項に含まれている憲法異議全般に妥当する指示とは別
に，**連邦憲法裁判所法 95 条 2 項**は，**判決に対する**憲法異議が認容された場合
の判決の内容について，連邦憲法裁判所が判決を破棄すると定めている。ほと
んどの場合に，憲法異議の前に裁判で争う途を経ているのであるから，判決は
権限を有する裁判所へ差し戻されることになる。しかし，個々の場合において
差し戻されるべき裁判所はどの裁判所であるのかは不明確であり，実務におい
ても統一的な取り扱いが行われているわけではない。手続的基本権を侵害した
判決の場合，判決がこの瑕疵に基づいている場合には，破棄されるのみである

280　第 2 部　連邦憲法裁判所の手続類型

（基本法 101 条 1 項 2 文について，そう述べているものとして，BVerfGE 109, 13 [27]）。
法律が予定している口頭弁論が行われなかった場合には，もちろん，この瑕疵
に基づいているということが推定される（基本法 103 条 1 項について，BVerfG
[K], NJW 2015, 3779）。規範の違憲性を宣言するにとどまり，暫定的にその規範
の効力を存続させる場合には，判決は破棄されない（そのように述べるものとし
て BVerfGE 109, 64 [95]）。連邦憲法裁判所が，連邦憲法裁判所法 95 条 2 項によ
り，判決を破棄した場合，差戻審がその判決を合法（rechtmäßig）と宣言する
判決を下すことはできない。このような事態を妨げるのが，連邦憲法裁判所の
判決の既判力である（そのように述べるものとして，BVerfGE 8, 211, しかし，→ Rn.
166）。

610

　法律を直接の対象とする憲法異議が成功した場合，連邦憲法裁判所法 95 条
3 項 1 文によれば，その無効が宣言される。同じことは，憲法異議により，同
時に法律も間接的に審査の対象となり，違憲性が認められた場合にも妥当する
（連邦憲法裁判所法 95 条 3 項 2 文）。規範統制手続の箇所において述べたことであ
るが，違憲であることは認めるが，その帰結として法律を無効とすることは認
めないという場合（→ Rn. 163 ff., 231），その法律が基本法と適合しないことが
宣言されなければならない（参照，連邦憲法裁判所法 31 条 2 項 2 文）。同様に，同
法 78 条 2 文（→ Rn. 162）も適用可能である。規範統制手続の場合（→ Rn. 167,
232 ff.）と同様に，憲法違反と認定された法律を暫定的に存続させることを命
じることも可能である（たとえば，BVerfGE 121, 317 [376]。ここでは，ラントの非
喫煙者保護法の暫定的な存続が，住民を受動喫煙の害から守ることの重要性から命じら
れた）。

611

　不成功に終わった憲法異議は，不適法である場合には却下され，理由がない
場合には棄却される。連邦憲法裁判所法 31 条 2 項 2 文は，これらに加えて，

不成功に終わった憲法異議に基づいて，法律の基本法適合性を宣言する可能性
も連邦憲法裁判所に認めている。

612

　判決の効力は，純粋な判決に対する憲法異議の場合は，判決の破棄および権
限を有する裁判所への差戻しに尽きるが，出発点となった事案について終局的
な判決を下すのは，この裁判所である。規範に関係する憲法異議の場合，連邦
憲法裁判所法 95 条 3 項 3 文は同法 79 条（→ Rn. 173 ff.）の準用を宣言している。

▎P．基本権憲法異議に関する確認問題
1．外国人や無国籍者も憲法異議についての当事者能力を持つか？
2．いわゆる「基本権上の成年」という概念は，憲法異議の場合における訴
　訟能力にとってどの様な意義を持つか？
3．「公権力」という概念は，憲法異議の場合，立法も含むか？
4．公権力の不作為に対する憲法異議は適法か？
5．公法上の法人は，どの程度まで〔憲法異議の〕当事者適格を持つのか？
6．法律に対する憲法異議の場合にも，原則として，裁判で争う途を果たし
　ておかなければならないか？
7．異議申立人のための他の権利保護手段を期待することができなかったと
　いうことを考慮して，憲法異議の補充性原則の例外を認めることができる
　のはどの様な場合か？
8．1 年という申立期間が経過した後に，はじめて，異議申立人に当該法律
　が適用された場合であっても，申立人は法律に対する憲法異議を提起する
　ことができるか？

解答は 333 頁。

参 考 文 献
Erichsen, Hans-Uwe, Die Verfassungsbeschwerde, Jura 1991, 585, 638; Jura 1992,

142; *Scherzberg, Arno*, Die Zulässigkeit der Verfassungsbeschwerde, Jura 2004, 373, 513; *ders./Mayer, Matthias*, Die Begründetheit der Verrfassungsbeschwerde bei der Rüge von Freiheitsverletzungen, Jura 2004, 663; *Möller, Kai*, Verfassungsgerichtlicher Grundrechtsschutz gegen Gemeinschaftsrecht, Jura 2006, 91; *Gas, Tonio*, Der ordnunggemäße Antrag im Verfassungsbeschwerdeverfahren – zu den Anforderungen der §§ 23 I, 92 BVerfGG, JA 2007, 375; *Augsberg, Ino/ Burkiczak, Christian*, Der Anspruch auf rechtliches Gehör gemäß Art. 103 I GG als Gegenstand der Verfassungsbeschwerde, JA 2008, 59; *Tegebauer, Ingo-Jens*, Die Anhörungsrüge in der verfassungsgerichlichen Praxis, DÖV 2008, 954; *Gusy, Christoph*, Wirkungen der Rechtsprechung des Europäischen Gerichtshofs für Menschenrechte in Deutschland, JA 2009, 406; *Hummel, David*, Beschwerdefähigkeit und Beschwerdebefugnis – zum Prüfungsort des Art. 19 III GG bei der Prüfung der Zulässigkeit einer Verfassungsbeschwerde, JA 2010, 346; *Rauber, Jochen*, Karlsruhe sehen und sterben: Verfassungsprozessuale Probleme beim Tod des Beschwerdeführers im Verfassungsbeschwerdeverfahren, DÖV 2011, 637; *Geis, Max-Emanuel/Thirmeyer, Stephan*, Grundfälle zur Verfassungsbeschwerde, Art. 93 I Nr. 4a GG, §§ 13 Nr. 8a, 90 ff. BVerfGG, JuS 2012, 316; *Thiemann, Christian*, Die Anhörungsrüge als Zulässigkeitsvoraussetzung der Verfassungsbeschwerde, DVBl. 2012, 1420; *ders.*, Verfassungsbeschwerde und konkrete Normenkontrolle im Lichte des Unionsrechts, Jura 2012, 902; *Peters, Birgit/Markus, Till*, Die Subsidiarität der Verfassungsbeschwerde, JuS 2013, 887; *Griebel, Jörn*, Europäische Grundrechte als Prüfungsmaßstab der Verfassungsbeschwerde, DVBl. 2014, 204; *Kempny, Simon*, Mittelbare Rechtssatzverfassungsbeschwerde und unmittelbare Grundrechtsverletzung, Der Staat 53 (2014); 577; *Gusy, Christoph*, Die Verfassungsbeschwerde, in: van Ooyen/Möllers (Hrsg.), Handbuch Bundesverfassungsgericht im politischen System, 2. Aufl. 2015, S. 333; *Eifert, Martin/Geberding, Johannes*, Verfassungsbeschwerde und Unionsgewalt, Jura 2016, 628.

演習問題

Seiler, Christian, Der praktische Fall – Öffentliches Recht: Private Warnungen vor Elektrosmog, JuS 2002, 156; *Bethge, Herbert/v. Coelln*, Christian, Der praktische Fall – Öffentliches Recht: Prozessuale Wiederauferstehung, JuS 2002, 364; *Goos, Christoph*, Zur Übung – Öffentliches Recht: Das Kopftuchverbot am Albert-Schweitzer-Gymnasium, JuS 2002, 654; *Sachs, Michael/Schroeder, Daniela*, „Durchsuchung im Landtag", NWVBl. 2006, 389; *Hochhuth, Martin/Sauer, Oliver/Wöckel, Holger*, Stasi-Verdacht, Jura 2006, 538; *Droege, Michael*, Postkontrolle im Strafvollzug, Jura

P．基本権憲法異議　*283*

2006, 778; *Detterbeck, Steffen/Willi, Martin,*（Original-）Referendarexamensklausur
– Öffentliches Recht: Das Anti-Adipositas-Gesetz, JuS 2007, 153; *Lutz, Holger,*
Gerichtsberichterstattung, Jura 2007, 230; *Viellechner, Lars,* Anspruch auf islamischen Religionsunterricht, Jura 2007; 298; *Miller, Wolfgang/ Schweighart, Florian,*
Übungsklausur – Öffentliches Recht: Hausfriedensbruch oder Verletzung des Art.
13 GG? – Ein Gerichtsvollzieher macht Ernst, JuS 2008, 607; *Reimer, Franz/Thurn,*
John Philipp, Fortgeschrittenenhausarbeit – Öffentliches Recht: Homeschooling, JuS
2008, 424; Betzinger, Michael, Grenzen der Kunstfreiheit, JA 2009, 125; *von Coelln,*
Christian, Übungsklausur – Öffentliches Recht: Das Verfassungsmäßigkeit der
Ausbildungsplatzabgabe – Der aufgedrängte Azubi, JuS 2009, 335; *Weschpfennig,*
Armin von, Referendarexamensklausur – Öffentliches Recht: Grundrechtliche
Schutzpflichten – Apokalypse und Schwarze Löcher, JuS 2011, 61; *Lüdemann, Jörn/*
Hermstrüwer, Yoan, Referendarexamensklausur – Öffentliches Recht: Staatsrecht –
Das Verkaufsverbot für Schokoladenzigaretten, JuS 2012, 57; *Goldhammer, Michael/*
Hofmann, Andreas, Anfängsklausur – Öffentliches Recht: Grundrechte -Kontrolle im
Copy-Shop, JuS 2013, 322; *Droege, Michael/Schulz, Nils,* Finanzmarktstabilisierung
um jeden Preis?, Jura 2014, 230; *Brunner, Manuel/ Göhlich, Carola,* Gut für den
Teint, aber schlecht für die Gesundheit, Jura 2015, 87; *Hoffmann, Christian/Borchers,*
Corinna, Der Anwalt und sein Recht auf Papier, JA 2015, 196; *Thomas, Christian,*
Die ,durchgeknallte Frau', JA 2015, 366; *Stinner, Julia,* Anfängerklausur – Öffentliches Recht: Grundrechte – Persönlichkeitsrecht vs. Rundfunkfreiheit, JuS 2015, 616;
Jungbluth, David, Der Fall Gustl M. – Wahn oder Sinn?, Jura 2015, 1242; *Augsberg,*
Ino/Augsberg, Steffen/Schwabenbauer, Thomas, Klausurtraining Verfassungsrecht,
2. Aufl. 2016, Fälle 6（Hufbeschlag）, 7（Das verunglimpfte Staatssymbol）,
8（Blutentnahme）, S. 182, 196, 220; *Froese, Judith,* Semesterabschlussklausur
– Öffentliches Recht: Grundrechte – Bettelverbot, JuS 2016, 33; *Lange, Pia,* Referendarexamenklausur – Öffentliches Recht: Europarecht und Verfassungsrecht – Die
vreweigerte Vorlage, JuS 2016, 50; *Pollin, Ulrike,* „Arbeitsfreie Samstage", JA 2016,
272; *Wagner, Eva Ellen,* Gesetzgebungsoutsourcing und Artzneimittelwerbeverbot,
Jura 2016, 83.

憲法異議に特化した単行書

Gusy, Christoph, Die Verfassungsbeschwerde, 1988; *van den Hövel, Markus,*
Zulässigkeits- und Zulassungsprobleme der Verfassungsbeschwerde gegen Gesetz,
1990; *Dörr, Dieter,* Die Verfassungsbeschwerde in der Prozesspraxis, 2. Aufl. 1997;
Kleine-Cosack, Michael, Verfassungsbeschwerden und Menschenrechtsbeschwerde,

284　第 2 部　連邦憲法裁判所の手続類型

3. Aufl 2013; *Pieroth, Bodo/ Silberkuhl, Peter*, Die Verfassungsbeschwerde, 2008; *Zuck, Rüdiger*, Das Recht der Verfassungsbeschwerde, 4. Aufl. 2013.

訳　注

1)　この点について，畑尻剛・工藤達朗編『ドイツの憲法裁判（第二版）』（中央大学出版部，2013 年）52 頁以下参照。

Q. 自治体の憲法異議

I. 法的根拠，機能および実務上の意義

613

自治体の憲法異議の**法的根拠**は，基本法93条1項4b号（1969年以降は基本権の憲法異議におけると同様）に，ならびに連邦憲法裁判所法13条8a号，91条以下に見られる。

614

この手続形態の**歴史的な模範**は，第二次世界大戦前のドイツの憲法裁判権において存在しない。もちろん自治体には，ワイマール憲法における判例上，ラントレベルにおける機関争訟に参加する資格がワイマール憲法19条1項に基づいて認められていた。

615

自治体の憲法異議の**機能**は，**基本法28条2項による自治体の自治保障の本**質を，立法府による規範的な制限から**保護する**点にある。手続形態は，手続対象を法律に限定することにより規範統制と類似するが，異議申立てを行う自治体の固有の権利を保護するに役に立ち，それゆえに憲法異議として形成されていることは体系的に見て適切である。

616

自治体の憲法異議の**実践的意義**は，**基本権の憲法異議のそれとまったく比較にならない**。この種の多くの手続きのきっかけは，とくに自治体の再編の努力

286 第2部　連邦憲法裁判所の手続類型

であり，ごく最近では財政調達の問題でもある。もちろん連邦憲法裁判所はすべての当該手続きについて決定しない。それは，連邦憲法裁判所法 91 条 2 文によるその申立てが当該ラント憲法裁判所に申し立てる可能性に対して補充的であるからである（→ Rn. 627）。

Ⅱ．特別の訴訟要件

1．憲法異議の当事者能力

617

　自治体の憲法異議は，連邦憲法裁判所法 93 条 1 項 4b 号と 91 条 1 文によると，**ゲマインデ**とゲマインデ連合が申し立てることができる。その際ゲマインデについては，ゲマインデが同時に（都市）州である場合，自治体の憲法異議の可能性が除外されることは注意されなければならない。これは，とくにベルリンとハンブルクにあてはまる。それに比べ，ブレーメンとブレーマーハーフェンヘンからなるブレーメンの都市州は，2 つの自立したゲマインデを包括するが，これらのゲマインデは自治体の憲法異議の可能性が存する。

618

　ゲマインデ連合の異議の資格の範囲は，あまり明らかとはいえない。基本法 28 条 2 項の自治保障を訴訟上実現させる自治体の憲法異議の機能に照らすと，異議の資格は，基本法 28 条 2 項 2 文に従ってその法律上の任務領域の範囲内で**自治権**に関わるすべてのゲマインデ連合に認められうる。このことは，いずれにせよ，基本法 28 条 1 項 2 文と 3 文に明示された**郡**（Kreis），さらに市町村〔小〕連合（Amt），郡市連合区（Bezirk），および法律によって作られた類似の自治体の連合，とくにノルトライン＝ヴェストファーレン広域行政組合（Landschaftsverbände）のような大連合（Großverbände）まで含む連合に当てはまる。それに比べ異議の資格は原則的にゲマインデの目的組合（Zweckverbände）

には認められない。その組合とは，自治体協働に関する法律に基づき，自治体自体により，通常ごく限られた任務領域を持って創設されたものである。

619

ゲマインデ連合と同様ゲマインデにとって重要なことは，**自己の存立の争い**のために，その存立を解消する法律に対するゲマインデまたはゲマインデ連合の異議の資格がその解消後にも認められることである（BbgVerfG, LKV 2005, 23 [24]）。

2．訴訟能力

620

ゲマインデおよびゲマインデ連合は，それらが各地方自治法にしたがい憲法異議を行う権限を有している（対外的）代表機関によって**適法に組織上代表**されていれば，憲法異議手続について争訟の資格がある。たとえば，内部関係においては，他の機関の決定が要求されていても，その機関の決定は，訴訟能力にとっては，重要ではない。

3．当事者適格

621

当事者適格は，原則的に，基本権憲法異議と同じことが当てはまる（→ Rn. 527 ff.)。ただ，以下で指摘する若干の**特別な点**にだけは注意が必要である。

622

自治体の憲法異議は，根拠規定の一義的文言により，**法律に対してのみ**申し立てることができ，それゆえに行政庁と裁判所の決定に対しては申し立てることができない。この場合法律の概念は，──連邦憲法裁判所法93条と95条の

288 第2部 連邦憲法裁判所の手続類型

決定の対概念として用いられていることに対応して——形式的な立法とくに議会の立法（→ Rn. 210 ff.）の狭い意味で理解されるのではなく，原則的に，**すべての実質的法規範**，とくに法規命令と条例もまた考慮に入れられる（BVerfGE 137, 108 Rn. 63）。さらに慣習法規でさえ異議の対象と考えられる。もっとも，現に存在する法律に関連づけられることから，立法の不作為に対しても自治体の憲法異議が申し立てられることは認められない。

623

主張される侵害の**直接性**の基準は，基本権憲法異議とは異なる評価がなされる。このことは，この要求が，広義の補充性の原則と関係することから生じる（→ Rn. 568）。基本権の憲法異議とは異なり，自治体の憲法異議には，とくに，〔法的〕裁判で争う途を果たした後に官庁または裁判所の執行行為（Vollzugsakt）に対してさらに憲法異議を申し立てる可能性は存在しない。それゆえに直接性の基準は，つぎのような意味を持つにすぎない。つまり，自治体が，その執行には，なおそれを実施するための別の法規範が必要であるような法規範と対決しようとする場合，憲法異議によって審査を求めることができるのは，実施のための別の法規範のほうであるという意味である（BVerfGE 137, 108 Rn. 62 f.）。

624

最後に基本権の憲法異議と比べ，**訴権**に関する変更がある。自治体の憲法異議は，基本権ではなく，基本法28条2項から明らかなように，自治体（Kommune）の自治権にもっぱら基づくことができる。憲法上の自治像を共同で決定する場合，基本法の別の規定も考慮されうる。さらに自治権の侵害は，——基本権と同様（→ Rn. 547）——自治権を縮小する異議対象の法規範が別の点で憲法上の有効の要件に適合しないことによって発生することもある。この点でも，基本権と同様，憲法上保障される権利の制限は，あらゆる点で合憲である規定によってしか認められない。

注：もっとも，BVerfGE 137,108 Rn. 127 ff. はその審査を基本法 70 条以下の侵害に拡張する。その理由は，（単に）同条以下が自治像を共同決定するに有効であるからである。これは，あまりに技巧的な印象を与えるものであり，かつ納得させることができない。この考え方を用いないものについては，たとえば BVerfGE 112, 216 (221)。

４．裁判で争う途を果たしていること

625

裁判で争う途を果たしていることの要件は，この要件が連邦憲法裁判所法 90 条 2 項に位置づけられていることによれば，同条 2 項と関連する，連邦憲法裁判所法 90 条 1 項による基本権の侵害のみに関わる。同法律が，同条 2 項と関連してもっぱら問題となる法律に対し原則的に裁判で争う途が開かれてないことを前提とする（連邦憲法裁判所法 93 条 3 項および→ Rn. 580 f.）ことから，自治体の憲法異議における裁判で争う途を果たしていることの問題については，意図しない**規定の欠缺**が存する。その欠缺は，連邦憲法裁判所法 90 条 2 項の類推適用により補充することができる。このことは，とくに行政裁判所法 47 条による**行政裁判所の規範統制**の事例について当てはまる。

５．異議申立ての期間

626

連邦憲法裁判所法 90 条 2 項とは異なり，連邦憲法裁判所法 93 条 3 項は，その文言と法律における位置によって，2 種類の憲法異議について当てはまる。連邦憲法裁判所法 93 条 3 項の 1 年の期間を自治体の憲法異議にも適用することにより，もちろん，1 年の期間の経過後は当該ゲマインデの憲法異議の可能性が一切無くなることになる。とくに自治体には，基本権の担い手とは異なり，法適用行為に対する憲法異議において，法律を間接的に審査する可能性が認められない。このことは，自治体の憲法異議が規範に対してのみ認められる

290　第2部　連邦憲法裁判所の手続類型

からである。規範に対する裁判で争う途が開かれている限り，憲法異議のための1年の期間は，裁判で争う途を閉ざす裁判所の判決によって初めて進行し始める。ただし裁判で争う途が当該自治体から法律の施行後1年以内に取られた場合に限られる（BVerfGE 76, 107 [114 ff.]）。法律の改正は，その規定が他の規定と関連し，異議申立人に明らかにより重い負担を課す場合にのみ，期間を新たに進行させる（BVerfGE 137, 108 [70]；また→ Rn. 593）。

6. ラント憲法裁判所の審査に対する補充性

627

　連邦憲法裁判所法91条2文によると，連邦憲法裁判所への憲法異議は，自治権の侵害を理由とする異議がラント法によりラント憲法裁判所に申し立てられうる限り，認められない。基本権憲法異議の補充性と明らかに区別されるこの特殊な補充性の特別形式は，その手続きが「憲法異議」という名称をもつか，あるいは別の名称がついているのかにかかわらず，自治権の防御に**有効なラント憲法裁判所のすべての手続き**に当てはまる。他面において補充性は，ラント憲法裁判所に判決が求められる「限り」でのみ問題となる。ラント憲法裁判所の審査の範囲が何らかの方法で連邦憲法裁判所のそれより狭いならば，部分的な補充性でしかない。つまりラント憲法裁判所が判決できない限り，連邦憲法裁判所への憲法異議の可能性に影響はない。

　　例：ラント法がラント憲法裁判所の審査を形式的ラント法律に限定する場合，連邦憲法裁判所は，ラント法の法規命令に対する自治体の憲法異議に関する判決を行う権限が認められる（近時では BVerfGE 107, 1 を見よ。）。

Ⅲ. 手続きの進行，判決の内容と効力

628

　その他の手続きの進行は連邦憲法裁判所法94条に従う。判決内容について
は，法律に対する基本権の憲法異議と同様，連邦憲法裁判所法95条1項およ
び3項が適用される。同様に，判決の効力は法律に対する基本権憲法異議に関
する判決のそれと同じである（→ Rn. 606 ff.）。

Q. 自治体の憲法異議に関する確認問題

1. 基本法93条1項4b号，連邦憲法裁判所法13条8a号，同91条1文に
   おける「法律」の概念はどのように理解されるべきか。
2. 自治体は，どのような基本法規定が侵害されたと主張できるのか。

解答は335頁。

参考文献

Sachs, Michael, Die kommunale Verfassungsbeschwerde im System der verfassungs-
gerichtlichen Verfahrensarten, BayVBL. 1982, 37; *Starke, Thomas*, Grundfälle zur
Kommunalverfassungsbeschwerde, JuS 2008, 319; *Schmidt, Ingo*, Kommunalverfas-
sungsbeschwerde, JA 2008, 763; *Guckelberger, Annette*, Verfassungsbeschwerden,
kommunaler Gebietkörperschaften, Jura 2008, 819; *Lück, Dominik*, Der Beitrag der
Kommunalverfassungsbeschwerde nach Art.93 Abs,1 Nr.4b GG, 91 BVerfGG zum
Schutz der kommunaler Selbstverwaltung, 2014.

演習問題

Bethge, Herbert/v.Coelln, Christian, Der praktische Fall -Öffentliches Recht:Prozes-
suale Wiederauferstehung, JuS 2002, 364.

R．連邦法律によって権限が与えられた
その他の事件

629

　基本法93条3項は，以下のことを明確に規定している。すなわち，連邦憲法裁判所は，基本法自体に規定された事例を超えて，連邦法律によって予め定められている場合，これについても決定を下す権限を有する。そのような管轄権の最も重要な事例は，それが1969年に基本法の中に取り込まれるまで，当初は連邦憲法裁判所法90条以下で定められるにとどまっていた**憲法異議**だった。これ以外の法律上にのみ規定された連邦憲法裁判所の活動は，連邦憲法裁判所法旧97条による**鑑定意見**（Gutachten）の報告だった。しかし，この可能性は，わずか数年後にすでに削除された。連邦憲法裁判所によって報告される鑑定意見（Gutachten）と連邦憲法裁判所の判決の関係が不明確になる可能性があるというのがその理由である。

630

　今日では，連邦憲法裁判所は，とりわけ以下に述べる連邦法律に基づき活動する権限を有している。
—**連邦憲法裁判所法97aから97e条**。ヨーロッパ人権裁判所（EGMR, NJW 2006, 2389 ff., 新しいものとして，EGMR, NJW 2010, 3355）によってドイツにおける裁判手続の遅延による多数の条約違反の問責が行なわれたこと，およびこれと結びついた，このような事例のために法的救済手段を創設するという義務に応じる形で，2011年に，裁判手続および犯罪捜査手続の遅延の場合の法的保護に関する法律（BGBl. I, S. 2302）が制定された。この法律は，さま

ざまな裁判権でそのような事件が発生した場合，遅延問責に基づき，関係
人に補償することを規定している（基本的には，同法1条において，裁判所構成
法198条以下をこのように追加している）。同法2項に含まれる連邦憲法裁判所
に関する特別規律は，同様のモデルに従う。連邦憲法裁判所97a条で規定さ
れた補償またはその他の回復の請求に加えて，連邦憲法裁判所法97b条は，
この請求を達成するための遅延異議を規定している。そして，この遅延異議
には遅延問責が先行しなければならず，この遅延問責は回答を必要としな
い。その判断は，連邦憲法裁判所法97c条1項に従って，異議部会が下す。
（→ Rn. 39；たとえば，2年半という程度で異議が成功した例がある。BVerfG, NJW
2015, 3361 ff. を参照）。

―**連邦憲法裁判所法105条**。これによれば，連邦憲法裁判所は，連邦大統領に
連邦憲法裁判所の裁判官を退職させ，または罷免させる権限を与えている
（→ Rn. 40, 55）。

―**社会裁判所法39条2項2，3文，行政裁判所法50条3項**。これらの規定に
よれば，連邦社会裁判所または連邦行政裁判所は，連邦国家的争訟を憲法上
の争訟とみなす場合，連邦憲法裁判所に事件を移送しなければならない。連
邦憲法裁判所も憲法上の争訟と認める場合，連邦・ラント間またはラント間
の争訟（→ Rn. 355, 369, 381）の適切な形で，手続きを進め，当該事件につい
て自ら決定する（BVerfGE 109, 1 [8f.]）。

―**基本法29条6項に関する法律**によれば，連邦憲法裁判所は，連邦領域の再
編成の際に規定された住民表決，住民請願および住民投票という枠組みにお
ける一連の関連において決定する。

―**政党法33条2項**は，連邦憲法裁判所に，ある政党について禁止された政党
の禁止された代替組織であるか否かを確認する管轄権を与えている。

―**欧州議会議員選挙法26条3項**によれば，連邦憲法裁判所は，これに関する
選挙審査抗告について決定する。同法14条4a項によれば，連邦憲法裁判所
法96a条以下と同様に（→ Rn. 482 ff.），今日，公認候補者名簿の却下に対す
る抗告もまた規定されている。

294 第2部 連邦憲法裁判所の手続類型

―2001年の**連邦議会調査委員会設置法**（PUAG）によると，連邦憲法裁判所は，一連の事例において判断する。とりわけ，**連邦議会調査委員会設置法36条2項**は，法律によって当該紛争に基本的に権限を有する連邦通常裁判所およびその担当裁判官が，調査委員会設置決定を違憲であるとみなし，その有効性に基づく決定が重要である場合，**連邦憲法裁判所の決定を求めなければならない**と規定している。手続きが具体的規範統制（→ Rn. 194以下）に構造上類似しているために，詳細な規定が連邦憲法裁判所法82a条として，具体的規範統制に関する同法11節に付加されている。それに加えて，15号によって必ずしも必要はないが11a号が，連邦憲法裁判所法13条（→ Rn. 110）の手続方式の列挙に付加されている。その他の点では，連邦議会調査委員会法2条3項は，設置申立の部分的拒否（機関争訟手続において；→ Rn. 291以下；308）を訴える申立人の可能性を制約しない。さらに，**連邦議会調査委員会設置法18条3項**および（同項を準用する）**19条，23条2項**は，連邦政府が証拠資料の提出または検証の実施の要求を拒否した場合，または公務員の尋問のための必要な証言の許可を与えなかった場合，決定に関する連邦憲法裁判所の管轄権を自ら規定している。これについて補充的に創設された連邦憲法裁判所法66a条は，上述の手続きを制限なしに連邦憲法裁判所法13条5号による**機関争訟**の事件としてみなしている。このことは通常の場合において確かに当てはまる。しかし，連邦議会調査委員会設置法18条3項によって追加の要求なく申立権を与えられた調査委員会の構成員の4分の1が，調査委員会の設置要求について権限を有していた会派に（全員）所属していない場合，「委員会の会派」（BVerfGE 105, 197 [220] 参照）に関する連邦憲法裁判所の判例を背景にして別の態度をとる。そうであるなら，連邦憲法裁判所法63条，64条1項による申立資格または少なくとも申立権限はいずれにせよ疑わしい。連邦議会調査委員会設置法の規定が――立法府の判断に反して――，一般の機関争訟の一般原則によれば許容されないだろう手続きを可能にするものである限り，この規定は特別法であることにより機関争訟の一般原則よりも優先するといってよいであろう。

—2009 年 7 月 29 日の**統制委員会法（PKGrG）**14 条（BGBl. I, S. 2346）によれ
ば，連邦憲法裁判所は，2009 年に制定された基本法 45d 条に根拠をもつ連
邦の諜報活動の統制に関する議会委員会と連邦政府との間の紛争について決
定する。このような争訟は，とりわけ，統制委員会法 4 条に応じた連邦政府
の報告義務の範囲，または統制委員会法 5 条による委員会の権限の射程に関
して考えられる。基本法 45d 条に基づいて，委員会は，今日，基本法に基
づく固有の権利を付与された連邦議会の一部，そして基本法 93 条 1 項 1 号
の意味でのその他の関係諸機関とすることができる。そしてそのことから，
その〔委員会の〕権利義務に関する機関争訟手続の関係人になることもでき
る。統制委員会法 14 条が独自の手続方式を根拠づけるのか，あるいは単に
機関争訟事件の一事例を単純法律上強調するにすぎないものかどうかは，連
邦憲法裁判所法 66a 条 2 文が定める「63 条との結びつき」を考えると，あ
まり明確ではない。統制委員会法 14 条による申立てについては，連邦憲法
裁判所法 66a 条 2 文に従い，口頭弁論なしで裁判することができる。

参 考 文 献

遅延異議について：*Zuck, Rüdiger*, Die verfassungsprozessuale Verzögerungs-
beschwerde, NVwZ 2013, 779; *Barczak, Tristan*, Rechtsschutz bei Verzögerung
verfassungsgerichtlicher Verfahren, AöR 138（2013），536;

連邦議会調査委員会設置法（PUAG）による訴訟について：*Schulte, Martin*, Das
Recht der Untersuchungsausschüsse, Jura 2003, 505; *Lenz, Christopher*, Fortsetzung
des Visa-Untersuchungsausschusses trotz möglicher Auflösung des Bundestages,
NJW 2005, 2495; *Hebeler, Timo/Schulz Jan*, Prüfungswissen zum Untersuchungs-
ausschussrecht, Jus 2010, 969; *Glauben, Paul*, Private und Justiz als Gegenstand
parlamentarischer Untersuchungsausschüsse, NVwZ 2015, 1023;

統制委員会法（PKGrG）による訴訟について：*Shirvani, Foround*, Reform der par-
lamentarischen Kontrolle der Nachrichtendienste – Die Novellen zum Grundgesetz
und zum Kontrollgremiumgesetz, VBlBW 2010, 99.

第 3 部

連邦憲法裁判所の特別の裁判形式と効果

A. 仮 命 令

I. 法的根拠, 機能および実務上の意義

631

仮命令の**法的根拠**は, 基本法 94 条 2 項および——一般的には——連邦憲法裁判所法 32 条にあり, さらに特別規定として, 連邦憲法裁判所法 53 条, 58条 1 項, 93d 条 2 項, 105 条 5 項, 選挙審査法 16 条 3 項にある。

632

仮命令手続の**機能**は, あらゆる裁判権における仮の権利保護に認められるものと同じく, 争われている法状態を最終的に解明する前に, このような解明までの間に不都合な帰結が生じることがないように配慮することである。

633

仮命令手続の**実務上の意義**は過小評価されてはならない (2015 年には 110 件の仮命令手続が係争した〔2023 年は 432 件〕)。というより, この手続きがまさに高度に政治的な案件において行われ, 連邦憲法裁判所のしばしば影響力が広範囲に及ぶ諸判決を導いている。たとえば, 1990 年の再統一後の第 1 回の全ドイツ選挙に関連して (BVerfGE 82, 353 ff.), 人工妊娠中絶の刑法上の規律の停止の際 (BVerfGE 86, 390 ff.; 再度 BVerfGE 88, 83 ff. において), あるいは, 連邦軍の海外派兵に関連して (BVerfGE 88, 173 ff.; 108, 34; 118, 111) である。しかし, また, 憲法異議の日常的な実務においても, 仮の権利保護も求められるケースは散発的なものにとどまらない。

300　第3部　連邦憲法裁判所の特別の裁判形式と効果

Ⅱ. 訴 訟 要 件

634

　連邦憲法裁判所における仮命令の訴訟要件は，他の訴訟法（民事訴訟法，行政裁判所法）において既に知られている例に準拠しているところが大きい。形式的要件を認容性の側面から区別するとしても，その境界は，いずれにせよ明確でない。加えて，要件はそれぞれ本案について係属している手続様式に適合させなければならない。本質的に問題となるのは以下に挙げる諸要件である。

—連邦憲法裁判所の仮命令もまた，少なくとも原則としては**申立てに基づいてのみ**下される：もっとも，すでに本案手続が係属中の場合には，連邦憲法裁判所は仮命令の保全機能（Sicherungsfunktion）を考慮して，当該申立てなしに仮命令を下す権限をもつとしている（BVerfG, NJW 2015, 3294 Rn. 22 m.w.N.）。しかしこのような行為の適法性については疑問がある。

—**本訴の申立て**はあらかじめ行われなければならないわけではない：もっともこのような事例においては，当初から不適法あるいは明らかに理由のないとはされないようなしかるべき申立てを提起しうるものでなければならない。

—さらに，それぞれの**本訴手続**における**本案判断**のために存在しなければならない**要件**が満たされなければならない。しかし，連邦憲法裁判所は本案判断のための要件が満たされているか否かの審査の際に，仮の権利保護という特別の状況を考慮している（BVerfGK 2, 1 [4]）。

—いずれにせよ，企図された仮命令は原則として**本案を先取り**する作用を果たしてはならない。

—仮命令の発給についてもまた，一般的な権利保護の必要性がなければならない。ただしこの一般的な**権利保護の必要性**は，少なくともほとんどが認容性（Begründetheit）の中心要素の一つとしての命令の理由と内容的に一致する。

—最後に**本案**が**判決のために機が熟した**ものであってはならない。なぜならこの場合，仮命令という方法における事前の判断を必要としないからである。

本案において判決が下されると同時に仮命令の発給を求める申立ては処理済みとなる。

Ⅲ．申立ての認容性

635

仮命令の発給を求める申立ては，**連邦憲法裁判所法32条1項**によれば，暫定的な規律の発給が重大な不利益を防止するため，急迫する暴力を阻止するため，または他の**重大な理由により，公共の福祉のため緊急**の必要がある場合には，認容される。これに伴って他の憲法機関の「自律」への介入が生じる際には，この要件については，たとえば機関争訟において，原則的に厳格な基準が用いられる（BVerfGE 137, 29 Rn. 7）。このような要件が存在する場合，連邦憲法裁判所はたんに仮命令を発給する権限があるだけではなく，**その義務も負う**。

636

判例においては個々に相互に区分されてはいないが，挙げられた諸要件がどのような場合に存在したのかは，本質的に**誤った決定がもたらす結果の衡量**に基づいて解明される。問われるべきは，その内容が本案における法状況に適していない仮命令が発給されて生じる不利益の方がより深刻でないか，それとも，その発給がこのような法的状況に適している仮命令が発給されない場合に生じる不利益の方が深刻ではないかである。法律の執行の停止が問題となっている場合は，申立人に対する効果だけでなく，法律の当事者すべてに対しての効果が考慮されなければならない（BVerfGE 131, 47 [61]）。

637

誤った決定の際に急迫する不利益の重要性を**評価するための基準**は，第一に，当該法益とその侵害の強度を考慮して決定されるべき実質的な重さ，およ

302 第3部 連邦憲法裁判所の特別の裁判形式と効果

び特に一度生じた不利益の不可逆性である。また考慮要素として考えられるのが，当該規範の適用に権限を有する機関が本案における判決までの期間に，法律の範囲内で，申立人によって主張される不利益を緩和するあるいは除去する予防措置をとるか否かである（BVerfGE 112, 284 [292]）。さらに，国家行為の問題となっている領域も重要になる可能性がある。たとえば，国際法および外交の領域において（BVerfGE 132, 195 Rn. 86 m.w.N.），議会による法律の制定の際に（BVerfG, NJW 2015, 3294 Rn. 13 m.w.N.），EC/EU法の強行的な準則を国内法に転換する法規範（なお一段の先鋭化に関して，BVerfGE 121, 1 [17 ff.]）の，もしくはEUの機関自身の法的活動（BVerfG [K], NJW 2014, 375 Rn. 9）の，または機関争訟手続において（BVerfGE 113, 114 [124]; 118, 111 [122 ff.]），執行の停止が申し立てられた際には特に抑制が求められる。

638

この場合に行われた申立てが当初から不適法あるいは明らかに理由のないものでない限り，衡量の際に，本案手続における**勝訴の見込みは原則として考慮されない**（BVerfG, NJW 2015, 3294 Rn. 12）。裁判所が，手続きを勝訴させる可能性のあるような観点が一切認められないとの見解に立つ場合，本案手続における申立ては明らかに理由がない。それゆえ，理由がないことが明白なものでなければならないというわけではない。理由がないことはあらかじめ行われる徹底的な審査の結果でもあることも考えられる（BVerfGE 122, 374 [384 f.]）。ただし，専門家の議論においても流布されている見解が，申立ては明らかに理由がないということを排除する可能性がある（BVerfG, NJW 2015, 3294 Rn. 14）。

639

もっとも，本案手続が国際法上の**条約に対する同意法律**に関連する場合，連邦憲法裁判所は，国際法上の拘束あるいは取り返しのつかない展開を回避するためには，法状況を大まかに審査することが望ましく，また基本法79条3項の侵害が主張されている際には，場合によっては，この侵害を避けるために，

大まかな審査が要請されることもありうる（BVerfGE 132, 195 Rn. 88 f.）。

640

　衡量の結果が，仮命令が発給されない場合に発生するおそれのある諸帰結が，発給された場合に生じる不利益よりも重大であると評価されうるというものであるとき，申立てに理由があるとされるためには，さらに，指摘される帰結を回避するための連邦憲法裁判所による規律が**緊急**に要請されること，したがって，短時間のうちに不利益的な結果の発生が予測されることが必要である。

Ⅳ．手続きの経過

641

　連邦憲法裁判所内部における仮命令発給の権限は，原則として本案手続においても判決を下す権限をもつであろう判決言渡機関にある。もっとも，**部の定足数**に関し，負担軽減規定が定められている。これに関わるのは，連邦憲法裁判所法 15 条 3 項ではなく 32 条 7 項である。これによれば，仮命令は，特別に緊急の場合，少なくとも 3 人の裁判官が出席し，その決定が全員一致のもとで書かれた場合には，それで発給されうる。

642

　連邦憲法裁判所法 32 条 2 項 1 文によれば，仮命令の手続きにおいて**口頭弁論は原則的に不要**である。特に緊急の場合には，本案の手続きの関係人への聴聞さえ省略することができる（連邦憲法裁判所法 32 条 2 項 2 文）。

643

　口頭弁論がなされない場合，連邦憲法裁判所法 25 条 2 項によれば**決定**によって判断が下される。

304 第3部　連邦憲法裁判所の特別の裁判形式と効果

644

　仮命令が下された場合，この決定に対しては連邦憲法裁判所法32条3項1文によって**異議**を申し立てることができる。この法的救済は，申立てが拒否された場合には申立人に，仮命令の発給に対しては被申立人，あるいは，このような異議に対して権利救済が必要なその他の関係人に認められる。異議の可能性が認められないのは，32条3項2文によれば憲法異議における異議申立人である。当該決定によって利益を得る者の異議も，関係人（可能）性（Beteiligung (-smöglichkeit)）を欠くために認められない（BVerfG, NJW 2016, 708 LS）。異議について連邦憲法裁判所は口頭弁論を経て判決を下す（法32条3項3文）。発給された仮命令に対する異議は〔仮命令執行の〕延期効果（aufschiebende Wirkung）をもたない。もっとも，連邦憲法裁判所は仮命令の執行を停止することができる。

V．判決の内容と効力

645

　仮命令の内容は，連邦憲法裁判所法32条においては規律されていない。それゆえ，連邦憲法裁判所は，32条において挙げられている理由から緊急に要請されると思われる**あらゆる命令**を発する権限をもつ。実際，連邦憲法裁判所は，なかには暫定期間について複数の規範全体を有効とするために仮命令の可能性を利用し，これによって，暫定立法者（Interimsgesetzgeber）の役割を要求する。これは，特に，人工妊娠中絶の刑法上の規律（→ Rn. 633, また652）を考慮して，および兵役拒否に関する手続きの処理に関して（BVerfGE 46, 337 ff.）行われた。

646

　仮命令の**判決の効力**は——その暫定的な性格を考慮して——，**本案手続**における判決のそれに準じる。それゆえ，判決には既判力，また，すべての裁判

所，官庁ならびに憲法機関に対する拘束力が付与される。加えて，連邦憲法裁判所は，緊急の判決は拘束できる範囲で連邦憲法裁判所法31条1項による拘束力を得ることを決定した（BVerfGK 7, 229 [236]）。さらに仮命令は，当該仮の規律の内容に応じて，所定の法的効果を発生させることによって形成効をもつ。現行の法律状況に関する仮命令が発給される場合に，このような規範的〔一般的規範としての〕法的効果を持つ命令が全般に及ぶ拘束力を有する前提には，当該判決があらゆる人に対して作用し，そしてすべての規範名宛人に対して拘束力をもつことがある。このことは——31条2項によって根拠づけようとするか否かに関わりなく——（暫定的な）法律としての効力を認めることと同じである。

647

仮命令の効力の**期間**は，連邦憲法裁判所法32条6項1文によれば通常は6か月である。仮命令が3人の裁判官の出席のもと全員一致で書かれた場合，それが部によって追認されないときは1か月後に効力を失う（法32条7項）。ただし，仮命令は，それが3分の2の多数により繰り返される場合には，より長い期間効力を保持する（法32条6項2文）。この反復は複数回連続して可能である。

A． 仮命令に関する確認問題

1．本案を申し立てる前に，仮命令を申し立てることができるか。
2．仮命令の訴訟要件は何が基準となるか。
3．仮命令の発給の要件は何か。
4．仮命令の有効期間はどのくらいか。
解答は335頁。

参 考 文 献

Niesler, André, Die einstweilige Anordnung nach §32 BVerfGG in der Fallbearbe-

306 第3部 連邦憲法裁判所の特別の裁判形式と効果

itung, Jura 2007, 362; *Bäcker, Carsten,* Die einstweilige Anordnung im Verfassungsprozessrecht, JuS 2013, 119.

演 習 問 題

Butzer, Hermann, Der praktische Fall – Öffentliches Recht: Die termingebundene Demonstration, JuS 1994, 1045; *Wolffgang, Hans-Michael/Ugowski, Patrick J.,* Das Dilemma mit den Nieren, Jura 1999, 593; *Philipp Molsberger,* Referendarexamensklausur – Öffentliches Recht: Der Anspruch auf Resozialisierung oder: Die Band und der böse Bube, JuS 2007, 560; *Scherer, Paul David,* Fortgeschrittenenklausur – Öffentliches Recht: Grundrechte und Verfassungsprozessrecht – Pauschales Kopftuchverbot, JuS 2015, 914.

B. 連邦憲法裁判所法 35 条による執行命令

648

　連邦憲法裁判所の執行命令の**法的根拠**を提供するのが基本法 94 条 2 項に基づく連邦憲法裁判所法 35 条である。

649

　憲法史的に顧みると，ワイマール憲法 19 条 2 項が挙げられるが，これによれば，ライヒとラントの争訟において，国事裁判所の判決の執行について配慮するのはライヒ大統領の権限であるとしていた。

650

　連邦憲法裁判所法 35 条による執行命令の**要件**は，執行を可能としかつ必要とする連邦憲法裁判所の判決が下されることである。法 35 条の文言（「その判決において」）にもかかわらず，執行命令が執行すべき判決と**同時**に下されることが**必ず必要であるというわけではない**とみてよい。むしろ執行命令が後に，たとえば，その後の経過によってはじめてその必要性が明確になって下される可能性もあるのである。

651

　命令の内容は，連邦憲法裁判所法 35 条において規定されているが，これのみで完結していない。最も問題がないのは，前段において触れられている執行に権限を有する機関（Stelle）の規定である。それ以外，連邦憲法裁判所はそれぞれ個別の事例に関連してその判決の執行の方法を自ら規律することができ

308 第3部 連邦憲法裁判所の特別の裁判形式と効果

る。その際，連邦憲法裁判所は任意の方法で，判決内容を十分に遵守させることに適したあらゆる命令を下すことが許されるとみなしている。

652

このような関連において特に問題なのは，連邦憲法裁判所が，執行命令の範囲において経過期間について**法律と同等の効力をもつ特定の法的効果を**定めることも正当であると考える場合があることである。特に連邦憲法裁判所は第二次堕胎判決において，裁判所の判決の執行という概念とは相容れないような準－規範的な命令（quasi-normative Anordnungen）を下した（BVerfGE 88, 203［209 ff. そして理由について S. 336 f.]）（仮命令に関しては→ Rn. 633, 645）。連邦憲法裁判所はまた，基本法と一致しないと宣言された法律について（部分的には修正された形で）引き続き妥当するとの命令の根拠を一部は明示的に法35条に求めた（BVerfGE 128, 326［332 f.]; 130, 131［132, 150 f.]; 130, 372［402 f.]; 131, 268［286]）。しかしこれについては十分な法的根拠が提供されていない。連邦憲法裁判所法35条によって下された設権的な命令（konstitutiven Anordnung）をもって効力の継続を理由づけることによっては，法律より下位にある規範の有効性について付随的に判断しなければならない一般の裁判所が，その際に憲法上要請される継続的な妥当性を認めることは許されないであろう。

参 考 文 献

Gaier, Reinhard, Die Durchsetzung verfassungsgerichtlicher Entscheidungen, JuS 2011, 961.

C. 連邦憲法裁判所の判決の効力：総論

653

　連邦憲法裁判所の判決は，まず第一に，裁判所の判決として裁判所の判決に**一般に認められている効力**をもつ。これは特に確定力に当てはまる。この場合，確定力とは，ある判決がもはや争うことができない（Unanfechtbarkeit）場合に生じるとされるいわゆる**形式的確定力**（formelle Rechtskraft）の，通常の上訴ではなお判決を攻撃することが不可能であることの言い換えに過ぎない。仮命令の場合の異議申立てという特殊な場合を除いて（→ Rn. 644），連邦憲法裁判所の判決に対して上訴することはできず（ただし，不服申立ては可能→ Rn. 590），判決は常に形式的確定力を有する。

654

　判決の形式的確定力（もはや争うことができないこと）の発効にともない，裁判所の判決は原則として**実質的確定力**（materielle Rechtskraft）を有する。これは特に，実質的確定力のある判決の対象に関して，もはや新たな手続きが認められないことを意味する（実質的確定力が存在していないことという訴訟要件については，→ Rn. 105 f., 246 ff., 412, 430, 594 f.）。さらに，実質的確定力の効果は，後の裁判手続において，同じ法問題が**先例的な意義**を有する場合には，裁判所は以前の裁判の結論に適正なものとして依拠しなければならないということである。

655

　先行する判決への拘束は，判決の適正とは無関係に貫徹する。したがって，

すべての訴訟法の場合と同様に，場合によっては誤判の拘束力につながるため，**実質的確定力には厳格な限界づけ**が必要となる。判決の法律適合性および憲法適合性の原則からのこのような逸脱は，同様に法治国家に根差す法的安定性の要請から生じる同等の憲法上の根拠によってのみ正当化されうる。一旦裁判所によって判決が下されると，関係人は，この裁判が持続し，後日再び蒸し返されることはないと期待できるはずである。**適正な適用**〔具体的妥当性〕**と法的安定性との間の目的の対立**は，基本的に，連邦憲法裁判所の裁判の場合も，他の裁判所の場合と変わらない。連邦憲法裁判所の裁判が持つ特別な政治的重みは，衡量の両面，すなわち適正な法適用〔具体的妥当性〕と法的安定性を，同程度に高める効果があるため，結果として双方の憲法上の利益の相対的価値は原理的に変化しないままである。

656

実質的確定力〔既判力〕の**限界**には，**客観的，主観的，および時間的**なものがある。客観的に見れば，実質的確定力の範囲は**裁判**のそれぞれの**訴訟物**（Entscheidungsgegenstand）によって決定される。訴訟物について（同一の事項について）裁判された限りでのみ確定力が生じる。したがって，裁判の決定の単なる前提問題についての法的言明は確定力を持たない。実質的確定力の主観的限界は，裁判が申立人または被申立人その他の**関係人**として手続きに参加した者，それゆえに裁判の内容に影響を与える機会を持った者のみを拘束するように作用する。

657

最後に，確定力の**時間的限界**は，裁判所の確定力ある裁判はその裁判の時点で存在した法的および事実上の前提が変化しない限りにおいてのみ有効であるという点にある。訴訟物の判断にとって本質的な**事実上または法的状況の変化**があった場合，その限りで先の裁判の拘束力は消滅する。規範統制の裁判については，一般的な社会状況も事実状況の変化として考慮される。したがって，

実質的確定力は，連邦憲法裁判所が一度合憲と宣言した法律の合憲性の評価にとって重大な一般的な社会的変化が生じた場合，その法律の再審査を妨げない。もちろん，その間に，当該規範の評価にかかわる可能性のある基本法改正が行われた場合にも，先例の確定力はもはや生じない。

658

　一般的な確定力の原則に従えば，連邦憲法裁判所がある**法律を無効**と宣言した，逆のケースにもこれは準用されるはずである。この点で類似の行政訴訟法と結びつければ，少なくとも前提となるのは，ある行政行為を違法と宣言してこれを取り消した裁判の確定力は，確定力の時間的限界により（事実状況・法状況の変化により）確定力が消滅しない限り，同一内容の行政行為の発出を法的に阻止していることである。これを準用して，連邦憲法裁判所第2部は，他の裁判権における確定力の原則に依拠して，（法律より下位の）法規範を（行政裁判所が）無効と宣言した場合に，「**規範反復の禁止**」がこの規範制定者に適用されるとした（BVerfGE 69, 112 [115 ff.]）。

659

　これに対し，連邦憲法裁判所第1部は，（連邦の形式的な法律の）立法者は連邦憲法裁判所が**違憲と宣言した法律**を，その内容を変更することなく**再び制定することは妨げられない**と主張してきた（BVerfGE 77, 84 [103 f.]）。それどころか，第1部は，さもなくば無用な，時間的限界を持つ実質的確定力の否定を理由にして，再立法は重大な事実上および法的な状況の変化がなくても可能であるとする（この点に関して異なる BVerfGE 96, 260 [263]）。しかし，この点に関して，この決定は，法の硬直化を回避するという論拠を考慮したものであるかは，あまり明確でない。ちなみに，連邦憲法裁判所第1部は，立法者は憲法に拘束されるだけで，単純法律の秩序には拘束されないということにより，より根本的にその見解を正当化しようとした（BVerfGE 135, 281 Rn. 36 は未決定のままにしている）。

312 第3部 連邦憲法裁判所の特別の裁判形式と効果

660

　これには説得力がない。第一に，立法者が現行の法律の法規定に拘束されないということは，そもそも正しくないだろう。確かに立法者には，（その権限が及ぶ限りで），現行の法律の規定を改正する権限がある。すなわち，改正が行われない限りでは（たとえ確定的ではないとしても），立法者もまた**自ら制定した法律への拘束**から出発しなければならない。いずれにせよ，基本法31条を参照すれば連邦法に服する・ラ・ン・トの立法者は，連邦憲法裁判所法31条2項および連邦の訴訟法上の実質的確定力により依然として拘束されている。しかし，第二に，連邦の立法者が，連邦憲法裁判所による無効宣言後の規範反復の禁止を解消する権限ないしそれを部分的にせよ破る権限を持つことも，憲法上の理由からして疑問である。基本法が規範統制の裁判を裁判所としての連邦憲法裁判所にゆだねたことは，規範統制の裁判は少なくとも他の裁判所の裁判に認められる効力を有するべきであるという趣旨で理解される。これは，実質的確定力の場合には，廃棄された法律行為の反復の禁止としての確定力の意味に関しても認められているのだから，**規範反復の禁止は**この点で**基本法に根拠を有し**，したがって連邦の立法者の裁量からも守られている。

661

　訴訟法の一般原則から導かれる実質的確定力の他に，**連邦憲法裁判所法31条**により，特に連邦憲法裁判所の裁判には，さらに2つの効力がある。連邦憲法裁判所法31条2項の**法律としての効力**の規定は，基本法94条2項の特記に基づいている。そこ〔連邦憲法裁判所法31条2項〕では，法規範の有効性と存立に関する規範統制的な憲法異議を含む規範に関連する該当諸手続における連邦憲法裁判所の裁判には，法律としての効力が付与されている。選挙審査抗告（Wahlprüfungsbeschwerde）の範囲内でなされるこれに類似する裁判は，連邦憲法裁判所法31条2項では特記されていない（→ Rn. 471）。

C. 連邦憲法裁判所の判決の効力：総論　*313*

662

「法律としての効力」という概念の意味は，当初あまり明確ではなかった。その後，法律としての効力は，憲法裁判所の裁判が法律の効力を継承すべきことを意味しないという見解が大勢を占めている。むしろ，法律としての効力は，裁判の実質的確定力の一変種である。法律としての効力は，訴訟物と結びつけられている。このことは，「裁判」に適用される連邦憲法裁判所法31条1項2文とは異なり，「裁判主文」に法律としての効力を付与する連邦官報での通常の公示〔公布〕形式によって表現されている。同時に，原則として成立する確定力の主観的限界がすべての者にとっての効力という意味で拡張される。これによって，連邦憲法裁判所法31条2項による法律としての効力は，規範関連の裁判の実質的確定力が**万人の間の確定力**として現れること，すなわち（確定力の時間的限界内でも [→ Rn. 657 ff.]）すべての者のためのおよびすべての者に対する拘束力をもつことを意味する。

663

法律としての効力の意味の不明確性は，**連邦憲法裁判所法31条1項**に根拠を持つ憲法裁判所の裁判がもつ**拘束力**に関するさらなる不明確性にもつながる。連邦憲法裁判所の判例によれば，この点においていずれにせよ，連邦憲法裁判所法31条1項に基づく拘束力は連邦憲法裁判所自身には及ばないことが確立している。連邦憲法裁判所は，実質的確定力のみに拘束される。連邦憲法裁判所法31条1項から生じる拘束力の対象については，今日まで意見が対立している。

664

連邦憲法裁判所自身は，確立した判例において，基本的に連邦憲法裁判所の裁判の拘束力は，それぞれの主文または訴訟物に関する主文に該当する通常の判断を超えて，連邦憲法裁判所の裁判の**主文を支える理由中判断**にまで及ぶと主張している。したがって，その裁判にそのつど決定的な影響を与える法的見

314 第3部　連邦憲法裁判所の特別の裁判形式と効果

解についてもこの拘束力を主張している。時おり，連邦憲法裁判所は，何が自らの裁判を支える理由に属するかは自ら決定すると主張することさえある（特に，［連邦共和国とドイツ民主共和国の間の］基本条約に関する判決 BVerfGE 36, 1 [36]において，連邦憲法裁判所は「判決理由に関するすべての説明」に対して拘束力を認めた。）。〔主文を〕支える理由のこのような高権的な確定のための規範的根拠は何もない。しかし，連邦憲法裁判所は，時には，拘束力〔の対象〕を裁判された「争点となっている問題」に明示的に限定している（BVerfGE 104, 151 [197]，その後 BVerfGE 115, 97 [109] は判断を下していない）。

　　注：主文を支える裁判理由にも拘束力を認めるならば，連邦憲法裁判所の特別な機能は憲法の領域にのみ関するのであるから，この少なくとも疑問の多い拘束力は憲法に関する論述に限定されるべきであろう（BVerfGE 40, 88 [93 f.]; HessStGH, DVBl. 2012, 1499 [1500]）。BVerfGE 139, 285 Rn. 47 は，ある規範を違憲とする評価の拘束力を裁判の文脈に限定している。したがって，相続税の文脈で認められた税法の評価規定の平等違反は，土地譲渡税法に関しては拘束力を持たない。

665

　ある裁判所の法的見解の一般的な拘束力は，もしそれが裁判所自身をも拘束するとすれば，いずれにせよ，**法の発展の耐え難い化石化**をもたらすだろう。このような懸念に対して，連邦憲法裁判所は，自分自身には以前の裁判の主文を支える理由中判断への拘束を免除することで対応している。しかし，連邦とラントの〔連邦憲法裁判所以外の〕他のすべての憲法上の機関，およびすべての裁判所と官庁が，そのすべての活動において，連邦憲法裁判所の以前の裁判の主文を支える理由中判断の中で表明された基本法解釈に基づいて行動しなければならないため，疑問がなお残る。それゆえに，拘束力に縛られた〔憲法〕裁判所以外の諸機関が遵法精神をもって行動するならば，憲法をさらに発展させるための刺激は，もはや〔憲法〕裁判所以外の諸機関から与えられることはない。つまり，官庁が以前の裁判を修正する目的で連邦憲法裁判所に提訴することも許されない。拘束力に縛られない基本権主体による憲法異議だけが，連

邦憲法裁判所の判例のさらなる発展のための動因の起点として残されるにすぎないだろう。

666

　上述のあまり好ましくない諸々の帰結にかんがみて，連邦憲法裁判所の伝統的な見解に反して，連邦憲法裁判所の31条1項に基づく拘束力を**実質的確定力の事項的範囲を超えて拡張しないこと**を支持する若干の見解がある。拘束力を連邦憲法裁判所の主文を支える〔理由中の〕法的見解にまで拡張しなくとも，連邦憲法裁判所法31条1項の拘束力が原則として機能不全に陥るわけではない。つまり，拘束力は，裁判した裁判所として，自ら下した裁判の確定力を直接に尊重すべき連邦憲法裁判所自身の他に，連邦とラントの憲法機関を含む他のすべての法適用機関も，任務遂行のために連邦憲法裁判所により確定力をもって裁判された問題の先例性がある場合に，確定力をもって下された裁判に拘束されるように固定する。もっとも，この効力は，裁判所の裁判の拘束力に関する一般的な解釈論の発展の後に，今日では明文の規定がなくても認められるべきであろう。しかし，1951年に連邦憲法裁判所法が制定された当時，ある裁判所自身の裁判で争う途を超えて，確定力への拘束を，他の裁判所や官庁などに及ぼすことはまだ認められていなかったのである。これによって，連邦憲法裁判所法31条1項は，今日では事態をはっきりさせて，連邦憲法裁判所の裁判が，その実質的確定力の範囲内で，連邦憲法裁判所における新たな手続きにおいてのみならず，すべての国家機関のあらゆる法的関係において基準となるものとして考慮されるとの意味を確定した（たとえば→ Rn. 609）。

C．連邦憲法裁判所の判決の効力：総論に関する確認問題

1．連邦憲法裁判所の裁判は常に形式的確定力を有するか？
2．実質的確定力にはいかなる限界があるか？
3．連邦憲法裁判所による規範の無効宣言は，立法者にとって「規範反復の禁止」をもたらすか？

316 第3部 連邦憲法裁判所の特別の裁判形式と効果

4. 連邦憲法裁判所の裁判のいかなる要素に対して，連邦憲法裁判所法 31
条1項の拘束力が及ぶか？

解答は 336 頁。

参 考 文 献

Lange, Klaus, Rechtskraft, Bindungswirkung und Gesetzeskraft der Entscheidungen
des Bundesverfassungsgerichts, JuS 1978, 1; *Seibert, Schnapp, Friedrich E./Hen-*
kenötter, Sandra, Zur Bindungswirkung der Entscheidungen des Bundesverfassungs-
gerichts, JuS 1994, 121; *Ziekow, Jan,* Die Bindungswirkung der Entscheidungen des
Bundesverfassungsgerichts, Jura 1995, 522; *Kischel, Uwe,* Darf der Gesetzgeber das
BVerfG ignorieren?, AöR 131 (2005), 219; *Hensel, Roman,* Bindungswirkung und
Verfahren, Der Staat 50 (2011), 581; *Austermann, Philipp,* Die rechtlichen Grenzen
des Bundesverfassungsgerichts im Verhältnis zum Gesetzgeber, DÖV 2011, 267;
Gaier, Reinhard, Die Durchsetzung verfassungsgerichtlicher Entscheidungen,
JuS 2011, 961; *Götz, Andreas/Schneider, Lina,* Das Bundesverfassungsgericht
als Ersatzgesetzgeber - Methodische Bemerkungen zu dem Urteil des Bundes-
verfassungsgerichts vom 07.09.2011 in Sachen Finanzhilfen für Griechenland und
Euro-Rettungsschirm, DVBl 2012, 145; *Aust, Helmut Philipp/Meinel, Florian,*
Entscheidungsmöglichkeiten des BVerfG, JuS 2014, 25, 113; *Britz, Gabriele,* Das
Verhältnis von Verfassungsgerichtsbarkeit und Gesetzgebung, Jura 2015, 319.

解　　答

第 1 部についての解答

A．序章についての解答

1．連邦憲法裁判所の組織についての憲法上の基本的規定は，とくに基本法 92 条と 94 条である。基本法 92 条後段によれば，同条前段で裁判官に委ねられている裁判権は，とりわけ連邦憲法裁判所によって行使される。基本法 94 条はもっぱら連邦憲法裁判所とかかわっており，組織に関する重要な基本原理を定める。→ Rn. 3.

2．連邦憲法裁判所の管轄は，基本法 93 条，連邦憲法裁判所法 13 条から明らかになる。これらの規定は，各手続を列挙しているが，他の規定の指示にも開かれている。しかし，たとえば行政裁判権についての行政裁判所法第 40 条 1 項 1 文にあるような一般条項（たとえば，（連邦）憲法上の争訟について）は，連邦憲法裁判所については，ない。→ Rn. 4 f.

3．旧ドイツ帝国（1806 年まで）では，帝室裁判所と帝国宮廷顧問会議とならんで，様々な，特別に設置された仲裁裁判所が活動していた。ドイツ同盟（1815 年以降）では，同盟構成国内はすでに初期の国事裁判所がおかれていたが，同盟のレベルでは，同盟議会や特別に設置される仲裁裁判所によって決定されていた。1849 年のパウル教会憲法は，ライヒ裁判所に憲法上の問題についての管轄も与えていたが，施行されなかった。1871 年のライヒ憲法によれば，連邦参議院が，連邦制との関係で生じる一定の憲法問題について処理することとされた。1919 年のヴァイマル憲法は，初めて，国家全体のレベルにおける真正の憲法裁判権を実現した。また，これとならんで，ライヒ裁判所に

も，憲法裁判権に相当する管轄が与えられた。そして，第二次大戦後の早い段階のラント憲法，たとえばバイエルンにおいて，ラント憲法裁判所が定められた。→ Rn. 15 ff.

4．憲法裁判権の任務は，とりわけ連邦の憲法機関間および連邦国家制の関連での古典的な憲法争訟の裁判，憲法の優位および連邦法の優位と結びついた規範のヒエラルヒーの貫徹，個人の基本権の保護，そして憲法保障の領域にある。→ Rn. 21 ff.

B．裁判所の構成についての解答

1．基本法94条1項3文の兼職禁止ルールは，連邦憲法裁判所裁判官は，連邦議会，連邦参議院，連邦政府にも，またこれらに相当するラントの機関にも所属することは許されないと述べている。このルールは，連邦憲法裁判所法3条3項2文によって，連邦憲法裁判所裁判官は，任命によってこれらの機関での籍を失うと修正されている。→ Rn. 27，53.

2．部の管轄は連邦憲法裁判所法14条に規律されており，これによれば，基本的に第1部は基本権に関する問題について裁判し，第2部は選挙法を含む組織についての憲法〔の問題〕について管轄を有する。→ Rn. 31.

3．それぞれの部は，連邦憲法裁判所法2条2項に基づき8人の裁判官で占められ，連邦憲法裁判所法2条3項によれば，この8人のうち3人は最上級の連邦各裁判所から選出されなければならない。そのそれぞれの部において長を務めるのは，連邦憲法裁判所長官および副長官である。（連邦憲法裁判所法15条1項1文）→ Rn. 32 f.

4．部が決定能力を有するのは，少なくとも6人の裁判官が出席したときである（連邦憲法裁判所法15条2項1文）。→ Rn. 34 f.

5．合同部の任務は，部の管轄を法律の定める配分とは異なって規律すること（連邦憲法裁判所法14条4項）と，連邦憲法裁判所法105条に従って連邦憲法裁判所裁判官を退職させ，あるいは罷免することである。さらに，一の部が他の

第1部についての解答　*319*

部の法見解と異なった見解を採ろうとするときに，合同部は，判例の統一性を保障する（連邦憲法裁判所法16条1項）。→ Rn. 39 ff.

6．新連邦憲法裁判所法6条1項2文によれば，連邦議会による選出は，投票数のうち3分の2の多数を必要とし，少なくとも連邦議会構成員の過半数でなければならない。連邦参議院による選出は，連邦憲法裁判所法7条によれば定足数の3分の2が必要である。この特別多数の目的は，挙げられた機関におけるその都度の偶然による単純多数に裁判官の選出を委ねるのではなく，広範な合意を必要とすることで，一面的に政党政治に結び付いた人物の選出を排除することである。→ Rn. 48.

C．手続きの一般原則についての解答

1．連邦憲法裁判所法18条に基づく裁判所の除斥は，法律によって直接生じる。これに対して，裁判官の忌避は，連邦憲法裁判所が予断の疑いに基づく忌避の求めに理由があると宣告した場合はじめて，当該裁判官が当該手続において更に参与することを否定する（連邦憲法裁判所法19条1項，4項1文）。→ Rn. 60, 64.

2．各手続類型に応じて，手続きの関係人が規定される。まずは，（憲法異議の場合は異議申立人と呼ばれる）申立人である。加えて，対審争訟においては被申立人がいる。さらに各手続類型に関係する規定を基準にして，手続きに参加する関係人がいる（連邦憲法裁判所法65条1項）。これに対して，単に意見陳述権があるだけでは（たとえば，連邦憲法裁判所法77条参照），関係人の地位を根拠づけるものではない。もちろん，証人も鑑定人も技術的意味での手続きの関係人ではない。→ Rn. 66 ff.

3．連邦憲法裁判所法17a条1項1号は，―裁判所構成法169条2文から離れて―口頭弁論での放送用録音およびテレビ録画（ならびに録音およびフィルム撮影）を，裁判所が鑑定人の出廷を確認するまで認めている。→ Rn. 76.

4．手続きの開始は処分権主義に基づいて，申立人に留保されている。他方，

320 解　　答

手続きの終了に関するこの原則の射程は完全には明らかなものではない。公共の利益を考慮して，手続きを開始する申立ての取下げがあったにもかかわらず，連邦憲法裁判所は手続きを継続し，裁判をもってこれを終えることは認められるとしている。→ Rn. 71, 77 f.

5．証拠採用に関して，職権探知主義が妥当する。連邦憲法裁判所法26条1項1文において，このことが表現されている。→ Rn. 79

6．連邦憲法裁判所法30条1項1文において，どのように連邦憲法裁判所が裁判を行うかが規律されている。連邦憲法裁判所裁判所法30条2項1文によれば，多数決に敗れた裁判官は，裁判に続いて少数意見において裁判あるいはその理由についての〔多数意見と〕異なる意見を述べることができるのである。→ Rn. 82 ff.

D．訴訟要件についての解答

1．いいえ。連邦憲法裁判所の管轄権は，基本法93条，連邦憲法裁判所法13条に挙げられている個々の手続類型に由来する（列挙主義）。　→ Rn. 97 ff.

2．連邦憲法裁判所は，連邦憲法裁判所法23条1項1文に従って，申立書を民法126条の意味での書面で作成することを要求しない。そのかわりに訴状の内容および申立人が，書面により具現化された訴状から十分な確実性をもって察知できれば，十分である。そのため，必ずしも手書きで署名する必要はない。→ Rn. 102.

3．手続きを開始の正規の申立て〔であること〕，競合する係属および確定力の不存在，ならびに一般的な権利保護利益の存在は，一般的訴訟要件として連邦憲法裁判所の手続きにおいて重要となりうる。→ Rn. 101 ff.

第2部についての解答

A．抽象的規範統制についての解答

1．一般に抽象的規範統制の機能は，何よりも，憲法（基本法20条3項）および連邦法（基本法31条）の優位を考慮して，法秩序の統一性を守ることにある。同時に，抽象的規範統制は，法規範の有効性に疑義が生じた場合に，法的状況を明確にする役割を果たす。抽象的規範統制の新たな形は，特に連邦の立法者の特定の権限逸脱に対抗することを意図している。→ Rn. 116.

2．まず第1に，申立権者の範囲が異なる。従来型では，連邦政府，ラント政府，または連邦議会議員の4分の1が申立権を持つのに対して，新たな形では，連邦参議院，ラント政府，またはラント議会が申立権を持つという違いがある。しかし，とりわけ基本法93条1項2号，同2a号，連邦憲法裁判所法76条，77条に基づく手続きにおいては，審査基準規範が異なっている。従来型では，基本法全体またはその他の連邦法〔が審査基準規範〕であり，新たな形では，基本法72条2項および75条2項旧規定のみ〔が審査基準規範〕である（この点については，連邦憲法裁判所法76条2項後半を見よ）。基本法75条2項旧規定は2006年の連邦制改革で廃止されたが，すでに成立している大綱法の基準規範として意味を持つ。申立人が審査される規範が有効であると考える場合，従来型のみも可能である。さらに，申立人の範囲と意見陳述権者の範囲にも違いがある。Rn. 118 ff.

3．国際法の一般原則は基本法25条に基づき連邦法の一部であるため，これはラント法の審査にも〔審査基準規範として〕そのまま妥当する。他の連邦法の審査のための審査基準規範として直接考えられるのは基本法のみであるが，国際法の一般原則はその違反が同時に基本法25条違反と見なされる場合には，間接的に〔審査基準規範に〕含まれることがある。→ Rn. 147.

4．いいえ，規範統制手続においては出訴期間に拘束されない。Rn. 155.

322 解　　答

5. 連邦憲法裁判所は，連邦憲法裁判所法78条1項に従い，法律の（一部）無効を宣言しなければならない。場合によっては，連邦憲法裁判所は，〔無効宣言〕は不可能だとみなし，その場合に法律と審査基準規範との不一致のみを確認していたが，これは，その後連邦憲法裁判所法31条2項2文および3文において法律上でも認められた。連邦憲法裁判所法78条2文により，連邦憲法裁判所は，さらに，裁判を同じ法律の中の他の規定にも拡大する選択肢を持つ。→ Rn. 158 ff.

B．基本法93条2項1文に基づく権限返還・置換手続についての解答

1．権限返還・置換手続と抽象的規範統制は，特定の法規範と関わるという点が共通している。さらに両手続とも，個人の権利侵害がなくとも提起することが可能である。抽象的規範統制と異なるのは，基本法93条2項1文に基づく手続きでは，連邦憲法裁判所法96条3項に基づき，参加可能性が存在していることである。また規範統制手続とは異なり，基本法93条2項1文に基づく手続きでは，基本法72条4項あるいは125a条2項2文で規定されている，連邦法律を制定するための要件が存在するかどうかの確認が争点となるのであって，上位法に違反しているかどうかの確認は争点ではない。そのため，連邦憲法裁判所の認容判決に，連邦憲法裁判所法31条2項の規定する法律としての効力は与えられない。→ Rn. 179.

2．この手続きの機能は，とりわけ以下の点にある。すなわち，基本法72条2項の規定する必要性が存在しない，あるいは喪失したがゆえに，連邦が新たな規律をすることができないにもかかわらず，基本法72条4項あるいは125a条2項1文に規定された権限を返還する連邦法律が制定されていない場合に，いまだに効力をもつ当該連邦法に対抗するために，ラントが立法をする余地を創設するという機能である。このような不作為が基本法違反かどうかについては問題とならない。→ Rn. 181.

3．基本法93条2項1文1肢の審査対象は連邦法律上の規律(bundesgesetzliche

第 2 部についての解答　*323*

Regelung)，すなわち形式的意味の連邦法律であり，2 肢の審査対象は「連邦法」（Bundesrecht）である。もっとも，形式的意味の連邦法律も，この後段でいう連邦法の中に当然含まれる。→ Rn. 184.

4．基本法 93 条 2 項 3 文によれば，基本法 93 条 2 項 1 文の申立てが適法となるのは，申立て以前に，権限を返還する法律の「法律案」が，連邦議会あるいは連邦参議院において成立しなかった場合に限られる。→ Rn. 186.

5．申立てが認容された場合，連邦憲法裁判所は，（改正後の基本法 72 条 2 項が審査対象となる法律に求めている）必要性が喪失していること，あるいは審査対象である法が（基本法 125a 条 2 項 1 文にあるとおり，基本法 72 条 2 項の改正によって）もはや連邦法として制定されることができなくなったことを確認する（基本法 93 条 2 項 2 文）。→ Rn. 192.

6．このような連邦憲法裁判所の確認判決は，基本法 93 条 2 項 2 文に基づき，次のような特別な効力を有する。すなわち，基本法 72 条 4 項あるいは 125a 条 2 項 2 文に基づき，その判決は連邦法律にとって代わる，つまり，権限を置き換えるためのラント法の制定を可能とする。→ Rn. 193.

C．具体的規範統制についての解答

1．基本法 100 条 1 項の意味における裁判所とは，ドイツという国家の裁判所だけであり，したがって，特に，公法上の宗教団体の自治権の枠内で設けられた裁判所も行政官庁もこれには含まれない。→ Rn. 204 ff.

2．この問題には争いがあり，確定的に答えることはできない。以下のような解決策に意味があるように思われる。すなわち，行政官庁は，適用しなければならない法規範を違憲であるとみなした場合には，法的衝突を回避するために，この問題をその監督官庁に移送しなければならない。当該監督官庁が当該規範を有効であるとみなした場合には，監督官庁は下級官庁に対してその適用を命じる。そうでない場合，当該監督官庁の方で，その直近監督官庁にその旨を伝える。規範がこのような形で最上級監督官庁としての担当大臣まで到達し

た場合，その担当大臣には，内閣の構成員として，当該規範の合憲性の解明の
ために抽象的規範統制を提起するという政府の決定をもたらす可能性がある。
→ Rn. 207.

3．形式的意味の後憲法的法律についての廃棄権限は，立法者に対する尊重と
いう理由で連邦憲法裁判所が独占する。法律よりも下位にある法規範の場合
は，すべての裁判所がこれを自ら廃棄する権限，すなわち，これを無効とし扱
いそれゆえ適用しない権限を有する．→ Rn. 200, 215 f.

4．移送されない。なぜなら，前憲法的法律の無効はすでに，前憲法的法律が
基本法に抵触する場合，基本法 123 条 1 項によれば後に制定された基本法（後
法）によって廃棄されたということから生じるからである。ある規範が後の内
容的に相違する規律によって無効とされたか否かの問題の決定は，すべての裁
判所の責任領域に属する。→ Rn. 217 ff.

5．原則として，ドイツ法のみが本来的意味の移送対象となりうる。第 1 次法
としての EC/EU の基本条約は，これについて制定されたドイツの同意法を通
して具体的規範統制の対象となる。同じく，EC/EU の機関によって制定され
た（第 2 次）法は，基本法 100 条 1 項によって移送される可能性がある。しか
し，支配的見解によればコントロールは当該規範の適用の合憲性に限定され
る。しかし，マーストリヒト判決の表現によれば，より進んだ統合を顧慮して
第 2 次法の効力ついても（ドイツにおいて）自ら決定されうると考えるべきで
ある。しかしながら，このような問題とは別に，具体的規範統制は，EU 司法裁
判所が基本権保護を原理的に同価値に確保することによって，連邦憲法裁判所
の決定権限がいわゆる EU 司法裁判所との協力関係の枠内で停止される限りに
おいて，除外される。→ Rn. 222 f.

6．十分ではない。裁判所は法律が基準となる規範と適合しないということに
ついて確信しなければならない。→ Rn. 241 f.

7．規範が有効なときには，法律が無効なときあるいはそれが基準となる規範
に（単に）適合しないときとは異なった判決が下される場合，法律の有効性は
裁判所の判決にとって必要である。→ Rn. 228.

第 2 部についての解答　*325*

8．移送しなければならない。基本法 100 条 1 項の要件の下で，裁判所は移送することができるだけでなく，移送する義務がある。→ Rn. 244 f.

9．基本法 100 条 1 項の文言によれば，すでに同一の規範について具体的規範統制が係争中の場合にも移送義務が認められるべきである。これに対して，訴訟経済的理由は有効ではない。とくに連邦憲法裁判所がこのような方法によって新たな判断材料や場合によっては新たな論拠を得るからなおさらである。→ Rn. 241.

10．連邦憲法裁判所がある規範をすでに無効であると宣言している場合には，当該法律は，判決の法律としての効力（法 31 条 2 項）に基づいて，もはや適用できない。連邦憲法裁判所が法律の合憲性を確認した場合も，各裁判所は法律としての効力によってこれに拘束され，これによって移送は阻止される。ただし，法律としての効力の時間的限界によって，事実状況あるいは法状況に重要な変化が生じていない限りでという留保がつく。→ Rn. 246 ff.

D．規範確認手続についての解答

1．同手続は，国際法の一般原則を直接的な効力を有する連邦法であると表明する基本法 25 条に関連している。→ Rn. 259.

2．いいえ。疑義が原審手続の当事者について存在するか，または単に抽象的に文献において存在さえすればすでに十分である。→ Rn. 264.

3．行われた確認は，移送裁判所によって原審手続において基礎とされねばならない。さらに，それぞれの国際法の一般原則に関する決定は当該判決の法律としての効力ゆえに（連邦憲法裁判所法 31 条 2 項 1 文）また一般的な拘束力をもつこととなる。→ Rn. 271 f.

E．規範の性格付けについての解答

1．この手続きは，前憲法的法が引き続き効力があるかどうか性格付けするこ

326 解　　　答

とを規制する基本法 124 条，125 条と関係している。新基本法 125a,b 条が当該
手続に取り込まれるかどうかは，争いがある；しかしながら問題に対してはい
いえと答えるのがもっともである。なぜなら，その限りで引き続き効力を有
する規範を連邦法として性格づけることが争われていないからである。→ Rn.
275 ff.

2．規範の性格付け手続の抽象的な類型は抽象的規範統制を，具体的な類型は
具体的規範統制を範としている。→ Rn. 276.

3．連邦憲法裁判所はそもそも規範が引き続き効力を有するかについても裁判
している。しかしながらこのことは規範の性格付け手続の目的には適っていな
い。引き続き効力があるかという問題は，判決にとっての必要性の要件として
付随的にのみ審査することがより妥当であろう。→ Rn. 287 ff.

F．機関争訟についての解答

1．連邦憲法裁判所法 63 条は，いくつかの点で，基本法 93 条 1 項を満たして
いない。連邦の最高機関を法律上列挙していることは，たとえば，連邦議会や
合同委員会が欠けているため，既に不完全であり，さらに基本法 93 条 1 項 1
号に規定されている「他の当事者」を包括していない。この法律の憲法違反と
なる欠缺は，連邦最高機関および連邦憲法裁判所法 63 条で言及されていない
「他の当事者」の当事者能力が，基本法 93 条 1 項 1 号に直接由来するというこ
とによって克服される。→ Rn. 298 ff.

2．政党は，市民によって自由に結成された結社であるため，国家の組織の外
にあり，いかなる場合でも「連邦最高機関」にはなり得ない。しかし，連邦憲
法裁判所は，基本法 21 条に規定されている国家意思の形成に参加するという
任務と，これに基づく憲法生活に対する重要な機能を理由に，基本法 93 条 1
項 1 号にいう「他の当事者」として認めている。→ Rn. 310 ff.

3．「主張する」とは，あらゆる観点から申立人の権利侵害は最初から排除さ
れない，事実に基づいてなされた主張を意味する。→ Rn. 317.

第2部についての解答　*327*

４．（少なくとも）公法全体に関連するいわゆる保護規範論によれば，法規範が，権利主体に強制力のある主観的な法的地位を与えるという目的をもつ場合，主観的権利があるとされる。→ Rn. 321.

５．この規定は，特に野党会派の申立権によって，憲法機関である連邦議会の権利をないがしろにしないようにすることを目的としている。これは，議院内閣制においては，連邦議会の多数派と連邦政府との政治的合意が構造的に決まっているため望ましい。この議会の多数派は，議会自体が，憲法上の権利を自ら（精力的に）守ることを妨げることにもなりうる。→ Rn. 331 f.

６．連邦憲法裁判所法64条３項は，当該措置または不作為が申立人に知られてから６ヵ月を出訴期間として規定する。→ Rn. 337 ff.

７．できない。連邦憲法裁判所法67条１文によれば，連邦憲法裁判所は，はっきりと明文で確認判決に限定されている。→ Rn. 344。

G．基本法についての連邦・ラント間争訟についての解答

１．連邦憲法裁判所法68条は，連邦政府とラント政府を本手続の当事者と見なしているが，本手続の実際の対象としては，連邦及びラント自身を当事者と見なし，それぞれの政府によって法律上代表されるとした方がより適当である。→ Rn. 352.

２．基本法84条４項によれば，瑕疵責問手続は，連邦政府がラントによる連邦法律の執行に瑕疵があることを特別の職務として確認したにもかかわらず，これらの瑕疵が是正されない場合のために定められている。→ Rn. 358 f.

３．基本法84条４項の文言はこれを明確に述べているわけではないが，連邦政府は連邦忠誠の要請により，まずラントに対して連邦法律の執行における瑕疵を正式に確認し，ラントに瑕疵を是正する機会を与える義務を負うであろう。これにより，かかる瑕疵をみて直ちに基本法93条１項３号に基づく申立てをすることを防ぐことになる。連邦政府がひとたび基本法84条４項に基づく確認を行ったならば，いかなる場合であれ瑕疵責問手続を実施しなければな

328 解 答

らない。→ Rn. 359.

H．その他の連邦・ラント間争訟についての解答

1．基本法93条1項4号1肢は，連邦とラントの間の公法上の争訟であって，基本法93条1項3号にまだ該当しないものを含む。連邦憲法裁判所とともに，後者の手続きを基本法から生ずる権利に限定するならば，基本法93条1項4号1肢には，非憲法的性質の争訟に加えて，実質的にのみ憲法的性質を持つ争訟も残されることになる。→ Rn. 369.

2．基本法93条1項4号1肢に基づくその他の連邦・ラント間争訟の意義は，基本法93条1号4号末尾の補充性条項のために，実務上は極めて小さい。なぜなら，非憲法的性質を持つ公法上の争訟には，標準的な訴訟法の一般条項に基づいて，行政裁判所，社会裁判所または財政裁判所への裁判で争う途が包括的に開かれているからである。→ Rn. 372.

3．連邦憲法裁判所は，他の対審手続（連邦憲法裁判所法67条1文，69条）においては確認判決を下すことに限られているが，連邦憲法裁判所法72条1項2号，3号によるときには，被申立人に一定の措置を義務づけることができる。→ Rn. 373.

Ｉ．ラント間争訟についての解答

1．ラント間争訟の意義は小さい。なぜなら，この手続きにおいても，基本法93条1項4号の補充性条項が，公法上の裁判権には一般条項があることとの関係で，憲法に関係しないすべての争訟に及ぶからである。現にあるラントの間で憲法上の争訟が問題になったことは，これまで一度もない。もっとも，消滅したラントの権限が争われた際に，この手続きが生じたこともあった。→ Rn. 376, 378 f., 383.

2．ドイツ連邦共和国の現にあるラントだけではなく，連邦憲法裁判所は，過

去に存在し，消滅したラントが，そのラントに条約上保障されていた権限をめぐって争うことを適法とした。→ Rn. 378.

J．ラント内機関争訟についての解答

1．この概念を，ラント内のすべての公法上の争訟にまで拡大することが，全くの間違いであることは明らかである。それゆえに，この概念を憲法上の手続きに限定することが示されるが，ラントの憲法的自律（ここにはラントの憲法裁判権およびその権限の範囲も含まれる）を考慮すれば，それを超えて，さらに限定することが要求される。もっとも，連邦憲法裁判所法ではラント内機関争訟だけに限定されているものの，その限定された範囲が，憲法があらかじめ定めている範囲と一致しないのかどうかについては，たとえば基本法 100 条 1 項が，ラント法律とラント憲法が一致しているかに対する具体的規範統制について規定していることを考慮すると，疑わしい。→ Rn. 389 f.

2．また，この手続きの実務上の意義も小さい。というのも，基本法 93 条 1 項 4 号に補充性条項があるため，すべてのラントがラント憲法裁判所制度を導入した現在においては，こちらの管轄権が優先されるからである。→ Rn. 393.

K．指定ラント憲法争訟についての解答

1．この手続きが意味をもっていたのは，自身の憲法裁判所を有していなかったシュレスヴィッヒ＝ホルシュタイン州だけであり，同ラントの憲法において，明示的に連邦憲法裁判所の一連の権限が基礎づけられていた。2008 年 5 月 1 日に，シュレスヴィッヒ＝ホルシュタイン州憲法が改正されてからは，どのラントにおいても，この基本法上の授権については利用されなくなった。→ Rn. 398.

2．憲法紛争の概念が，ラントの憲法上の自律性を考慮することなく，広く解釈されうるのは，基本法 99 条がラントに対して，ラント内の憲法問題につい

330 解　　答

て連邦憲法裁判所による裁判を受けるよう強制するものではなく，ラントに対して，この点についての提案をしているにとどまるのであって，この提案を利用するかは，基本法上ラントの自由だからである。→ Rn. 400.

L. I.　基本権喪失手続についての解答

1．基本権喪失手続は，基本法上の「防衛的民主主義」の原則に基づく。→ Rn. 405.

2．基本権喪失の法的効果は，基本法 18 条 1 項の文言上は法上当然に発生するように見えるが，同条 2 文はこれに関して連邦憲法裁判所の宣言が必要であることを明示している。→ Rn. 406.

3．連邦憲法裁判所法 39 条 1 項 1 文に基づく基本権喪失の確認によって（もなお），当事者は基本権の行使を制約されない。基本権喪失の宣言の法的効果は，被申立人について，喪失が確認された基本権からは基本権保護が生じないということのみである。したがって立法者は，喪失した基本権に拘束されずに喪失した基本権の適用領域で制約を定めることができる。裁判と執行は，そのような法律の根拠なくしては当事者に対してこれを行うことができない。→ Rn. 418 f.

4．連邦憲法裁判所は，連邦憲法裁判所法 39 条 1 項 3 文に基づき被申立人に対し自ら制限を課すことができ，この制限は，連邦憲法裁判所法 39 条 1 項 4 文に基づきその他の法律の根拠なく行政庁が介入するための根拠にもなる。→ Rn. 419.

5．基本権喪失手続は，憲法敵対的な動きから防衛するために実務上は必要ない。なぜなら，この目標は，特に刑法典の憲法擁護規定などといった基本権制約的な規律に基づく基本権限定の枠内で，十分に実現することができるからである。→ Rn. 407.

第 2 部についての解答　*331*

L．Ⅱ．政党禁止手続についての解答

１．政党特権は，政党の違憲が（結社の場合のように）〔行政〕当局によってではなく，連邦憲法裁判所によってしか確認することができない点にある。この判決の前には，政党が違憲な目標設定をしているとしても，政党に対して行政的な介入をしてはならない。→ Rn. 422 f.

２．確認は，連邦憲法裁判所法 46 条 3 項 1 文に基づき，政党が解散され，代替組織創設の禁止が宣告されるという結果に必然的になる。これを超えて，連邦憲法裁判所法 46 条 3 項に基づき政党財産の没収が命じられることもありうる。→ Rn. 435 f.

３．議員は，連邦選挙法 46 条 1 項 1 文 5 号，4 項 1 文に従い，ドイツ連邦議会での議席を失う。→ Rn. 437.

L．Ⅲ．連邦大統領に対する訴追についての解答

１．手続きの対象は，連邦大統領が故意に基本法または（形式的）連邦法に違反したとの非難である。その際，法律違反は非常に重要なものでなければならない。→ Rn. 444.

２．提起できる。私的な過誤行為（たとえば性犯罪）によっても連邦大統領は「耐え難い」とされうる。連邦大統領に対する訴追は，連邦大統領が自ら退任する準備がない場合に解任させられうることを保障するにすぎない。→ Rn. 444.

３．必然ではない。失職は，そのような判決宣告を追加的に選択されたことに基づいてのみなされうる（連邦憲法裁判所法 56 条 2 項 1 文）。→ Rn. 448 f.

L．Ⅳ．裁判官に対する訴追についての解答

１．基本法 98 条 2 項 1 文に基づき，裁判官に対する訴追は基本法の原則また

はラントの憲法秩序に対する違反に関わる。→ Rn. 453.

２．連邦憲法裁判所は，連邦憲法裁判所法 59 条 1 項に基づき，基本法 98 条 2 項において定めた措置の一方または無答責と判断する。基本法 98 条 2 項 1 文は一般的に他の職への転職または退職を定め，同項 2 文は故意による違反の場合にはさらに罷免を定めている。この措置を命じることを，基本法 98 条 2 項は連邦憲法裁判所の裁量にゆだねており，したがって連邦憲法裁判所法 59 条 1 項の規定に反し，判決の宣告として法違反を単に確認するだけというのも考慮に入れられる。→ Rn. 455 ff.

M. 選挙審査抗告についての解答

１．選挙審査抗告の第一の目標は現在でも，連邦議会が適式に構成されることを確保することにある。もう一つの目標として，選挙の準備および実施の際の主観的権利侵害の確認が加わっている。→ Rn. 460 f.

２．個別の議員の議席に関して選挙違反が確認された場合，判決により，議席を獲得しないこととなった議員の代わりに，適法な方式の議席を獲得することになる議員が就く。事後的な議席喪失が確認される場合，議席喪失した議員のラント名簿の次順位者が空席となった議席につき，ラント名簿が欠ける場合は，場合によっては追加選挙が行われなければならない。連邦選挙法 48 条をみよ。→ Rn. 476.

３．客観的な選挙審査については議席にとっての重要性を伴う瑕疵，すなわち連邦議会の構成にとって意味があるような瑕疵のみが意味を持つ。連邦憲法裁判所法 48 条の新たな規定によれば，さらに選挙が無効と宣言されない場合でも，異議申立人の主観的権利侵害の確認が可能である。この確認は議席にとっての重要性に左右されない。→ Rn. 473 f.

４．議席にとって重要な瑕疵が確認された場合，可及的最小限の介入の要請により，できるだけ数値の訂正にとどめ，また追加選挙が必要な場合を可及的最小限の範囲に限定する。連邦議会全体の新たな選挙は最終手段としてのみ考慮

され，判例によれば，これも選挙された国民代表の継続が選挙の瑕疵の深刻さゆえに堪えがたいものである場合に限られる。→ Rn. 475.

N．政党不認定抗告についての解答

政党不認定抗告手続の迅速化は，提起の期間が4日間と短期に限られていること，口頭弁論を経ないですることも可能であること，そして理由を付さずに公表することができることに現れている。→ Rn. 486 f. 手続きの迅速化という目標は，当初選挙のための政党として認定されなかった結社が選挙に参加することをそれでも可能にすることにある。→ Rn. 483.

O．解釈が異なる場合の移送についての解答

1．いいえ。移送の対象は基本法自体の解釈に関する解釈の相違だけである。→ Rn. 496.

2．ラント憲法裁判所が基本法100条3項に基づく移送義務を履行しない場合，法律上の裁判官に対する権利（基本法101条1項2文）の侵害を理由として，すなわち他の基本権享有能力とは関わりなく手続的基本権における基本権当事者適格の拡大を理由として，判決に対する憲法異議が提起されうる。→ Rn. 503.

P．基本権憲法異議についての解答

1．憲法異議の当事者能力は「各人」，それゆえにすべての自然人，とりわけ外国人または無国籍者にも認められ，また，同じく法人も認められる。→ Rn. 515 ff.

2．基本権的自由を自らの責任において行使する能力である，基本権上の成年〔という概念〕は，基本権の主体は訴訟行為を自ら行うことができるのかと

いうことや，そのための代理人を自ら選任することができるのかということについては何も語るところがない。むしろ，未成年者は他の法的取引の場合と同様，憲法異議を提起する場合にも原則として法定代理人が代わって行わなければならない。訴訟法に特別の定めがない限り，——基本権上の成年ということをあらかじめ考慮にいれた場合であっても——未成年者自身に訴訟能力が認められるのは例外にとどまるのであるから，憲法異議による利益保護を続行する場合にも同じことが妥当する。→ Rn. 520 ff.

3．基本法93条1項4a号の公権力という概念は，基本法1条3項により基本権に拘束されるすべての国家権力を含む。これには，現在でもなお支配的な見解では基本法19条4項の裁判で争う途の保障の場合における公権力という同じ概念からは除外されている，立法権も含まれる。→ Rn. 529.

4．「公権力により」という表現は不作為も含む。不作為は真正の給付請求権の場合にも，基本権保護義務の場合にも，憲法異議の対象となる。→ Rn. 540.

5．公法上の法人は，基本権により拘束される国家権力の一部であり，原則として基本権に依拠することはできない。長い間認められている三位一体的な例外は，公法上の宗教団体（全ての基本権のために），公法上の放送局および大学（原則として放送の自由もしくは学問の自由のために）の三つである。もっとも，連邦憲法裁判所が，ある判決において，取材源の秘匿や編集活動の保護が問題となっている限りにおいて，公法上の放送局の基本権享有主体性を基本法10条についても認めた。さらに法人は法人の構成員の基本権上保護されている利益を守るという点にのみその機能がある場合には，基本権の担い手である。すべての公法上の法人は，訴訟手続内において作用する基本法101条および103条1項の基本権同等の権利に関して当事者適格を持つ。→ Rn. 553 ff.

6．いいえ。裁判で争う途を果たすという要求は連邦憲法裁判所法90条2項1文によれば，そのような途が開かれている限りにおいてのみ妥当するにとどまる。しかしながら，法律に対しては裁判で争う途は原則として開かれていないし，それどころか，基本法19条4項の裁判で争う途の保障は，公権力という概念の中に立法を含めていない。このことは既に解答の3で述べているので

それを見よ。もっとも，行政裁判所法47条のように法律によって（実質的な）立法の行為に対しても裁判で争う途が開かれている場合には，その途を，憲法異議を提起する前に果たしておかなければならない。その他，〔憲法異議を提起するための〕他の要件（異議申立人が直接侵害されていること，補充性原則が全く問題とならない場合であることという要件）が満たされている場合には，裁判で争う途を経ることなく法律に対して憲法異議を提起することができる。→ Rn. 580 ff.

7．補充性原則は，異議申立人が憲法異議を提起する前に，まず，刑罰または懲戒処分を受け，その後，これらで管轄権を持つ裁判所において攻撃するようにするしかなかった場合には，法律に対する憲法異議を提起する妨げにはならない。→ Rn. 589.

8．いいえ。法律に対する憲法異議の申立て期間である1年が経過した場合，法律を対象とする法規憲法異議は，完全に排除される。法律によって直接〔基本権を〕侵害を受ける者は，しかし，その規範の適用において発せられる諸決定に抵抗し，これらの決定について裁判で争う途を果たした後に，裁判を対象とし，そして，また間接的には法律をも対象とする，憲法異議を提起することが可能である。→ Rn. 593.

Q．自治体の憲法異議についての解答

1．法律としてここでは——連邦憲法裁判所法93条，95条におけると同様——，形式的法律ばかりではなく，すべての実質的な法規範も挙げられる。→ Rn. 622.

2．自治体の憲法異議は，もっぱら基本法28条2項に基づく自治権の侵害を根拠とする。基本法のその他の規定は，憲法上の自治像を共同決定する場合，考慮される。自治権の侵害は，この権利を侵害する法規範がその他の点で形式的または実質的に違憲であることによっても発生する。→ Rn. 624.

第3部についての解答

A．仮命令についての解答

１．できる。この場合，当初から不適法でないあるいは明らかに理由のないものでない申立てを行うことができる。→ Rn. 634.

２．仮命令手続における訴訟要件は，本訴手続の訴訟要件に従うところが多い。さらに，特に原則としての本案の先取り禁止が加わる。→ Rn. 634.

３．仮命令が発給されるのは，これが重要な理由により公共の福祉のため緊急の必要がある場合である（法32条1項）。これを確認するために，――緊急性の審査とならんで――誤った決定によって生じる結果の衡量が行われる。その内容が本案における法状況に適していない仮命令が発給されて生じる不利益の方がより深刻でないか，それとも，その発給がこのような法的状況に適している仮命令が発給されない場合に生じる不利益の方が深刻ではないか否かが重要な基準となる。本案における勝訴の見込みは原則として考慮されない。→ Rn. 635 ff.

４．仮命令は法32条6項によれば通常6か月後に効力を失う。仮命令が3名の出席裁判官によって全員一致で書かれた場合には，法32条7項によりそれが部によって追認されないときは，1か月で効力を失う。しかし，仮命令は3分の2の多数によって――複数回も――繰り返すことができる（法32条6項2文）。→ Rn. 637。

C．判決の効力一般についての解答

１．仮命令手続における異議申立て（連邦憲法裁判所法32条3項1文）を除き，連邦憲法裁判所の裁判に対する上訴手段はない。したがって，これらは常に形式的確定力をもつ。→ Rn. 653.

第3部についての解答　*337*

2．実質的確定力の限界には，憲法裁判権も尊重すべき一般的な訴訟法上の原則によれば，客観的，主観的，および時間的な種類がある。客観的な観点から見ると，確定力は訴訟物に限定され，主観的な観点から見ると，手続きの関係者にのみに影響を与える。時間的な観点からは，実質的確定力は，裁判の時点で重要な事実上および法上の状態を対象とするだけである。したがって，裁判後に，事実上または法上の状況が本質的に変化した場合，確定力を持った以前の裁判の拘束力は消滅する。→ Rn. 655 f.

3．連邦憲法裁判所がある法規範を無効と宣言した場合，（一般的な訴訟原則にしたがって）立法者は同一の法規範を再び制定することができなくなる（「規範反復の禁止」）。ただし，これは実質的確定力の範囲内，すなわち事実上または法上の状況に本質的な変化が生じていない場合にのみ妥当する。しかし，連邦憲法裁判所は，状況が変化しない場合に，形式的な連邦の立法者は無効とされた規範をいずれにせよ再制定することは妨げられないと考えている。→ Rn. 658 ff.

4．連邦憲法裁判所法31条1項の拘束力は，いかなる場合でも，訴訟物に関して，主文中で下された判断にのみ関連する。したがって，この点で，拘束力はすべての法適用機関に対して，下された確定力ある裁判の基準性を確定するものである。さらに，連邦憲法裁判所は，確立した判例において，連邦憲法裁判所の判決を支える理由中の判断にも拘束力を認めている。これによって解釈上の一般的な帰結にも拘束力があると主張されるが，これはもし連邦憲法裁判所自身がその法的見解を後日見直すことを妨げるとしたら，いずれにしても憲法の発展にとって耐えがたい化石化をもたらすことになろう。しかし，仮に連邦憲法裁判所が〔自身の拘束力から〕解放されたとしても，他のすべての憲法機関に対する拘束力により，そこから発せられる憲法解釈の改善のための衝動を遮断することには疑問が残る。　→ Rn. 662 ff.

訳者あとがき

　本書は，Michael Sachs, Verfassungsprozessrecht, 4. Aufl. 2016 の全訳である。

　まずミヒャエル・ザックス教授の略歴を述べておきたい。ザックス教授は1951 年に生まれ，ケルン大学のクラウス・シュテルン教授の下で法学を学ばれた。1976 年に「連邦憲法裁判所の自らの判決への拘束（Die Bindung des Bundesverfassungsgerichts an seine Entscheidungen）」で博士号を取得された（同論文は翌年に出版されている。）。その後，司法修習を経て，1978 年にケルン大学の学術助手となり，1985 年にはケルン大学に「差別禁止の限界　基本法 3 条 3 項に基づく区別禁止の射程についての研究（Grenzen des Diskriminierungsverbots. Eine Untersuchung zur Reichweite des Unterscheidungsverbots nach Artikel 3 Abs. 2 und 3 Grundgesetz）」で公法および行政法の教授資格を取得されている（同書は 2 年後に出版されている。）。1987 年にアウグスブルク大学教授に就任した後，ポツダム大学，デュッセルドルフ大学を経て，2001 年には母校であるケルン大学の教授となり，2020 年の退職まで，同大学の国家法・行政法講座を担当し，また同大学のドイツ・ヨーロッパ学術法研究所（Institut für Deutsches und Europäisches Wissenschaftsrecht）の共同所長も務めていた。またその間，同大学では学部長も務められていた。

　ザックス教授には，憲法を中心とする国家法の全領域について業績があり（https://sachs.uni-koeln.de/sites/staatsverwrecht_sachs/Schriftenverzeichnis_2021_04_01.pdf），とくに憲法裁判論，平等論，学術法の領域でよく知られている。とくに 3 条 3 項の差別禁止に関する教授資格論文は，この分野における基本文献の一つとして位置付けられている。また，とりわけ，9 版を重ねる基本法のコンメンタールの編者であるとともに（Michael Sachs (Hrsg.), Grundgesetz. Kommentar, 9. Aufl. 2021），日本でも部分訳が出版されている浩瀚な国家法の体系書であるクラウス・シュテルンの国家法（Klaus Stern, Das Staatsrecht der Bundesrepublik

Deutschland, Bd. I-V. クラウス・シュテルン（赤坂正浩ほか編訳）『ドイツ憲法Ⅰ・Ⅱ』
（信山社，2009 年））の初版の分担執筆者でもある。

　また，ザックス教授は，学生向けのテクストも多数執筆されている。大部の
基本権教科書を執筆しているほか（Michael Sachs, Verfassungsrecht II. Grundrechte,
2017, 3. Aufl. 2017），特に学生向けの雑誌である「法学教室（Juristische Schulung）」
では，毎号最新判例の紹介もされている。この判例紹介は，問題の所在，先例
の整理，判決の内容とその位置づけについての明快な解説でも知られている。

　本書は，ザックス教授の博士論文以来の関心分野である憲法訴訟法について
のテキストであり，著者はしがきにもある通り，国家試験（司法試験）を受け
る学生向けに，ドイツの憲法訴訟法についての必要十分な知識を提供しようと
するものである。ドイツの憲法訴訟法に関する類書は，本書の第 1 部 A. II.
2. にも挙げられているものなどがあるが，徹底した学生目線で書かれている点
が大きく異なる。実務上，また国家試験との関連で重要性の低い主題や論点に
ついては簡潔に触れるにとどめる一方，重要性の高い分野については，踏み込
んだ叙述が見られる。

　このような本書の性格は，おそらくドイツ憲法に関心のある日本の読者に
とっても有益であると思われる。コンパクトでありながら，ドイツの連邦憲法
裁判所の判決を訴訟法的観点も踏まえたうえで理解する上で，必要な知識が詰
め込まれているからである。また，「憲法訴訟法」のない日本において，その
ような法律がないことに問題があるのかどうか，問題があるとすれば解決策と
してどのような方向性が考えられるか，といった問題に対し，一つの視座を提
供するものであろう。

　今回，本書を翻訳するきっかけとなったのは，監訳者の一人である畑尻剛
が，大学院の演習の教材として本書を用いたことである。本書を輪読するなか
で，簡潔にして明晰な記述，そして上記のような本書の性格から，邦訳を試み
ようということになった。邦訳についてザックス教授の許諾をお願いしたとこ
ろ，直ちにご快諾いただき，2021 年から本格的な作業がはじめられた。

　本書の翻訳の過程では，いくつかの悲しい出来事があった。

訳者あとがき　*341*

　2022年に入り，ザックス教授に畑尻からメールをお送りしたところ，2022年2月10日に教授が逝去されたとのご連絡を受けた。まだ70歳とお若く，「法学教室」の原稿などが続いて出されるなど，精力的に活動されていたため，突然の訃報に強い衝撃を受けた。教授から，原著出版後の法改正や判例動向などを踏まえたコメントを頂戴する機会も失ってしまった。教授にもっと早くからいろいろとお伺いしておくべきであったと後悔の念が募った。ここで改めて，ザックス教授に哀悼の意を表するとともに，本書を捧げたい。

　また，翻訳者の一人である中野雅紀も2022年に急逝された。本書の翻訳は，亡くなられる数日前に提出されたものであり，ご体調も悪いであろう中で翻訳作業を進められたと思うと，監修者としては申し訳ない限りである。

　さらに，監訳者の一人である畑尻剛も2023年に逝去された。もともと，ご自身の企画で始められた翻訳であり，最期まで翻訳作業に傾注されていた。出版まで見届けたかったはずであるが，監訳者の一人として，作業を速やかに進めることができなかったことを，お詫びしなければならない。

　翻訳は，日本比較法研究所の共同研究グループである憲法裁判研究会のメンバーによるものである。作業を進めるにあたっては，監訳者である畑尻と土屋が訳語の統一などの作業を進めたが，訳者である太田航平と菅野仁紀にもご助力をいただいた。また，基本権憲法異議の部分については，当時大学院の演習に参加されていた斉藤拓実さん（現：宮崎産業経営大学講師），吉岡万季さん（現：朝日大学准教授），寒河江和樹さん（現：尚絅学院大学講師）の訳を参考にしたところもある。各位に謝意を申し上げたい。

　本書を日本比較法研究所の翻訳叢書の一冊として出版するにあたっては，日本比較法研究所の皆様と中央大学出版部の皆様には多大なるご助力をいただいた。末筆ながら，謝意を申し上げたい。

訳者追記

　本翻訳の再校を終えた2024年12月19日に，連邦憲法裁判所についての基本法改正がなされた。この改正は，これまで連邦憲法裁判所法，つまり法律レ

ベルで規定されていた，連邦憲法裁判所の地位および組織，権限等についての重要な規定を憲法レベルで規定するものである。これにより，基本法改正可能な多数の賛成を得られなければ連邦憲法裁判所についての重要な規定が改正できなくなり，連邦憲法裁判所の地位，権限の安定性がより確保されることとなった。

　主な改正点は，次のとおりである。

　まず，連邦憲法裁判所が他の憲法機関から独立した自律的裁判所であることが明記された（93条1項）。また，旧94条に定められていた連邦憲法裁判所裁判官の選任手続が93条2項に移されるとともに，法律の定める期間内に連邦議会または連邦参議院で後任の裁判官を選出できないときは，他方の選出機関が選出しうることが追加された。これにより，一方の選出機関において裁判官選出の多数派が形成されないことによる機能の麻痺が，回避されることになった。さらに，連邦憲法裁判所裁判官の12年の任期及び68歳の定年，再任禁止が明記された。

　連邦憲法裁判所の管轄は，これまで93条に列挙されていたが，94条にそのまま移された。また，連邦憲法裁判所の判決が，連邦およびラントの憲法機関，ならびにすべての裁判所と官吏を拘束することも明記された。しかし，連邦憲法裁判所の判決が法律としての効力を有する場合の決定は，法律に委ねられた。

　以上の改正内容を，残念ながら翻訳内で反映させることはできなかった。この点は他日に期したい。（本追記は，訳者の川又伸彦が主に作成した。）

訳者を代表して

土屋　武

邦語事項索引

日本語	原語	欄外番号

あ 行

日本語	原語	欄外番号
あらゆる任意の人	quivis ex populo	561
EC 法	Gemeinschaftsrecht	→ EU 法
EU 法	Unionsrecht	135 ff., 149, 221,
異議部会	Beschwerdekammer	39, 630
違憲警告判決	Appelentscheidung	171
意見陳述権	Äußerungsrechte	68 f., 156 f., 190, 252 f., 268, 286, 499, 606
一部無効	Teilnichtigkeit	
——質的	- qualitative	161
——量的	- quantitative	160

か 行

日本語	原語	欄外番号
確定力	Rechtskraft	105 f., 177, 200, 246, 251, 412, 430, 594, 646, 653 ff.
——形式的確定力	- formelle	
——実質的確定力，既判力	- materielle	
確定力と法律としての効力の先例的効果	praejudizielle Wirkung der Rechts- und Gesetzeskraft	106, 596, 666
瑕疵責問手続	Mängelrügeverfahren	358 ff.
可否同数	Stimmengleichheit	36, 270
仮の権利保護	Vorläufiger Rechtsschutz	→仮命令
仮命令	Einstweilige Anordnung	631 ff.
仮命令に対する異議	Widerspruch bei einstweiliger Anordnung	644
管轄	Zuständigkeit	
——合同部	- Prenum	40
——部	- Senat	31
——部会	- Kammer	4 ff., 107. 109 ff., 629
鑑定意見	Gutachten	4, 20, 629

関係人	Beteiligter	66 f., 157, 191, 252 f., 268, 304 ff.
議員	Abgeordneter	
——機関争訟	- im Organstreitverfahren	308, 315, 328, 333, 337 f.
——憲法異議手続	- im Verfassungsbeschwerdeverfahren	543 ff.
——政党禁止手続	- im Parteiverbotsverfahren	437
——選挙審査抗告手続	- im Wahlprüfungsbeschwerdeverfahren	460, 464, 476
期間	Frist, Befristung	103, 155, 337, 361, 371, 382, 392, 415, 446, 453, 467, 590, 626
機関争訟	Organstreitverfahren	291 ff.
機関争訟における会派	- Fraktionen im	308, 329 ff.
機関争訟における少数派	- Minderheiten im	308
機関の一部	Organteil	44, 307 ff., 330
機関の義務	Organpflicht	323
機関の権利	Organrecht	321 f., 327 ff.
規則	Geschäftsordnung	1, 8. 29, 58, 304 ff., 327, 330
期待可能性	Zumutbarkeit	574, 589
規範確認手続	Normenverifikationsverfahren	259 ff.
規範統制	Normenkontrolle	
——具体的規範統制	- konkrete	194 ff.
——抽象的規範統制	- abstrakte	114 ff.
——予防的規範統制	- präventive	140 f.
規範の性格づけ手続	Normenqualifikationsverfahren	273 ff.
既判力	(materielle) Rechtskraft	→確定力
基本権享有能力	Grundrechtsfähigkeit	515, 557, 559
基本権拘束	Grundrechtsbindung	531, 540
基本権上の成年	Grundrechtsmündigkeit	523 ff.
基本権の喪失	Verwirkung von Grundrechten	111, 404 ff., 422
基本権喪失手続	Grundrechtsverwirkungsverfahren	404 ff.
教育効果	Edukationseffekt	507
協力関係	Kooperationsverhältnis	537
具体的規範統制	konkrete Normenkontrolle	194 ff.

邦語事項索引 *345*

形式的法律	formelles Gesetz	133, 143, 184, 208 ff., 225, 277, 283, 347, 444, 508, 580 f., 587 f., 591, 622, 627
形式要件	Formerfordernis	102, 155, 336
継続的妥当命令	Weitergeltungsanordnung	233 f., 652
権限返還・置換手続	Kompetenzfreigabe-Ersetzungsverfahren	111, 178 ff.
権限踰越コントロール	Ultra-Vires Kontrolle	136, 223
決定能力	Beschlussfähigkeit	34, 54, 82, 641
現在の侵害	Gegenwärtige Betroffenheit	563, 565
原状回復	Wiedereinsetzung in den vorigen Stand	590
兼職禁止	Inkompatibilität	27, 53
憲法異議	Verfassunsbeschwerde	18 ff., 25, 111, 505 ff.
憲法裁判権	Verfassungsgerichtbarkeit	
――意味	- Bedeutung	21 ff.
憲法適合的解釈	Verfassungskonforme Auslegung	2. 170 173, 242
憲法固有の部分	Spezifisches Verfassungsrecht	509
権利（主観的権利）	Subjektives Recht	153, 321
権利侵害の主張	Geltendmachen einer Rechtsverletzung	317, 355, 549
後憲法的法律	nachkonstitutionelles Gesetz	133, 217 ff., 275, 347, 587
公開	Öffentlichkeit	76
公権力	Öffentliche Gewalt	418, 528 ff., 559, 567
口頭主義	Muendigkeit	75
合同部	Plenum	40 ff.
権利保護の必要性	Rechtsschutzbeduerfnis	92, 107, 340, 598 f., 634, 644
国際法	Völkerrecht	133 f., 141, 147, 260
国際法の一般原則	Allgemeine Regel des Völkerrechts	133 ff., 147, 260, 265

さ 行

裁判官	Richter	
――忌避	- Ablehnung	64 f., 69
――除斥	- Ausschluss	60 ff.

一選出	- Wahl	47 ff.
――選任要件	- Voraussetzung fuer die Bestellung	46 ff.
――独立	- Unabhängigkeit	451
――任命	- Ernennung	46
――法的地位	- Rechtsstellung	56
裁判官の職の終了	Beendigung des Richteramt	54 f.
裁判で争う途を果たしていること	Rechtswegeerschöpfung	313, 567 ff., 590, 593, 599, 623, 625
再申立て	Wiederaufnahme eines Verfahren	177, 412, 457
再立法禁止	Normwiederholungsverbot	658
暫定立法者	Interimsgesetzgeber	645
三位一体的例外	Ausnahmetrias	555 ff.
死後の人格権	postmortales Persönlichkeitsrecht	550 f.
自治体憲法異議	Verfassungsbeschwerde, kommunale	111, 613 ff.
執行命令	Vollstreckungsanordnung	648 ff.
指定ラント内憲法訴訟	Zugewiesene Lantdesverfassungsstreitigkeiten	395 ff.
自分自身，現在かつ直接の侵害	selbst, gegenwärtig und unmittelbare Betroffenheit	563 ff.
主文	Tenorierung	86, 170, 344 f., 402, 708, 663
受理手続	Annahmevervahren	605
準刑事訴訟手続	Quasi-strafprozessuales Verfahren	111, 403 ff.
証拠調べ	Beweisaufnahme	69, 79 f.
少数意見（制）	Abweichende Meinung, Sondervotum	88
少数派の申立て	Antragsminderheit	308
書式の形式	Schriftform	102
職権主義	Inquisitionsmaxime	79
職権探知主義	Untersuchungsgrundsatz	→職権主義
処分権主義	Dispositionsmaxime／Verfügungsgrundsatz	77 f., 162
政党	Politische Partei	
――概念	- Begriff	427
――機関争訟手続	- im Organstreitverfahren	310 ff.

邦語事項索引　*347*

政党禁止手続	Parteiverbotsverfahren	420 ff., 490
政党特権	Parteienprivileg	422 f.
政党不認定抗告	Nichtanerkennungsbeschwerde	20, 112, 461, 481, 482 ff.
選挙審査	Wahlpruefung	110, 112, 303, 458 f.
選挙の瑕疵	Wahlfehler, Erheblichkeit	462, 473
先決裁定手続	Vorabentscheidungsverfahren	238 f.
前憲法的法律	vorkonstitutionelles Gesetz	133, 219, 221, 277 f., 289
選出委員会	Wahlausschuss	49 f.
訴追手続	Anklageverfahren	
——裁判官	- Richter	111, 450
——連邦大統領	- Bundespräsident	17, 24, 101, 111, 438 ff.
訴訟係属性	Rechtshängigkeit	104, 243 ff.
訴訟上の和解	Prozessvergleich	58
訴訟担当	Prozessstandschaft	306, 330, 352, 564
訴訟能力	Prozessfähigkeit	315, 352, 367, 377, 520 ff., 620
訴訟の係属	Anhängigkeit eines Prozesses	71, 91, 314, 342, 454, 612, 634

た　行

胎児	nasciturus	516, 550
対審手続	kontradiktorisches Streitverfahren	67, 111, 263, 297 f., 340, 373
大臣に対する訴追	Ministeranlage	17, 439
代理	Vertretung	44, 70, 379, 428 f., 620
遅延異議	Verzögerungsbeschwerde	7, 20, 39, 110, 630
担当裁判官	Berichterstatter	37 f.
仲裁法廷	Austrägal-Instanzen	15
抽象的規範統制	abstrakte Normenkontrolle	114 ff.
調査委員会	Untersuchungsausschuss	308, 318, 326, 630
超上告審	Superrevisionsinstanz	509
直接の侵害	unmittelbare Betroffenheit	563, 567
帝室裁判所	Reichskammergericht	15

348

手続形態の体系	Systematik der Verfahrensarten	108 ff.
手続原則	Verfahrensgrundsätze	74
手続上の障害	Verfahrenshindernis	72 f., 424, 431
手続きの停止	Aussetzung eines Verfahrens	72, 101, 166, 203, 244 f.,
手続きへの参加	Beitritt zum Verfahren／Verfahrensbeitritt	67, 191, 252, 268, 286, 341, 464, 606
ドイツ人の基本権	Deutschengrundrechte	517, 552
当事者適格	Beschwerdebefugnis	517, 527 ff., 596, 621
当事者能力	Parteifähigkeit	298 ff., 352, 367, 377, 391, 410
独占的地位	Monopolstellung	198, 215, 405, 422

な　行

認容要件	Begründungsanforderungen	189

は　行

廃棄権（限）	Verwerfungskompetenz	198 ff.
パウル教会憲法	Paulkirchenverfassung	16, 292, 349, 375, 386, 506
判決（裁判）	Entscheidung	
──拘束力	- Bindungswirkung	106, 200, 346, 493, 501, 603, 608, 646, 663 ff.
──宣告	- Ausspruch	86, 169, 346, 405, 449, 456, 607 ff.
──対象	- Gegenstand	656
──法律としての効力	- Gesetzeskraft	172, 199, 212, 245, 247 ff., 257, 272, 290, 347, 594, 604, 646, 661 f.
判決にとっての重要性	Entscheidungserheblichkeit	214, 226 ff., 281, 284, 289, 498, 500
判決の返還効果	freigebende Entscheidungswirkung	193
反対意見	dissenting opinion	88
判例の統一性	Einheitlichkeit der Rechtsprechung	41, 493, 496, 500
被告	Antragsgegner	2, 35, 67, 156, 263, 298, 313 ff., 352, 367, 410, 427, 644, 656
必要性の不存在	fehlende Erforderlichkeit	150 f., 185

邦語事項索引　*349*

費用	Kosten	89 f.
部	Senate	9, 30 ff., 38, 41 ff., 88, 258, 270, 413, 504, 512 f., 603 ff., 641
部会	Kammern	(38) 201 (Kammerentscheidung?), 250, 258, 513, 601 ff.
部会決定	Kammerentscheidung	258, 600
不一致宣言	Unvereinbarerklärung	161, 163 ff., 173 f., 232, 604, 610
不一致	Unvereinbarkeit	129, 148, 163, 198, 224 f., 254, 290
不作為	Unterlassen	181, 319, 339, 539
双子の裁判所	Zwillingsgericht	30, 41
弁護士	Rechtsanwalt	70
弁論能力	Postulationsfähigkeit	70
防衛的民主主義	wehrhafte Demokratie	405, 422
法人	Juristische Person	518 f., 553 ff.
法規命令	Rechtsverordnung	129, 133, 1447 f., 184, 210, 214, 233, 277, 581, 592, 622, 627
放送用録音およびテレビ録画	Ton- und Fernseh-Rundfunk-Aufnahmen	76
法的審問	Rechtliches Gehör	578
法律上の裁判官	Gesetzlicher Richter	242, 503, 586
法律としての効力	Gesetzeskraft	→判決（裁判）
法律の審査権	Prüfungskompetenz bei Gesetzen	198
傍論	obiter dictum	41, 171
保護規範説	Schutznormlehre	321
補充性	Subsidiaritaet	25, 227,366, 372, 383, 393, 584 ff., 598

ま　行

申立て	Antrag	71, 77
申立権	Antragsberechtigung	118 f., 129, 280, 409, 426, 630
申立ての棄却	Abweisung eines Antrag	86, 169
申立ての対象	Antragsgegenstand	318 f.

| 申立要件 | Antragserfordernis | 71, 77, 408, 425 |

や　行

| 予断 | Befangenheit | 64 f. |
| 予備審査手続 | Vorverfahren | 411, 413 |

ら　行

ラント間の争訟	Zwischenlaenderstreitigkeit	374 ff.
ラント機関争訟手続	Landesorganstreitverfahren	385 ff.
ラント憲法争訟手続	Landesverfassungsstreitverfahren	111, 393
立法権	Gesetzgebungskompetenz	116, 150, 351
立法者の不作為	Unterlassen des Normsetzers	139, 209, 319
両院協議会	Vermittlungsausschuss	309
連邦憲法裁判所	Bundesverfassungsgericht	
——憲法機関としての	- als Verfassungsorgan	8, 26, 29, 59, 303
——廃棄権の独占	- Verwerfungsmonopol	→独占的地位
連邦国家的争訟	föderative Streitigkeiten	→連邦・ラント間争訟
連邦最高機関	Bundesorgan, oberstes	4, 300 ff., 318, 342
連邦最高機関としての連邦銀行	Bundesbank als oberstes Bundesorgan	302
連邦選挙管理委員会	Bundeswahlausschuss	483, 486, 487 488
連邦大統領に対する訴追	Bundespräsidentenanklage	438 ff.
連邦法	Bundesrecht	132 ff., 184
連邦法適合的解釈	bundesrechtskonforme Auslegung	242
連邦法律による規律	Bundesgesetzliche Regelung	184
連邦・ラント間争訟	Bund-Laender-Streit	
——基本法に関連する	- grundgesetzbezogener	348 ff.
——その他の	- sonstiger	363 ff.
連邦・ラント間争訟における連邦監督	Bundesaufsicht im Bund-Laender-Streit	324, 351, 356
——構成員	- Mitglieder	27, 38, 45
——負担解消	- Entlastung	587

わ　行

ワイマール憲法	Weimarer Reichsverfassng	134, 195, 206, 259, 349, 364, 386, 459, 614, 649.
Solange I + II	Solange I + II	222

独語事項索引

原語	日本語	欄外番号

A

原語	日本語	欄外番号
a-limine-Abweisung	簡易却下	84
Abgeorneter	議員	
- im Organstreitverfahren	——機関争訟	308, 315, 328, 333, 337 f.
- im Parteiverbotsverfahren	——政党禁止手続	437
- im Verfassungsbeschwerdeverfahren	——憲法異議手続	543 ff.
- im Wahlprüfungbeschwerdeverfahren	——選挙審査抗告手続	460, 464, 476
Abweichende Meinung	少数意見	→ Sondervotum
Allgemeine Regel des Völkerrechts	国際法の一般原則	133 ff., 147, 260, 265
Anhängigkeit eines Prozesses	訴訟の係属	71, 91, 314, 342, 454, 612, 634
Anklageverfahren	訴追手続	
- Bundespräsident	——連邦大統領	17, 24, 101, 111, 438 ff.
- Richter	——裁判官	111, 450
Annahmevervahren	受理手続	605
Antrag	申立て	71, 77
Antrag, Abweisung eines	申立ての棄却	86, 169
Antragsbefugnis	申立適格	→ Beschwerdebefugnis
Antragsberechtigung	申立権	118 f., 129, 280, 409, 426, 630
Antragserfordernis	申立要件	71, 77, 408, 425
Antragsgegenstand	申立ての対象	318 f.
Antragsgegner	被告	2, 35, 67, 156, 263, 298, 313 ff., 352, 367, 410, 427, 644, 656
Antragsminderheit	少数派の申立て	308
Appelentscheidung	違憲警告判決	171

独語事項索引 *353*

Auslegung	解釈	
- bundesrechtskonforme	——連邦法適合的	242
- verfassungskonforme	——憲法適合的	2, 170, 173, 242
Ausnahmetrias	三位一体的例外	555 ff.
Äußerungsrechte	意見陳述権	68 f., 156 f., 190, 252 f., 268, 286, 499, 606
Aussetzung eines Verfahrens	手続きの停止	72, 101, 166, 203, 244 f.,
Austrägal-Instanzen	仲裁法廷	15

B

Befangenheit	予断	64 f.
Befristung	期間	415, 453
Begründungsanforderungen	認容要件	189
Beitritt zum Verfahren	手続きへの参加	67, 191, 252, 268, 286, 341, 464, 606
Berichterstatter	担当裁判官	37 f.
Beschlussfähigkeit	決定能力	34, 54, 82, 641
Beschwerdebefugnis	当事者適格	517, 527 ff., 596, 621
Beschwerdekammer	異議部会	39, 630
Beteiligter	関係人	66 f., 157, 191, 252 f., 268, 304 ff.
Betroffenheit, selbst, gegenwaertig und unmittelbar	自分自身、現在かつ直接の侵害	563 ff.
Beweisaufnahme	証拠調べ	69, 79 f.
Bund-Länder-Streit	連邦・ラント間争訟	
- grundgesetzbezogener	——基本法に関連する	348 ff.
- sonstiger	——その他の	363 ff.
Bundesaufsicht im Bund-Laender-Streit	連邦・ラント間争訟における連邦監督	324, 351, 356
Bundesbank als oberstes Bundesorgan	連邦最高機関としての連邦銀行	302
Bundesgesetzliche Regelung	連邦法律による規律	184
Bundesorgan, oberstes	連邦最高機関	4, 300 ff., 318, 342
Bundespräsidentenanklage	連邦大統領に対する訴追	438 ff.
Bundesrecht	連邦法	132 ff., 184

Bundesverfassungsgericht	連邦憲法裁判所	
- Entlastung	負担解消	587
- Mitglieder	構成員	27, 38, 45
Bundeswahlausschuss	連邦選挙管理委員会	483, 486, 487 488

D

Demokratie, wehrhafte	防衛的民主主義	405, 422
Deutschengrundrechte	ドイツ人の基本権	517, 552
Dispositionsmaxime	処分権主義	77 f., 162
Dissenting opinion s. Sondervotum	反対意見→少数意見制	

E

Edukationseffekt	教育効果	507
Einheitlichkeit der Rechtsprechung	裁判の統一性	41, 493, 496, 500
Einstweilige Anordnung	仮命令	631 ff.
Entscheidung	裁判	
- Ausspruch	宣告	86, 169, 346, 405, 449, 456, 607 ff.
- Bindungswirkung	拘束力	106, 200, 346, 493, 501, 603, 608, 646, 663 ff.
- Gegenstand	対象	656
- Gesetzeskraft	法律としての効力	172, 199, 212, 245, 247 ff., 257, 272, 290, 347, 594, 604, 646, 661 f.
Entscheidungserheblichkeit	判決にとっての重要性	214, 226 ff., 281, 284, 289, 498, 500
Entscheidungswirkung, freigebende	判決の返還効果	193
Erforderlichkeit, fehlende	必要性の不存在	150 f., 185

F

Föderative Streitigkeiten s. Bund-Länder-Streit	連邦国家的争訟	
Formerfordernis	形式要件	102, 155, 336
Frist	期間	103, 155, 337, 361, 371, 382, 392, 446, 453, 467, 590, 626

G

Gegenwärtige Betroffenheit	現在の侵害	563, 565
Geltendmachen einer Rechtsverletzung	権利侵害の主張	317, 355, 549
Gemeinschaftsrecht	EC 法	→ Unionsrecht
Geschäftsordnung	規則	1, 8. 29, 58, 304 ff., 327, 330
Gesetz	法律	
- formelles	形式的法律	133, 143, 184, 208 ff., 225, 277, 283, 347, 444, 508, 580 f., 587 f., 591, 622, 627
- nachkonstitutionelles	後憲法的法律	133, 217 ff., 275, 347, 587
- vorkonstitutionelles	前憲法的法律	133, 219, 221, 277 f., 289
Gesetzeskraft	法律としての効力	→ Entscheidung
Gesetzgebungskompetenz	立法権	116, 150, 351
Gesetzlicher Richter	法律上の裁判官	242, 503, 586
Grundrechtsbindung	基本権拘束	531, 540
Grundrechtsfähigkeit	基本権享有能力	515, 557, 559
Grundrechtsmündigkeit	基本権上の成年	523 ff.
Grundrechtsverwirkungsverfahren	基本権喪失手続	404 ff.
Gutachten	鑑定意見	4, 20, 629

I

Inkompatibilität	兼職禁止	27, 53
Inquisitionsmaxime	職権主義	79
Interimsgesetzgeber	暫定立法者	645

J

Juristische Person	法人	518 f., 553 ff.

K

Kalkar II	カルカー II 決定	351
Kammerentscheidung	部会決定	201, 258, 600
Kammern	部会	250, 258, 513, 601 ff.

Klarstellungsinteresse	明確化の利益	129, 142, 152 ff., 188, 466
Kompetenzfreigabe-Ersetzungsverfahren	権限返還・置換手続	111, 178 ff.
Kooperationsverhältnis	協力関係	537
Kosten	費用	89 f.

L

Landesorganstreitverfahren	ラント機関争訟手続	385 ff.
Landesverfassungsstreitverfahren	ラント憲法争訟手続	111, 393

M

Maastricht-Urteil	マーストリヒト判決	135, 223, 536
Mängelrügeverfahren	瑕疵責問手続	358 ff.
Marbury versus Madison	マーベリー対マディソン	195
Ministeranlage	大臣に対する訴追	17, 439
Möglichkeitstheorie	可能性説	317, 354, 562
Monopolstellung	独占的地位	198, 215, 405, 422
Mündigkeit	口頭主義	75

N

nasciturus	胎児	516, 550
Nichtanerkennungsbeschwerde	政党不認定抗告	20, 112, 461, 481, 482 ff.
Normenkontrolle	規範統制	
- abstrakte	——抽象的規範統制	114 ff.
- konkrete	——具体的規範統制	194 ff.
- präventive	——予防的規範統制	140 f.
Normenqualifikationsverfahren	規範の性格づけ手続	273 ff.
Normenverifikationsverfahren	規範確認手続	259 ff.
Normwiederholungsverbot	再立法（規範反復）禁止	658

O

obiter dictum	傍論	41, 171
Öffentliche Gewalt	公権力	418, 528 ff., 559, 567
Öffentlichkeit	公開	76
Organpflicht	機関の義務	323

独語事項索引　*357*

Organrecht	機関の権利	321 f., 327 ff.
Organstreitverfahren	機関争訟	291 ff.
- Fraktionen im	機関争訟における会派	308, 329 ff.
- Minderheiten im	機関争訟における少数派	308
Organteil	機関の一部	44, 307 ff., 330

P

Parteienprivileg	政党特権	422 f.
Parteifähigkeit	当事者能力	298 ff., 352, 367, 377, 391, 410
Parteiverbotsverfahren	政党禁止手続	420 ff., 490
Paulkirchenverfassung	パウル教会憲法	16, 292, 349, 375, 386, 506
Persönlichkeitsrecht, postmortales	死後の人格権	550 f.
Plenum	合同部	40 ff.
Politische Partei	政党	
- Begriff	——概念	427
- im Organstreitverfahren	——機関争訟手続	310 ff.
Postulationsfaehigkeit	弁論能力	70
Prozessfähigkeit	訴訟能力	315, 352, 367, 377, 520 ff., 620
Prozessstandschaft	訴訟担当	306, 330, 352, 564
Prozessvergleich	訴訟上の和解	58
Prüfungskompetenz bei Gesetzen	法律の審査権	198
Prüfungsmassstab	審査基準	111, 145 ff., 159 ff., 169 ff., 216 ff., 224 f., 230 f., 509, 541

Q

| Quasi-strafprozessuales Verfahren | 準刑事訴訟手続 | 111, 403 ff. |
| quivis ex populo | あらゆる任意の人 | 561 |

R

Rechtliches Gehör	法的審問	578
Rechtsanwalt	弁護士	70
Rechts- und Gesetzeskraft, praejudizielle Wirkung der	確定力と法律としての効力の先例的効果	106, 596, 666

Rechtshängigkeit	訴訟係属性	104, 243 ff.
Rechtskraft	確定力、既判力	105 f., 177, 200, 246, 251, 412, 430, 594, 646, 653 ff.
Rechtsschutzbedürfnis	権利保護の必要性	92, 107, 340, 598 f., 634, 644
Rechtsverordnung	法規命令	129, 133, 1447 f., 184, 210, 214, 233, 277, 581, 592, 622, 627
Rechtswegeerschöpfung	裁判で争う途を果たしていること	313, 567 ff., 590, 593, 599, 623, 625
Reichskammergericht	帝室裁判所	15
Richter	裁判官	
- Ablehnung	——忌避	64 f., 69
- Ausschluss	——除斥	60 ff.
- Ernennung	——任命	46
- Rechtsstellung	——法的地位	56
- Unabhängigkeit	——独立	451
- Voraussetzung fuer die Bestellung	——選任要件	46 ff.
- Wahl	選出	47 ff.
Richteramt, Beendigung des	裁判官の職の終了	54 f.

S

Schriftform	書式の形式	102
Schutznormlehre	保護規範説	321
Selbstbetroffenheit	自分自身の侵害	563
Senate	部	9, 30 ff., 38, 41 ff., 88, 258, 270, 413, 504, 512 f., 603 ff., 641
Solange I + II	Solange I + II	222
Sondervotum	少数意見制	88
spezifisches Verfassungsrecht	憲法固有の部分	509
Stimmengleichheit	可否同数	36, 270
Streitverfahren, kontradiktorisches	対審手続	67, 111, 263, 297 f., 340, 373
Subjektives Recht	権利、主観的権利	153, 321
Subsidiarität	補充性	25, 227, 366, 372, 383, 393, 584 ff., 598

独語事項索引　*359*

Superrevisionsinstanz	超上告審	509

T

Teilnichtigkeit	一部無効	
- qualitative	——質的一部無効	161
- quantitative	——量的一部無効	160
Tenorierung	主文	86, 170, 344 f., 402, 708, 663
Ton- und Fernseh-Rundfunk-Aufnahmen	放送用録音およびテレビ録画	76

U

Ultra-Vires Kontrolle	権限踰越コントロール	136, 223
Unionsrecht	EU 法	135 ff., 149, 221,
Unmittelbare Betroffenheit	直接の侵害	563, 567
Unterlassen	不作為	181, 319, 339, 539
Unterlassen des Normsetzers	立法者の不作為	139, 209, 319
Unionschrift	書式の形式	→ Schriftform
Untersuchungsausschuss	調査委員会	308, 318, 326, 630
Untersuchungsgrundsatz	職権探知主義	→ Inquisitionsmaxime
Unvereinbarerklaerung	不一致宣言	161, 163 ff., 173 f., 232, 604, 610
Unvereinbarkeit	不一致	129, 148, 163, 198, 224 f., 254, 290

V

Verfahrensarten, Systematik der	手続形態の体系	108 ff.
Verfahrensbeitritt	手続への参加	252, 268, 286, 341, 606
Verfahrensgrundsätze	手続原則	74
Verfahrenshindernis	手続上の障害	72 f., 424, 431
Verfassunsbeschwerde	憲法異議	18 ff., 25, 111, 505 ff.
Verfassungsbeschwerde, kommunale	自治体憲法異議	111, 613 ff.
Verfassungsgerichtbarkeit, Bedeutung der	憲法裁判（権）の意味	21 ff.
Verfassungskonforme Auslegung	憲法適合的解釈	2. 170 173, 242
Verfassungsorgan, Bundesverfassngsgericht als	憲法機関　憲法機関としての連邦憲法裁判所	8, 26, 29, 59, 303

Verfügungsgrundsatz	処分権主義	→ Dispositionsmaxime
Vermittlungsausschuss	両院協議会	309
Vertretung	代理	44, 70, 379, 428 f., 620
Verwerfungskompetenz	廃棄権（限）	198 ff.
Verwerfungsmonopol des BVerfG	連邦憲法裁判所の廃棄権の独占	→ Monopolsstellung
Verwirkung von Grundrechten	基本権の喪失	111, 404 ff., 422
Verzögerungsbeschwerde	遅延異議	7, 20, 39, 110, 630
Völkerrecht	国際法	133 f., 141, 147, 260
Vollstreckungsanordnung	執行命令	648 ff.
Vorabentscheidungsverfahren	先決裁定手続	238 f.
Vorkonstitutionelles Gesetz	前憲法的法律	133, 219, 221, 277.
Vorläufiger Rechtsschutz	仮の権利保護	→ einstweilige Anornung
Vorverfahren	予備審査手続	411, 413

W

Wahlausschuss	選出委員会	49 f.
Wahlfehler, Erheblichkeit	選挙の瑕疵	462, 473
Wahlpruefung	選挙審査	110, 112, 303, 458 f.
Weimarer Reichsverfassng	ワイマール憲法	134, 195, 206, 259, 349, 364, 386, 459, 614, 649.
Weitergeltungsanordnung	継続的妥当命令	233 f., 652
Widerspruch bei einstweiliger Anordnung	仮命令に対する異議	644
Wiederaufnahme eines Verfahren	再申立て	177, 412, 457
Wiedereinsetzung in den vorigen Stand	原状回復	590

Z

Zugewiesene Lantdesverfassungsstreitigkeiten	指定ラント内憲法争訟	395 ff.
Zumutbarkeit	期待可能性	574, 589
Zuständigkeit	管轄	
- Kammer	——部会	4 ff., 107. 109 ff., 629
- Prenum	——合同部	40
- Senat	——部	31

独語事項索引　*361*

Zwillingsgericht	双子の裁判所	30, 41
Zwischenlaenderstreitigkeit	ラント間の争訟	374 ff.

監訳者・翻訳者紹介

監訳者

土屋　武	中央大学准教授
畑尻　剛	中央大学元教授

翻訳者

有澤知子	大阪学院大学名誉教授
飯田　稔	亜細亜大学教授
太田航平	平成国際大学准教授
奥山亜喜子	女子美術大学教授
小野寺邦広	日本比較法研究所嘱託研究所員
川又伸彦	放送大学特任教授
菅野伸紀	神奈川大学非常勤講師
斎藤孝	岐阜聖徳学園大学教授
嶋崎健太郎	青山学院大学教授
武市周作	中央大学教授
中野雅紀	茨城大学元准教授
福王守	駒沢女子大学教授
森保憲	桐蔭横浜大学教授

ドイツ憲法訴訟法

日本比較法研究所翻訳叢書（91）

2025 年 3 月 31 日　初版第 1 刷発行

監 訳 者　土屋　武・畑尻　剛
発 行 者　松　本　雄一郎

発 行 所　中 央 大 学 出 版 部

〒192-0393
東 京 都 八 王 子 市 東 中 野 742-1
電話 042（674）2351 FAX 042（674）2354

©2025　土屋武・畑尻剛　ISBN 978-4-8057-0392-2　　恵友印刷㈱

本書の無断複写は，著作権法上での例外を除き，禁じられています。
複写される場合は，その都度，当発行所の許諾を得てください。

日本比較法研究所翻訳叢書

0	杉山直治郎訳	仏 蘭 西 法 諺	B6判（品切）
1	F. H. ローソン 小堀憲助他訳	イギリス法の合理性	A5判 1320円
2	B. N. カドーゾ 守屋善輝訳	法 の 成 長	B5判（品切）
3	B. N. カドーゾ 守屋善輝訳	司法過程の性質	B6判（品切）
4	B. N. カドーゾ 守屋善輝訳	法律学上の矛盾対立	B6判 770円
5	P. ヴィノグラドフ 矢田一男他訳	中世ヨーロッパにおけるローマ法	A5判（品切）
6	R. E. メガリ 金子文六他訳	イギリスの弁護士・裁判官	A5判 1320円
7	K. ラーレンツ 神田博司他訳	行為基礎と契約の履行	A5判（品切）
8	F. H. ローソン 小堀憲助他訳	英米法とヨーロッパ大陸法	A5判（品切）
9	I. ジェニングス 柳沢義男他訳	イギリス地方行政法原理	A5判（品切）
10	守屋善輝編	英 米 法 諺	B6判 3300円
11	G. ボーリー他 新井正男他訳	〔新版〕消 費 者 保 護	A5判 3080円
12	A. Z. ヤマニー 真田芳憲訳	イスラーム法と現代の諸問題	B6判 990円
13	ワインスタイン 小島武司編訳	裁判所規則制定過程の改革	A5判 1650円
14	カペレッティ編 小島武司編訳	裁判・紛争処理の比較研究(上)	A5判 2420円
15	カペレッティ 小島武司他訳	手続保障の比較法的研究	A5判 1760円
16	J. M. ホールデン 高窪利一監訳	英国流通証券法史論	A5判 4950円
17	ゴールドシュテイン 渥美東洋監訳	控 え め な 裁 判 所	A5判 1320円

日本比較法研究所翻訳叢書

No.	編著者	訳者	タイトル	判型	価格
18	カペレッティ編	小島武司編訳	裁判・紛争処理の比較研究㊦	A5判	2860円
19	ドゥローブニク 他編	真田芳憲他訳	法社会学と比較法	A5判	3300円
20	カペレッティ編	小島・谷口編訳	正義へのアクセスと福祉国家	A5判	4950円
21	P. アーレンス編	小島武司編訳	西独民事訴訟法の現在	A5判	3190円
22	D. ヘーンリッヒ編	桑田三郎編訳	西ドイツ比較法学の諸問題	A5判	5280円
23	P. ギレス編	小島武司編訳	西独訴訟制度の課題	A5判	4620円
24	M. アサド	真田芳憲訳	イスラームの国家と統治の原則	A5判	2136円
25	A. M. プラット	藤本・河合訳	児童救済運動	A5判	2669円
26	M. ローゼンバーグ	小島・大村編訳	民事司法の展望	A5判	2456円
27	B. グロスフェルト	山内惟介訳	国際企業法の諸相	A5判	4400円
28	H. U. エーリヒゼン	中西又三編訳	西ドイツにおける自治団体	A5判	(品切)
29	P. シュロッサー	小島武司編訳	国際民事訴訟の法理	A5判	(品切)
30	P. シュロッサー他	小島武司編訳	各国仲裁の法とプラクティス	A5判	1650円
31	P. シュロッサー	小島武司編訳	国際仲裁の法理	A5判	1540円
32	張晋藩	真田芳憲監修	中国法制史㊤	A5判	(品切)
33	W. M. フライエンフェルス	田村五郎編訳	ドイツ現代家族法	A5判	(品切)
34	K. F. クロイツァー	山内惟介監修	国際私法・比較法論集	A5判	3850円
35	張晋藩	真田芳憲監修	中国法制史㊦	A5判	4290円

日本比較法研究所翻訳叢書

36	G. レジエ 他 山野目章夫他訳	フランス私法講演集	A5判 1650円
37	G. C. ハザード他 小島武司編訳	民事司法の国際動向	A5判 1980円
38	オトー・ザンドロック 丸山秀平編訳	国際契約法の諸問題	A5判 1540円
39	E. シャーマン 大村雅彦編訳	ＡＤＲと民事訴訟	A5判 1430円
40	ルイ・ファボルー他 植野妙実子編訳	フランス公法講演集	A5判 3300円
41	S. ウォーカー 藤本哲也監訳	民衆司法──アメリカ刑事司法の歴史	A5判 4400円
42	ウルリッヒ・フーバー他 吉田 豊・勢子訳	ドイツ不法行為法論文集	A5判 8030円
43	スティーヴン・L ペパー 住吉 博編訳	道徳を超えたところにある法律家の役割	A5判 4400円
44	W. マイケル・リースマン他 宮野洋一 他訳	国家の非公然活動と国際法	A5判 3960円
45	ハインツ・D. アスマン 丸山秀平編訳	ドイツ資本市場法の諸問題	A5判 2090円
46	デイヴィド・ルーバン 住吉 博編訳	法律家倫理と良き判断力	A5判 6600円
47	D. H. ショイイング 石川敏行監訳	ヨーロッパ法への道	A5判 3300円
48	ヴェルナー・F. エブケ 山内惟介編訳	経済統合・国際企業法・法の調整	A5判 2970円
49	トビアス・ヘルムス 野沢・遠藤訳	生物学的出自と親子法	A5判 4070円
50	ハインリッヒ・デルナー 野沢・山内編訳	ドイツ民法・国際私法論集	A5判 2530円
51	フリッツ・シュルツ 眞田芳憲・森 光訳	ローマ法の原理	A5判 （品切）
52	シュテファン・カーデルバッハ 山内惟介編訳	国際法・ヨーロッパ公法の現状と課題	A5判 2090円
53	ペーター・ギレス 小島武司編	民事司法システムの将来	A5判 2860円

日本比較法研究所翻訳叢書

54	インゴ・ゼンガー 古積・山内 編訳	ドイツ・ヨーロッパ民事法の今日的諸問題	A5判 2640円
55	ディルク・エーラース 山内・石川・工藤 編訳	ヨーロッパ・ドイツ行政法の諸問題	A5判 2750円
56	コルデュラ・シュトゥンプ 楢﨑・山内 編訳	変革期ドイツ私法の基盤的枠組み	A5判 3520円
57	ルードフ・V.イエーリング 眞田・矢澤 訳	法学における冗談と真面目	A5判 5940円
58	ハロルド・J.バーマン 宮島直機訳	法 と 革 命 II	A5判 8250円
59	ロバート・J.ケリー 藤本哲也監訳	アメリカ合衆国における組織犯罪百科事典	A5判 8140円
60	ハロルド・J.バーマン 宮島直機訳	法 と 革 命 I	A5判 9680円
61	ハンス・D.ヤラス 松原光宏編	現代ドイツ・ヨーロッパ基本権論	A5判 2750円
62	ヘルムート・ハインリッヒス他 森 勇 訳	ユダヤ出自のドイツ法律家	A5判 14300円
63	ヴィンフリート・ハッセマー 堀内捷三監訳	刑罰はなぜ必要か 最終弁論	A5判 3740円
64	ウィリアム・M.サリバン他 柏木 昇 他訳	アメリカの法曹教育	A5判 3960円
65	インゴ・ゼンガー 山内・鈴木編訳	ドイツ・ヨーロッパ・国際経済法論集	A5判 2640円
66	マジード・ハッドゥーリー 眞田芳憲訳	イスラーム国際法 シャイバーニーのスィヤル	A5判 6490円
67	ルドルフ・シュトラインツ 新井 誠 訳	ドイツ法秩序の欧州化	A5判 4840円
68	ソーニャ・ロートエルメル 只木 誠 監訳	承諾，拒否権，共同決定	A5判 5280円
69	ペーター・ヘーベルレ 畑尻・土屋 編訳	多元主義における憲法裁判	A5判 5720円
70	マルティン・シャウアー 奥田安弘訳	中東欧地域における私法の根源と近年の変革	A5判 2640円
71	ペーター・ゴットパルト 二羽和彦編訳	ドイツ・ヨーロッパ民事手続法の現在	A5判 2750円

日本比較法研究所翻訳叢書

72	ケネス・R.ファインバーグ 伊藤壽英訳	大惨事後の経済的困窮と公正な補償	A5判 2860円
73	ルイ・ファヴォルー 植野妙実子監訳	法にとらわれる政治	A5判 2530円
74	ペートラ・ポールマン 山内惟介編訳	ドイツ・ヨーロッパ保険法・競争法の新展開	A5判 2310円
75	トーマス・ヴュルテンベルガー 畑尻剛編訳	国家と憲法の正統化について	A5判 5610円
76	ディルク・エーラース 松原光宏編訳	教会・基本権・公経済法	A5判 3740円
77	ディートリッヒ・ムルスヴィーク 畑尻剛編訳	基本権・環境法・国際法	A5判 7040円
78	ジェームズ・C・ハウエル他 中野目善則訳	証拠に基づく少年司法制度構築のための手引き	A5判 4070円
79	エイブラム・チェイズ他 宮野洋一監訳	国際法遵守の管理モデル	A5判 7700円
80	トーマス・ヘェーレン編 山内惟介編訳	ミュンスター法学者列伝	A5判 7370円
81	マティアス・カスパー 小宮靖毅編訳	コーポレート・ガバナンス、その現下の課題	A5判 1430円
82	エリック・ヒルゲンドルフ 髙橋直哉訳	医事刑法入門	A5判 3410円
83	ピエール=イヴ・モンジャル 西海・兼頭訳	欧州連合・基本権・日欧関係	A5判 1760円
84	ニールス・ペーターゼン 柴田・德本・鈴木・小野寺訳	公法における比例原則と家族法におけるヨーロッパ人権条約の機能	A5判 1540円
85	ベルンハルト・グロスフェルト 山内惟介訳	標と数の法文化	A5判 3960円
86	於興中 梶田幸雄・柴裕紅編訳	法の支配と文明秩序	A5判 3080円
87	ヴィール・コラート他編 杉浦宣彦訳	欧州金融規制	A5判 9350円
88	トーマス・J・ミチェリ 髙橋直哉訳	刑罰のパラドックス	A5判 4180円
89	ベッティナ・ハイダーホフ 鈴木・デルナウア編訳	ドイツ家族法・デジタルコンテンツ法の現代的課題	A5判 2090円

日本比較法研究所翻訳叢書

90 ピーター・レイランド他
比較行政法研究会 訳 イ ギ リ ス 行 政 法 A 5 判
10560円

＊表示価格は税込みです。